30874

MÉMOIRES

DE

PIERRE DE PIERREFLEUR

D'ORBE

MÉMOIRES
DE
PIERREFLEUR

GRAND BANDERET D'ORBE

OU SONT CONTENUS

LES COMMENCEMENS DE LA RÉFORME

DANS

LA VILLE D'ORBE ET AU PAYS DE VAUD

(1530-1561)

publiés pour la première fois et accompagnés
de notes historiques

PAR

A. VERDEIL

LAUSANNE

LIBRAIRIE DE D. MARTIGNIER, ÉDITEUR

1856

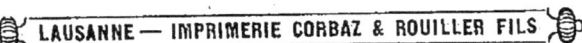

PRÉFACE

Le curieux document historique que nous publions aujourd'hui n'était connu du public que par les emprunts de l'historien Ruchat, qui le désignait sous le nom de *manuscrit Thomasset*. — Depuis le temps de Ruchat, ce manuscrit avait disparu, comme la plupart des sources manuscrites citées par l'historien de la *Réformation de la Suisse*. Le public lettré avait fini par regarder cette perte comme irréparablement accomplie, lorsque, par une insigne fortune, M. l'archiviste Baron en a retrouvé une copie dans les archives de l'Etat de Vaud. C'est d'après elle que nous reproduisons le texte de Pierrefleur dans son intégrité.

Noble *Pierre de Pierrefleur*, grand Banderet de la ville d'Orbe, était contemporain des événements qu'il raconte et qu'il a décrits, pour ainsi dire, jour par jour, à mesure qu'ils se déroulaient sous ses yeux. Zélé catholique, et profondément attristé à la vue des commencements et des progrès de la Réforme, il est pourtant, au fond, vrai dans l'exposition des faits eux-mêmes, et jamais le zèle pour la cause de l'Eglise romaine ne va jusqu'à fausser en lui le caractère de l'historien. C'est ainsi qu'en jugeait le scrupuleux Ruchat : « le *manuscrit Thomasset*, nous dit-il, est fort curieux. Il contient l'Histoire de la Réformation des Bailliages d'Orbe et de Grandson, écrite par un Banderet d'Orbe nommé Pierre de Pierrefleur. Quoique l'auteur fût un catholique bigot et fort zélé, comme on le voit par son ouvrage, cependant il paroît assez fidèle dans sa narration. Il écrivoit les choses qui se passoient sous ses yeux et qu'il voyoit avec un grand regret. »

Quant au style du *grand Banderet*, il paraîtra certainement très remarquable, si on le compare aux écrits du même temps. Nous ne devons pas oublier qu'au temps où vivait Pierrefleur, la langue française était encore dans ses langes; la grammaire, l'orthographe, les mots eux-mêmes, rien n'était fixé; chaque auteur se faisait, à la fois, sa grammaire, son orthographe et son style. Ce n'a pas été une des moindres gloires de Calvin, d'avoir su donner à la langue gauloise d'alors ce caractère de précision, de clarté, de vigueur que nous retrouvons dans tous les écrits du chef de la Réforme.

Les auteurs plus vulgaires, qui étaient dépourvus de ce génie qui sait se tracer une voie propre, nous offrent tous un mélange de barbarie qui rend leur lecture difficile et souvent rebutante. Pierrefleur nous semble offrir une heureuse exception. L'on retrouve bien chez lui les incorrections, les répétitions de langage qui sont propres à son époque; malgré cela, son style a des qualités qui doivent lui assigner un rang élevé parmi ses contemporains. Il est aisé d'y reconnaître un homme du monde, dont l'esprit a été cultivé par les lettres, et nous ne serions pas étonné qu'il eût été formé aux écoles de Paris où il était d'usage alors d'envoyer étudier les gentilshommes du Pays-de-Vaud. Ce qui le distingue surtout, c'est une naïveté pleine de grâce, toujours fine et spirituelle, qui attache le lecteur et lui fait lire avec intérêt jusqu'aux détails, souvent insignifiants, d'une chronique dont le cadre est nécessairement très restreint. Sous ce rapport, Pierrefleur est bien l'expression de cette ancienne bonhomie vaudoise qui, sous un air simple et naïf, cache souvent une profonde observation et un trait qui pénètre d'autant plus profondément qu'il était plus inattendu.

Nous ne connaissons aucun livre où l'on puisse trouver un tableau plus fidèle de la vie et de la société vaudoise au XVIe siècle que dans celui-ci. Nous vivons à Orbe avec le *grand Banderet,* nous connaissons par leur caractère et leur nom les citoyens de cette ville, leur généalogie, leurs alliances, leur fortune, le nombre de leurs enfants; leurs succès ou leurs insuccès, tout est là. Nous savons aussi quel a été, chaque année, le prix des denrées alimentaires, le temps où l'on a fait les vendanges, la moisson; l'état des récoltes, etc.

En publiant ce récit d'un catholique sur l'introduction et les progrès de la Réforme dans notre pays, nous avons besoin de dire que nous sommes attaché de cœur à l'œuvre de la Réformation et au principe de la liberté des consciences.

Comme éditeur, nous nous sommes fait un devoir de repro-

VIII

duire les Mémoires de Pierrefleur dans leur intégrité. Nous avons respecté jusqu'à l'orthographe de l'auteur qui varie de chapitre à chapitre et même de page à page. Cette variété, ce tâtonnement perpétuel de l'écrivain fait connaître l'époque et la culture de l'auteur et du pays. C'est aussi, sous ce rapport, un document qui a son intérêt.

TABLE DES MATIÈRES

1530

AVANT-PROPOS.

I. Et premierement sera parlé de la situation de la ditte Ville. De la situation de la ville d'Orbe. — II. Du mode de viure des dits Seigneurs de Berne et de Fribourg. — III. Appointement faict entre les dittes deux villes Berne et Fribourg sur le different des loix pour leurs subjets. — VI. Des gentilshommes de la confrairie de la Culier.

1531

V. Sensuit pour l'an mille cinq cent trente vn qui est comment on commença à prescher la loy Lutherienne à la ditte ville d'Orbe appartenant aux deux bonnes villes Berne et Fribourg. — VI. De la poursuite faite pour la deliurance du dit Christophle Hollard. — VII. Du peuple d'Orbe fort humble et esmeu grandement. — VIII. Commis enuoyés de par la ville d'Orbe à la ville de Fribourg qui pour lors auoit l'alternatiue de principauté. — IX. Procès des seigneurs ambassadeurs de Berne contre le beau Pere frere Michel Juliani. — X. Les articles contre le beau pere frere Michel Juliani, produits par les seigneurs de Berne. Aussi les responses faites par le dit Juliani. — XI. Comment le predit frere Michel apres sa deliurance se retira en Borgogne. — XII. De Guillaume Farel qui vouloit prescher. — XIII. Des commis enuoyez à Berne et à Fribourg de la part de la ville. — XIV.

Du premier sermon presché en la ville d'Orbe par Guillaume Farel, predicant. — XV. Contrainte de faire aller les gens au sermon. — XVI. Du premier sermon de Pierre Viret. — XVII. — Du premier sermon fait par George, fils de Claude Griuat, allias Calleys d'Orbe. — XVIII. De plusieurs affaires faicts et aduenus par les lutheriens tant d'Orbe que de Grandson. — XIX. Des accoustremens d'eglise mis en inuentaire par les seigneurs de Berne et de Fribourg. — XX. De la premiere cène faite par les predicants lutheriens en la ville d'Orbe — XXI. Des sœurs de Saincte-Claire d'Orbe. — XXII. Deposition du chastelain Agasse, sa place donnée à Secrestain. — XXIII. De ceux de Granson. — XXIV. Du premier autel abattu en la ville d'Orbe. — XXV. Deploration du dit Banderet. — XXVI. Inuention pour penser faire à cesser le diuin office. — XXVII. De la finesse des predicans. — XXVIII. Coustume du Pays de Vaud. — XXIX. D'une pauure femme qui mourust à Orbe pendant le temps de la ditte clame. — XXX. Deliurance de messire Blaise Floret. — XXXI. Du premier presche de maistre Jehan Holard en la ditte ville d'Orbe. — XXXII. De Christophle Holard. — XXXIII. Des sœurs de Saincte-Claire d'Orbe et du pere confesseur nommé frere Michel Juliani. — XXXIV. Garnison mise deuers les sœurs d'Orbe. — XXXV. D'une comette qui fust veue au ciel. — XXXVI. Punition de ceux qui auoyent contredit à la ditte garnison du conuent d'Orbe. — XXXVII. De ceux de Grandson.— XXXVIII. Du trespas de messire Germain Bourgeois. — XXXIX. De la guerre des Lender. — XL. Infraction des portes du chœur et autel de Saincte-Claire d'Orbe. — XLI. Derision d'un certain questeur. — XLII. Forme de baptizer les enfants. — XLIII. Des affaires aduenuës à Noel au dit Orbe. — XLIV. De la mort de Claude Larguey, d'Orbe.

1532

XLV. Arriuement des ambassadeurs des deux villes Berne et Fribourg à Orbe. — XLVI. De la grande neige qui tomba au mois de feburier. — XLVII. Retour des dits ambassadeurs à Orbe. — XLVIII. — Publication des or-

donnances faites à l'occasion de la Religion à Orbe. — XLIX.
De la grande arrogance de Pierre Viret, predicant de la ville
d'Orbe, aagé de 20 ans. — L. D'un homme tué à Bonuillard, terre de Granson. — LI. De la cène faite à Orbe par
Pierre Viret. — LII. De l'emprisonnement de messire Pierre
Bouey, vicaire d'Orbe, et de Christophle Holard. — LIII.
Execution de Justice faite à Orbe en la personne de Jehan
Pussod. — LIV. Visitation faite par le duc de Sauoye en son
pays de Vaud. — LV. D'une comette apparuë en l'air. —
LVI. De la soufferte de ceux de Payerne. — LVII. Des premieres espousailles qui furent faites à Orbe par le predicant.
— LVIII. La Republique de la ville d'Orbe.

1533

LIX. Sortie de Noble Rose, fille de Guillaume d'Arney,
d'Orbe. — LX. Homicide fait et perpetré à Orbe par François Oliuey (Olivier) du dit Orbe. — LXI. Des anabaptistes.
— LXII. De la fiue portée par ceux d'Orbe au mois de may.
— LXIII. Du precieux sainct suaire lequel repose en la ville
de Chambery. — LXIV. Different à Geneue à cause de la
religion. — LXV. Different et debat meu à Lausanne. —
LXVI. D'un grand vent et orage eslevé par le Pays de Vaud.

1534

LXVII. Commencement de prescher la loy lutherienne à
Geneue. — LXVIII. Comme les dits predicants commencerent à prescher en l'eglise de Sainct-François à Geneue. —
LXIX. Sentence apostolique contre ceux de Geneue. —
LXX. De la journée tenuë à Thonon entre le Duc de Sauoye
et les Bernois à l'occasion de Geneue. — LXXI. Des disputes
tenuës à Geneue touchant la loy. — LXXII. De Caroli opposant aux dittes disputes. — LXXIII. Des ceremonies ecclesiastiques cesséez au dit Geneue. — LXXIV. Des religieuses
et sœurs de Saincte-Claire de Geneue. — LXXV. Du chasteau de Peiney. — LXXVI. De la saillie que ceux de Geneue

firent contre le chasteau de Peiney. — LXXVII. Du rencontre fait à Gingins. — LXXVIII. Assiegement de Geneue. — LXXIX. Destrousse d'une bande françoise par le baron de la Sarra. — LXXX. Du grand pardon et jubilé estant à Lausanne. — LXXXI. Different à Orbe entre ecclesiastiques et les lutheriens. — LXXXII. Du different meu entre la ville de Moudon et celle d'Yuerdon. — LXXXIII. De la mort de Monsieur de Chapelle, de Lausanne. — LXXXIV. Different et debat fait entre les enfans d'Orbe, d'une part, et ceux de Romamostier. — LXXXV. De la mort de Monsieur de Belley, seigneur et prieur du dit Romamostier. — LXXXVI. De messire Theodore de Rida, esleu prieur et seigneur du dit Romamostier. — LXXXVII. Heresie en France.

1535

LXXXVIII. De la mort de noble Claude Thomasset. — LXXXIX. Du may leué par les compagnons en la ville d'Orbe. — XC. De la mort de Bernard Quiquand, de Grandson. — XCI. De la mort d'Elizabet Reyf, de Fribourg, femme de Gonin (Hugonin) d'Arney, d'Orbe. — XCII. Du ballif Fritaz, qui fist son entrée à Orbe. — XCIII. Des Malherbes d'Orbe. — XCIV. Erreurs des anabaptistes.

1536

XCV. Le commencement et occasion de la guerre du Pays-de-Vaud, appartenant à illustre prince Charles, duc de Sauoye, de par les seigneurs de Berne, et premierement lettre de deffiance faite par les seigneurs de Berne au dit duc, par laquelle est declarée la cause et mouuement de la guerre. — XCVI. De la prise de la ville d'Yuerdon. — XCVII. Responce faite par ceux d'Yuerdon aux seigneurs de Berne. — XCVIII. Des images brusléez au dit Yuerdon. — XCIX. De la vituperation faite aux prestres du Pays-de-Vaud. — C. De la prise du chasteau de Chillon. — CI. Des places prises aux seigneurs de Lausanne par les seigneurs de Berne. — CII.

XIII

Plusieurs villes du Pays-de-Vaud se sont renduës à la subjettion de Fribourg et des Valleysiens. — CIII. De la conté de Gruyere. — CIV. Des deux priorez Baulme et Romamostier. — CV. Du grand ject que les seigneurs de Berne jetterent sur leur pays nouuellement conquis. — CVI. De la premiere congregation tenuë à Yuerdon par les predicans. — CVII. Les ballifuages du pays conquis. — CVIII. Inuention pour mettre la religion lutheriane qui se dit estre de l'Euangile, au Pays-de-Vaud. — CIX. De la mort du prieur de Cossonay. — CX. Les autels derochez au dit Cossonay. — CXI. De plusieurs decapitez au royaume d'Angleterre. — CXII. D'un jeune fils noyé en la riuière d'Orbe. — CXIII. Homicide fait par Claude Guibert, d'Orbe. — CXIV. De la mort de noble Guillaume d'Arney. — CXV. Des autels abattus à Granson pour la seconde fois.

1537

CXVI. Derochement de l'eglise de Nostre Dame des Vignes. — CXVII. De la mort de Caraudi, vaudois. — CXVIII. Des sieurs de chapistre de Lausanne. — CXVIII bis. De la mort de Anthoine Tauel. — CXIX. De Michel l'Escueil, brigand de bois. — CXX. Des premieres monstres faites à Yuerdon apres la prise du pays. — CXXI. D'un prix d'arquebutte tiré à Orbe. — CXXII. De la mort de Jehan Verdonnet, alias de Baulme. — CXXIII. De la mort d'Anthoyne Chollet.

1538

CXXIV. De la mort de Guillaume Millet, d'Orbe. — CXXV. De la mort d'un predicant lutherien tué par ceux de Romanel, petit village au Pays-de-Vaud. — CXXVI. Des nopces de François Vuarney. — CXXVII. Grande gelée tombée à Orbe. — CXXVIII. Les predicans dechassez de Geneue. — CXXIX. De la mutination de ceux de Lausanne contre le Ballif. — CXXX. Des nopces de Pierre Viret, predicant, d'Orbe. — CXXXI. D'une nouuelle secte des antinomiens au pays d'Allemagne.

1539

CXXXII. Plusieurs affaires aduenus et faits tant au dit Orbe qu'au Pays de Vaud nouuellement conquis. — CXXXIII. Des enfans de la ville d'Orbe. — CXXXIV. De l'estable qui fust fait au chasteau d'Orbe. — CXXXV. De la halle de la ville d'Orbe. — CXXXVI. De la mort de Jaques Cheuallier, de Valeyres soubs Rances. — CXXXVII. Ordonnance faite par les seigneurs de Berne, publiée au Pays de Vaud pour faire dire aux prestres si la messe estoit bonne ou non. — CXXXVIII. De la grande abondance de vin qu'il y eust la ditte année au Pays-de-Vaud. — CXXXIX. De la mort du conte de Gruyere. — CXL. Du feu qui prinst à Orbe.

1540

CXLI. Des nopces de François Malherbe. — CXLII. Le commencement de crier le guet par la ville d'Orbe la nuict. — CXLIII. Desboënnement des seigneuries d'Orbe et de Chauornay. — CXLIV. Seditions par plusieurs fois se sont renouuelléez à Geneue. — CXLV. D'un prix d'arquebuze tiré à Orbe. — CXLVI. Nouuelle entrée du Ballif d'Orbe. — CXLVII. Nouuelle inuention de chanter les sept pseaumes aux sermons des predicans auant leur presche. — CXLVIII. Commencement du collége de Lausanne.

1541

CXLIX. Du predicant nommé André Zebedée. — CL. De la mort de sœur Philiberte d'Arney et de noble Michel Mangerod, baron de la Sarra. — CLI. Cas merueilleux aduenu en la terre de Valengin. — CLII. Du foudre qui cheut à Orbe. — CLIII. Du second Ballif d'Yuerdon.

1542

CLIV. D'un homme qui se pendist. — CLV. De la Matthia Combault qui se noya à Orbe. — CLVI. Chose piteuse d'un enfant gasté. — CLVII. Du feu qui prinst à Corcelles. — CLVIII. Execution de justice faite à Cossonay de Jehan Fauey, du dit Cossonay. — CLIX. Du predicant d'Orbe nommé maistre Zebedée (André). — CLX. De la mort de messire Pierre Borgeoty, prestre d'Orbe. — CLXI. Des monstres (revues) faites à Orbe. — CLXII. De la mort de Pierre Ducie, d'Orbe. — CLXIII. Commencement de prescher la Loy Lutherienne à Mets, en Lorraine. — CLXIV. De la mort de maistre Jehan Matthey, d'Orbe. — CLXV. Vendition des benefices et biens d'Eglise estant au Pays de Vaud nouuellement acquis des Seigneurs de Berne. — CLXVI. Exequution de justice de Cleopas faite à Granson.

1543

CLXVII. Du feu qui prinst en la ville d'Orbe. — CLXVIII. Apparition de trois soleils. — CLXIX. Peste prinse en la ville d'Orbe. — CLXX. De la mort de Françoise Pugin, maîtresse des filles d'Orbe.

1544

CLXXI. Du viconte de Sauoie. — CLXXII. De la mort de messire Claude Caneuey, et de Jehan Caneuey, frères. — CLXXIII. De la mort de Charlotte Darbonnier, femme de Blaise Champion.

1545

CLXXIV. De la peste qui se prinst à Orbe. — CLXXV. De l'auge fait de marbre qui est deuant la maison de l'halle de la ville d'Orbe. — CLXXVI. De l'halle de la ville d'Orbe.

XVI

— CLXXVII. Possession prise de trois Bailliuages, assauoir Orbe, Yuerdon et Granson. — CLXXVIII. Desir de ceux du Pays-Bas pour venir à la Loi Lutherienne. — CLXXIX. Description de l'année presente 1545.

1546

CLXXX. De la mort de Martin Luther. — CLXXXI. Des monstres et election de gens faite par le Pays de Vaud au nom des seigneurs de Berne. — CLXXXII. Procez fait et demené à Orbe par les seigneurs conseillers encontre Jehan fils de feu Georges Griuat, d'Orbe. — CLXXXIII. De la prise de l'année 1546.

1547

CLXXXIV. De la mort du seigneur d'Orsens. — CLXXXV. De la prise de l'année 1547.

1548

CLXXXVI. Du feu qui brusla à Rances. — CLXXXVII. De l'impost que les seigneurs de Fribourg firent sur leurs subjets du Pays de Vaud. — CLXXXVIII. De la peur que ceux de Geneue eurent. — CLXXXIX. De la mort de Jehan Costabloz. — CXC. De la neige et mauuais temps qui suruinst au mois d'Apuril. — CXCI. Different esmeu entre les predicans lutheriens. — CXCII. De la messe abolie en Angleterre. — CXCIII. La desesperation de Spiera, italien. — CXCIV. De la mort de messire Jehan Griuat. — CXCV. D'un plaid demené entre le Roy de France et le Conte (comte Michel) de Gruyere par-deuant les cantons de Suisse à Bades (Baden). — CXCVI. De la prise de la presente année. — CXCVII. Premiers ambassadeurs enuoyez de par Charles, duc de Sauoye, à Berne.

1549

CXCVIII. Reception de sœur Bernardine Gauthey, alias Masson, au conuent de Saincte-Claire à Orbe. — CXCIX. De la mort de noble Bernard d'Aubonne, de Morges. — CC. Des nopces de Germain Millet. — CCI. D'une farce jouée au village de Beaulmes. — CCII. De la grande tempeste generale. — CCIII. De la farce et moralité jouée à Romamostier. — CCIV. De l'arriuée du Duc de Ferrare à Orbe. — CCV. Possession prise du Ballifuage d'Yuerdon. — CCVI. Du moulin de Cossonay gasté et rompu. — CCVII. Alliance de Suisses auec le Roy (de France). — CCVIII. De la fontaine qui est auprès de la religion (conuent) de la ville d'Orbe.

1550

CCIX. Du feu qui brusla Panthereaz. — CCX. Publication faite par les seigneurs de Berne, au Pays de Vaud, pour taxer chascun son bien. — CCXI. Rencontre de deux hommes attendant vn autre pour l'endommager et battre sur les champs. — CCXII. Des religieuses d'Estauayer. — CCXIII. De la mort du Prieur de Granson. — CCXIV. Des sœurs de Saincte-Claire de Veuay. — CCXV. D'un grand dragon qui passa par sus la ville d'Orbe. — CCXVI. De la mort de maistre Pierre Warney. — CCXVII. De la mort de messire Nicolas Jordan. — CCXVIII. De la possession prinse par Luriscot, de Berne, du ballifuage d'Orbe. — CCXIX. De la mort du Seigneur de Lullins, gouuerneur du Pays de Vaud par le duc de Sauoye. — CCXX. De la recolte de la présente année et de la peste qui fust en icelle.

1551

CCXXI. D'un homme qui par desespoir se pendit à Baulme. — CCXXII. Des nopces de Jehan fils d'Antoine Griuat. — CCXXIII. De la mort de Anne Ducie. — CCXXIV. Inuention de nouuelle Religion. — CCXXV. Les questeurs de Sainct-

Bernard. — CCXXVI. De la mort de Pierre Bourgeois, officier de Montagny, et de plusieurs autres. — CCXXVII. Du pont de bois de la ville d'Orbe. — CCXXVIII. De la mort de la sœur Andreaz de Pierrefleur. — CCXXIX. Des Suisses qui sont passez par ce Pays de Vaud.

1552

CCXXX. Ordonnance faite de par Messieurs pour les paures. — CCXXXI. De la mort de François Chedel, d'Yuerdon. — CCXXXII. De la belle-mere du dit François Chedel. — CCXXXIII. De la lutherie de ceux d'Oulens. — CCXXXIV. Le plus faict à Oulens. — CCXXXV. Resjouissement de nos Lutheriens d'Orbe. — CCXXXVI. Des sœurs de Saincte-Claire d'Orbe. — CCXXXVII. De la reception de sœur Claudine de Pierrefleur au conuent d'Orbe. — CCXXXVIII. Des encloses du moulin d'Orbe qui par l'impetuosité d'eau furent gastéez. — CCXXXIX. Possession du Ballif de Romamostier. — CCXL. De la premiere justice tenue à Orbe.

1553

CCXLI. De la mort de François Bourgeois, de Granson. — CCXLII. Des nopces de Jaques Chastelet et de Marguerite Sergeat (Cerjat) alias Denysy (de Denezy). — CCXLIII. Des ostardes (outardes) qui vindrent à Orbe. — CCXLIV. De la premiere foire de la Saincte-Croix. — CCXLV. Des lutheriens d'Orbe. — CCXLVI. D'une comete qui passa par sus la ville d'Orbe. — CCXLVII. Execution de justice faite à Yuerdon de Marie Verdonnet, de Beaulme.

1554

CCXLVIII. Execution de justice faite à Orbe en la personne de Benoite Marchand. — CCXLIX. De la mort de Junette Greybet. — CCL. Violence faite à Estauayer à noble

Sergeast (Cerjat) de Moudon, Seigneur de Denysy. — CCLI. Des Suisses qui passerent par ce Pays de Vaud. — CCLII. Du Curé de Montagny deuenu Lutherien. — CCLIII. Du Plus fait au dit Montagny. — CCLIV. Des Lutheriens d'Orbe. — CCLV. Du Plus fait en la ville d'Orbe. — CCLVI. Ambassadeurs de ceux d'Orbe enuoyez à Fribourg. — CCLVII. Les autels abattus et mis par terre à Orbe. — CCLVIII. Guillaume de Pierrefleur enuoyé à Berne et à Fribourg. — CCLIX. Arriuée des ambassadeurs de Berne et de Fribourg à Orbe. — CCLX. Des contes rendus à Fribourg par le Ballif et de ceux qui y furent enuoyez. — CCLXI. Du Plus fait à Granson. — CCLXII. Arriuée des ambassadeurs des deux villes à Orbe. — CCLXIII. Articles de reformation. — CCLXIV. Deploration du predit Banderet. — CCLXV. Des sœurs de Saincte-Claire d'Orbe. — CCLXVI De la mort de Bertold Pilliuuit. — CCLXVII. Departement de Dame Françoise relicte de feu maistre Jehan Matthey, d'Orbe. — CCLXVIII. De la mort de Dame Rose de Cossonay. — CCLXIX. Possession prise du Ballifuage d'Yuerdon. — CCLXX. Des bancs qui furent faits en l'halle de la ville d'Orbe pour tenir justice. — CCLXXI. De trois religieuses qui sortirent du conuent d'Orbe. — CCLXXII. Des sœurs de Saincte-Claire d'Orbe. — CCLXXIII. De la prise de l'année presente.

1555

CCLXXIV. Procez demené en la justice d'Orbe entre Christophe Hollard et Pierrequin Violet. — CCLXXV. Des prisons faites en la ville d'Orbe. — CCLXXVI. Ordonnances faites par les Seigneurs de Berne en leur Pays de Vaud. — CCLXXVII. De la mort de noble Claude d'Arney. — CCLXXVIII. Des Suisses qui allerent au seruice du Roy de France. — CCLXXIX. Departement des sœurs religieuses du conuent d'Orbe. — CCLXXX. Du plus tait à Sainct-Mauris terre de Granson. — CCLXXXI. Des biens des eglises de la ville de Granson partagez entre les deux villes Berne et Fribourg. — CCLXXXII. Des ambassadeurs arriuez à Orbe. — CCLXXXIII. Esmotion faite en la ville de Granson. — CCLXXXIV. Des troubles en la ville de Geneue. — CCLXXXV. Des jurez de la justice d'Orbe. — CCLXXXVI. Possession prise du Ballif d'Orbe. — CCLXXXVII. Des nopces de Blaise Griuat.

1556

CCLXXXVIII. De la mort de Jehan Sleidan.—CCLXXXIX. Deffence de ne plus tenir cheures à Orbe. — CCXC. Ariuement des Seigneurs de Berne et de Fribourg à Orbe et à Granson. — CCXCI. De la mort de noble Pierre de Pierrefleur. — CCXCII. Prise de l'année 1556. — CCXCIII. Derochement d'une maison à Orbe.

1557

CCXCIV. Arriuée des Seigneurs ambassadeurs de Berne et de Fribourg en leurs villes d'Orbe et de Granson. — CCXCV. D'une maladie appelée Coqueluche. — CCXCVI. Du premier qui vinst demeurer au conuent d'Orbe après le partement des sœurs. — CCXCVII. Prise de l'année 1557.

1558

CCXCVIII. De la closture du cemetière d'Orbe.— CCXCIX. D'une histoire jouée à Ligneroles. — CCC. De la mort de maistre Robert Louat, predicant. — CCCI. De la mort de messire Girard de Pierrefleur. — CCCII. De Gondoz, predicant. — CCCIII. De la prise de l'an 1558.

1559

CCCIV. Derochement et ruine de l'eglise de Sainct-Germain, eglise perrochiale d'Orbe. — CCCV. Dissention à Lausanne contre les predicans. — CCCVI. Du feu qui brusla Arney. — CCCVII. D'un prix d'arquebuse tiré à Berne. — CCCVIII. Du predicant d'Orbe Jehan Gondoz. — CCCIX.

Des ambassadeurs du duc de Sauoie enuoyez à Berne et à Fribourg. — CCCX. Glaris reduit pour la pluspart en la Loy Lutherienne. — CCCXI. Prise de l'année 1559.

1560

CCCXII. Preparations pour la guerre entre le Duc de Sauoye et les Cantons. — CCCXIII. De la mort de Pierre Warney. — CCCXIV. De la mort de Louys Barbaz. — CCCXV. De la maison de ville d'Orbe jadis conuent de Saincte-Claire. — CCCXVI. De la mort de Germain Pelie. — CCCXVII. Des Ambassadeurs du Duc de Sauoye. — CCCXVIII. Possession prinse de la Chastelanie d'Orbe par Estienne Prelat. — CCCXIX. Bruit de guerre. — CCCXX. Diligence faite sur l'exploit du dit mandement. — CCCXXI. Autre mandement des Seigneurs de Berne. — CCCXXII. De la mort de noble et puissant Seigneur N. de Watteuille, aduoyer de la ville de Berne. — CCCXXIII. De la mort du Seigneur Euesque de Lausanne. — CCCXXIV. Signe apparu sur le lac de Lausanne. — CCCXXV. Petitions que la ville d'Orbe faisoit à Messieurs pour sçauoir ce en quoy ils estoyent redeuables au Curé. — CCCXXVI. D'un mandat commandant à ceux d'Orbe d'aller aux monstres à Eschallens. — CCCXXVII. Possession prise du Ballif de Romamostier. — CCCXXVIII. Possession prise du Ballif d'Orbe et d'Echallens. — CCCXXIX. Des nopces d'Anthoine Peliez. — CCCXXX. Different entre les Cantons pour Glaris. — CCCXXXI. De plusieurs journéez tenuës pour le Duc de Sauoye. — CCCXXXII. Impost fait par les Seigneurs de Berne sur le Pays-de-Vaud. — CCCXXXIII. Troubles. — CCCXXXIV. Prise de l'année 1560.

1561

CCCXXXV. — Signes espouuantables veus au ciel. — CCCXXXVI. Du Predicant d'Orbe nommé René Perrotet. — CCCXXXVII. Journée tenuë à Neufchastel entre le Duc de Sauoye et les Seigneurs de Berne. — CCCXXXVIII. De la gabiole faite à Orbe. — CCCXXXIX. De la mort de Jehan Bally, d'Orbe. — CCCXL. De la mort de Anthoine Secrestain. — CCCXLI. De la maison de la ville en laquelle estoit autresfois le conuent de Saincte-Claire et à present on y tient tauerne. — CCCXLII. De la prise de noble Claude de Villard.

MÉMOIRES

DE

PIERRE DE PIERREFLEUR

AVANT-PROPOS

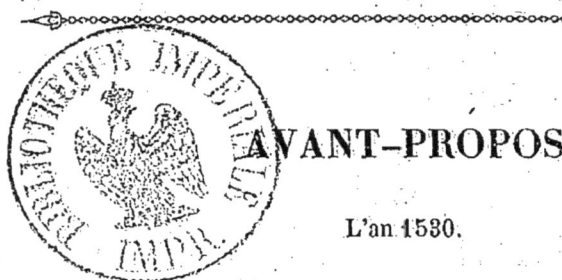

L'an 1530.

Au nom de nostre Seigneur Jésus-Christ. Amen. Pour ce que la memoire des tribulations aduenues en la ville d'Orbe ne soit mise en oubli vu que icelle est à présent succombée en la Loy, ou plutost secte lutheriane, que à présent veulent estre appellée Euangile, outre le vouloir des principaux et gens sauans de laditte ville. Et affin que blasme, si blasme se doit appeller, comme bien lon pourroit faire, ne leur soit improperé. Et moy le grand Banderet, ayant veu la deduction du toutage, l'ay bien voulu mettre en memoire par ordre depuis le commencement jusques à la fin; aussi semblablement sera entremeslé en ce present traitté la prinse du Pays de Vaud, faite par les Seigneurs de Berne sur le Duc de Savoye, la ruine et desolation des Eglises dudit Pays de Vaud, comment le tout sera plus amplement deduit et declairé par ordre, ainsi comment je l'ai veu. Priant à tous ceux qui ce present livre liront, (qu'il) soit de tous admis et receu en bonne part, et non avoir esgard à mon rude mal orné et simple langage, lequel est rude, selon la forme et style du pays.

I.

Et premièrement sera parlé de la situation de la ditte Ville. De la situation de la ville d'Orbe.

Orbe est une petite ville conclauée au Pays de Vaud, à douze lieues de Genève, et à quatre lieues de Lausanne, assise sur une petite rivière qui la circuit tout à lentour et se nomme l'Orbe, laquelle descent des montagnes dont elle est proschaine et a son cours jusques au lac de Yverdon, qui est à deux lieues près de laditte ville d'Orbe, toute enuironnée de vignes, gerdins, fruytages, et generalement de toutes plantes de biens. Laditte ville souloit autresfois estre subjette au Prince d'Orange Seigneur de Nozeroy, et fust le dernier Seigneur, vn nommé Hugues de Châlon. Mais ainsi qu'il pleust à Dieu, au temps que Charles Duc de Bourgogne perdit la bataille deuant la ville de Morat, que fust l'an 1477 en contre les Suisses, dès lors laditte ville d'Orbe et plusieurs autres places, comment laditte ville de Morat, Grandson, Eschallens et plusieurs autres tombèrent en la subjettion desdits Suisses qui sont en nombre treize Cantons, lesquels cedèrent et remirent leurs droits desdittes villes aux deux Cantons c'est assaucir à Berne et à Fribourg, lesquels dits deux Seigneurs des allors les ont tenues et tiennent encor de present, auec un grand contentement de leurs subjets et lesdits subjets de leurs Seigneurs. Et pource que violence ne fust faite à leursdits subjets par leur Bally et officiers commis et deputez pour la part desdits Seigneurs Berne et Fribourg, la coustume est que ils gouuernent leursdits subjets par alternatiue, qui duroit cinq années. Et quand le Bally estoit de Berne, la principauté et les dernières appellations alloyent à Fribourg. Et par reciproque quand le Bally estoit de Fribourg, la principauté et les dernières appellations alloyent à Berne, qui causoit de bien entretenir lesdits subjets, et duroit tousjours laditte alternatiue cinq années. Item est à sçauoir que nulle personne nestoit Bally qu'il ne fust natif de Berne ou de Fribourg; et n'auoyent esgard lesdits Seigneurs à mettre leurs Ballys, sinon qu'ils eussent tant seulement esprit naturel, fussent iceux de mestier ou de practique et surtout auoyent le regard, qu'il fust de bonne conscience.

II.

Du mode de viure desdits Seigneurs de Berne et de Fribourg.

Pour paruenir à bonne intelligence et à la déduction du present liure, est à sçauoir que lesdittes deux villes de Berne et de Fribourg, Seigneurs de laditte ville d'Orbe, depuis un certain temps estoient differents en Loix et mode de viure. Car les Seigneurs de Fribourg tenoyent le mode de viure selon le stile, mode et obseruance des ordonnances de nostre Sainte Eglise, soubs lequel ont vescu, et aussi sont morts nos anciens pères et predecesseurs. Les Seigneurs de Berne estoyent au contraire; car, le 25 Januier l'an 1521, la seigneurie de Berne fut subuertie en la Loy Lutheriane, laquelle à present se dit de Esuangile.

Or est ainsi que laditte Loy est quasi en tout contreuenante auxdittes ordonnances, vollant icelles abolir et anniheler. Et pource que ladite Loy Lutheriane est assez et plus que trop cognue, m'en passerey pour le present, sans y moi arrester, et tornerey à poursuyure mon propos. — Laditte reformation nouuellement prise par les Seigneurs de

Berne causa de grands maux, comme plus à plein sera icy desclairé. Et ce petit incident sert bien pour le commencement du present liure ; car plusieurs fois sera parlé desdittes Loix, à cause que vn chascun desdits Seigneurs veut maintenir la sienne. Et pource que lesdits deux Seigneurs Berne et Fribourg auoyent plusieurs places par ensemble, regies et gouvernées par alternatiue, comment est dit cy dessus, et que lesdits de Berne vouloyent que predicants preschant la Loy Luthériane, laquelle ils disoyent la Loy de l'Euangile, fussent mis et ouys ausdittes villes communes, cela causa de grands maux, turbassions et noises en icelles, et aussi entre eux mesmes en sortit different, en sorte que se tindrent plusieurs journées, où en fust fait appointement, à mode et forme qui s'ensuit.

III.

Appointement faict entre lesdittes deux villes Berne et Fribourg sur le différent des loix pour leurs subjets.

A esté faict et accordé que en toutes leurs villes et places communes, leurs subjets pourroyent tousjours et perpetuellement viure, les vns à la Messe, et viure selon les ordonnances anciennes ; les autres suyure la predication nouuelle et viure au contenu d'icelle, jusques à ce que le plus à vne chascune paroisse de leursdits subjets seroit de la part du presche et que en tous les lieux, villes, villages et paroisses où l'on inuoquerait lesdits seigneurs pour obtenir ledit plus, que ils y dussent comparoir et envoyer leurs commis. Et si le plus de voix estoit volant viure à la Messe, nonobstant cela le predicant lutherian ne s'en alloit pas, mais estoit tousjours residant et preschant. — Et au contraire, si le plus de voix estoit de la part du presche, il falloit que tout office divin accoustumé de faire dire et chanter, et tout ce que lesdits lutheriens appelaient *ceremonies papales* cessast; qui fust vn point au grand desaduantage des seigneurs de Fribourg, et quasi à diminution de leur seigneurie, veu qu'ils estoient esgaux auxdittes. Je croy qu'ils eurent à repentir, comme plus à plein le pourrez recognoistre.

Un autre point, c'est que dès incontinent que le plus estoit faict à vne ville ou village, et que ledit plus se trouvoit devers le presche, allors tous les biens d'Eglise, tant meubles, comme calices, ciboires, aubes, chasubles et autres biens meubles quels qu'ils fussent, tomboient es mains desdits seigneurs Berne et Fribourg, lesquels partoyent le toutage par égale portion et les emportoyent chascun en leur ville. Et quant aux terres, possessions, lesgats et reuenus, ils les vendoyent vne partie, ou le tout, reserué les censes et diesmes que lesdits seigneurs retenoyent à eux.

Nonobstant les chouses sus escrites, semble estre bon à l'auteur escrire chouses qui ont esté faites de son temps, selon les années qui s'ensuyuront par ordre cy apprès qu'il luy semble estre séant au present liure, et aussi affin de donner à cognoistre quels estoyent les Princes gouuerneurs, gouuernant et regnant pour ledit temps, lequel commencement se prendra et commencera en l'an 1530. Auquel temps mourut noble et puissant Philibert de Chalon Prince d'Orange, seigneur de Nozeroy, Viceroy de Naples, général de l'armée de l'Empereur Charles, au mois d'Aoust, agé d'enuiron 25 ans, et mourut d'un coup d'arquebuse deuant Florence, apprès y auoir longtems tenu le siége, au sortir d'une escarmouche. — Sa mère, nommée Dame Philiberte, entendant la mort de son dit fils, enuoya querir le corps par vne grosse ambassade, lequel fust amené auec grosse pompe qui ne fust sans grandes coustes, en la ville de Lyon le Saunier au Conté de Bourgogne, auquel lieu il fust mis en sepulture auec grande sollanité, et fust fait ledit enterrement en la religion des frères mineurs de Saint François, auprès de son feu père. — A son dit enterrement furent portées et traisnées en signe de deuil, environ quinze enseignes de guerre, lesquelles il avoit conquestées sur les françois. — Audit enterrement furent ambassadeurs de l'Empereur, du Roi François et de plusieurs grands

Princes, ensemble des treize Cantons Suisses qui tous se trouuèrent pour faire honneur au trespassé. Audit enterrement se trouua le fils du Conte de Nassau pour respondre comme héritier dudit Prince trespassé, lequel depuis fust possesseur, jouissant dudit bien sa vie durant, laquelle ne fust pas longue, car il mourust en France, luy estant auec l'Empereur, deuant une ville appellée Saint-Dizier, l'an 1544, au grand deplaisir de l'Empereur, apprès la mort duquel succeda à ladite seigneurie Noble et Puissant Guillaume de Nassau.

IV.

Des gentilshommes de la confrairie de la Culier.

Au mois d'Octobre, l'an 1530, les gentilshommes du Pays de Vaud, comprenant depuis Lausanne, Morges, jusques près de Chambery, estans de la confrairie de la Culier firent grandes assemblées et grands amas de gendarmes, sur esperance de surprendre la ville de Geneue. La cause de leur different estait que lesdits de Geneue auoient fait alliance et bourgeoisie auec les seigneurs de Berne et Fribourg, contre le vouloir du prince Charles, Duc de Savoye. Dauantage lesdits de Geneue auoyent tué un gentilhomme passant par laditte ville, nommé le seigneur de Pontueyre[1], lequel estait de laditte confrairie de la Culier. Il est à noter que les gentilshommes du Pays de Vaud, comprenant depuis la Sarra, Moudon, jusques delà Geneue, passant par la Coste de Monts, et outre le Lac, firent par ensemble alliance et confrairie qui se nommoit confrairie de la Cullier, en laquelle il falloit que tous lesdits seigneurs fussent Gentilshommes et Nobles, subjets audit Duc de Savoye. Item que tous portassent en leur col vne cullier pendue soit d'or ou d'argent, attachée à un ruban de soye, et celui qui se trouvoit sans la porter estoit pour une esmende composée entreux, tornant au profit de laditte confrairie. Item tenoyent tous les ans lesdits confreres vne fois leur congregation en la ville de Nion, ni de là ne se pouvoit remuer; le jour député estoit le premier jour de Januier, et duroit quelques fois huit jours, ou plus ou moins, auquel conseil estoit discuté et parlé de plusieurs affaires. Item estoit fait et ordonné que si aucun different sortissoit entreux tant occasion de bien possessoire que d'autre, ledit different se deuoit contenir jusques au premier conseil auquel le tout se deuoit appointer par lesdits confreres. Item estoit ordonné que si quelque estranger fist desplaisir tant au moindre qu'au plus grand, icelle injure ou desplaisir se deuoit venger et poursuyure à leurs coustes et missions, jusques à fin de leurs vies et de leurs biens. Item auoient fait entreux officiers, comme abbés, prieurs, banderets et autres officiers.

Or pour retorner à nostre propos suyuant la guerre desdits gentilshommes laquelle fust cause de beaucoup de mal tant au prince qu'au pays. Ils auoient fait chef et capitaine general de leur armée Noble et Puissant Michel[2] Baron de la Sarra, Noble Henry de Cojoney seigneur de Saint Martin, lesquels firent amas tant de Bourguignons, que Savoyens, et fust l'assemblée à vn village près de Morges appellé Huyfflans (Wufflens) auquel il y a vn joli chasteau, appartenant pour lors à vn jeune gentilhomme nommé Philibert de Colombier, et estoit pour lors aux estudes à Paris sous la tutelle dudit seigneur de St. Martin, auquel lieu de Huyfflans fust fait conclusion de prendre Geneue, appres laquelle tous se partirent et prindrent leur chemin droit à Coppet qui est à deux lieues de Geneue, et ils sejournerent vn jour, durant lequel lesdits de la Sarra et Saint Martin voyans qu'ils estoient frustrés de leur attente se perdirent et sauuerent, en sorte que l'on ne sceust qu'ils furent devenus. Les gendarmes voyans qu'ils avoyent perdu leurs chefs, ne sceurent que faire fors se retirer chascun à leurs maisons. Et à l'occasion que les fossignerans estoient d'autre costé tenant rude party contre la ville, iceux dudit Geneue furent contrains mander au secours à Berne et à Fribourg, lesquels ayants les nouvelles partirent impetueusement auec leurs puissances, pour aller au secours, et prindrent leur chemin sans sejourner à la ville de Morges, auquel lieu se forma leur armée cinq jours, au grand dommage et prejudice des pauures habitans. Entre autres furent faites beaucoup d'extorsions aux Eglises, si comment deroscher les autels, brusler les imaiges, piller et prendre calices et autres ornements, et aussi durant ledit tenement, fust bruslé le chasteau de Huyfflans appartenant au prenommé pupille. Apres le sesjournement de Morges prindrent leur chemin droit à Geneue, et en allant bruslerent la maison du Seigneur de Sinarclens, estant à vn village appellé Bursin qui estoit fort belle maison de plaisance ; fust aussi bruslée la maison au seigneur d'Aliffand [5] (d'Aruffens) estant à vn village appellé Binet (Begnins). Aussi fust bruslé le chasteau de Rolle et plusieurs autres audit voyage, et sesjourna laditte armée enuiron huit jours audit Geneue, puis s'en tornerent en leur pays par accord fait auec le Duc de Sauoye, lequel estoit chargé de cette conspiration, dont depuis furent tenues beaucoup de journees entre lesdits seigneurs de Berne et Fribourg et le Duc de Sauoye en la ville de Payerne.

Je ne veux laisser obmettre la punission meritoire du seigneur de Saint Martin, grand capitaine qui tant causa de mal au pays, comment ay dit cy dessus, lequel auoit commis capitaine pour faire ledit amas un certain Nicolas Bize, et à cause que ledit Saint Martin s'en estoit sauué et fuy, comme est dit cy dessus, ledit Nicolas Bize depuis le prinst par justice à Moudon, et au jour entre autres que la jornée de justice se deuoit tenir, ledit Bize le prinst prisonnier puis le monta a cheual, et le menerent a Yuerdou en vn logis de tauerne nommé du Crest, auquel lieu il demeura enuiron quinze jours, pendant lequel terme ledit Henry de Cojoney seigneur de Saint Martin trouua moyen de faire appointement, tant auec ledit Nicolas Bize son lieutenant que auec les compagnons qui estoient sous luy, et est à sçauoir que quand ledit Nicolas Bize alloit comparaistre à la justice de Moudon, il alloit tousjours accompagné de sa bande auec enseigne desployée et taborins sonans. — En l'an que dessus furent faites les chouses cy dessus escrites.

V.

(1531.)

Sensuit pour l'an mille cinq trente vn qui est comment on commença prescher à la loy Lutherienne à laditte ville d'Orbe appartenant aux deux bonnes villes Berne et Fribourg.

Pour tousjours suyure le propos et sçauoir comment l'on commença à prescher la Loy Lutheriane

en la ville d'Orbe, sur ce est à sçauoir que de toute
ancienneté ils ont eu coustume d'auoir vn predicateur pour prescher en caresme, comment l'ont
encore de present les bonnes villes en France et
autre part en la chrestienté, qui est belle chouse
pour induire le peuple à deuotion et à penitence,
affin de recesuoir son createur au jour de Pasques,
comme estoit de bonne coustume. Donc pour presente année que dessus fust commis un religieux
de l'ordre des freres mineurs de Saint François
nommé frere Juliani, confesseur et administrateur
des sœurs religieuses du conuent de Sainte Claire[4],
situé ledit conuent à laditte ville d'Orbe. Or ledit
frere Michel Juliani homme saint et preschant la
caresme, sçachant qu'il y auoit certain personnage
de petite valeur et suspect d'estre attaché à la Loy
Lutherienne, toustefois secret et non declairé, ledit
frere Michel esperoit que par ses predications il le
reduiroit à la foi comme il estoit auparauant. Mais
il estoit bien loin de son pensement, car telles gens
ont plus d'obstination que de sçauoir, et est grande
folie à ceux qui veulent leur parler, disputer ou
faire remonstrances, car tout cela ne sert en rien
à cause de l'obstination qui leur offusque l'entendement. A toutes les predications que faisoit le frere
Juliani, lesdits suspects n'estoient pas des derniers,
lesquels escriuoyent partie de ce que le frere disoit, ensorte qu'ils firent vn grand nombre d'arti-

cles qui furent depuis enuoyés à Berne et peu de temps apprès produits en justice contre ledit Juliani, comment plus amplement sera deduit et declaré cy apprès.

Nonobstant, le frere Michel estant aduerti desdits escriuains, tant par le bally qui estoit vn nommé Jost de Diesbac gentilhomme et bourgeois de Berne, que par les seigneurs et habitans de la ville, le priant de se deporter, et que en ses predications il ne deust plus prescher contre lesdits Lutherians, mais prescher simplement. Malgré toutes remonstrances le frere Michel Juliani estoit si fort affectionné qu'il ne se peust contenir de prescher et perseuerer tousjours à la magniere accoustumée, et en continuant la caresme sans aucune moleste, jusques au jour annonciation nostre Dame qui est le 25 jour de Mars 1531, et estoit pour lors le Samedy de la Dimanche de *Judica me* que le frere Michel prescha à son dit presche, où il se prinst à parler de mariage en declarant l'honneur, louange, et la retribution que finalement les bons mariez gardant bien et honorablement ledit sainct Estat de mariage auront, cest assauoir participation en paradis; et puis, prinst à propos à parler de virginité, sur lequel passage il prescha tant hautement que vn chascun lui prestoit l'oreille; il disoit dans ses propos que virginité estoit à preferer à mariage et plus prochaine de Dieu. Puis torna son propos et dit : pensez-vous que ces prestres, ces moines, ces moinesses qui sortent hors de leur religion, parce qu'ils ne veulent point endurer la peine et la castigation, mais renoncent à leurs vœux pour eux marier et accomplir leurs voluptés charnelles, pensez vous que en iceux soit accomply et fait mariage legitime? Ha nenny! dit-il, mais ils sont paillards, paillardes, infames et deshonnestes apostats, abominables deuant Dieu et les hommes. Et alors, un homme nommé Christophle Hollard natif de la ville d'Orbe, qui estoit desdits suspects et qui auoit un sien frere qui parauant auait esté prestre, ayant eu beaucoup de bien et d'honneur de l'Eglise; mais luy estant en iceluy honneur se accoinsta d'une folle femme, de laquelle il fist sa seruante, laquelle luy donna cent escus d'or en garde, et apprès qu'il eust gardé quelque temps laditte p..... elle fist semblant de la vouloir laisser, en luy demandant ses cent escus pour se retirer. Alors le dit frere qui se nommait messire Jehan Hollard, doyen de la ville de Fribourg, la pria de non le laisser et la promist pour sa femme. Depuis, il renoncea à l'ordre de prestrise et fust predicant. Donc, à cause de cela ledit Christophle Hollard oyant les propos du predicateur, osa bien prononcer et proferer de sa propre bouche, par deux fois, qu'il en auoit menty. Donc sur ce je vous laisse à penser le grand bruit et tumulte du peuple et des assistans. Certainement j'estime qu'il fust plus gros allors, que le bruit que l'on fait ès tenebres le vendredy saint, car les hommes qui estoient aux chapelles vouloyent sortir pour l'assommer, comme meschant, mais ceux qui estoient les plus proschains des portes desdittes chapelles les cloyrent (les enfermèrent), ensorte qu'ils ne purent sortir. Sur ce, les femmes toutes d'un vouloir et courage allerent où estoit ledit Christophle, le prindrent par la barbe, la luy arrachant et luy donnant des coups tant et plus; elles le dommagerent par le visage, tant d'ongles que autrement, ensorte que finalement si on les eust laissé faire, il ne fust jamais sorti hors de laditte Esglise, qui eust esté grand proufit pour le bien des bons catholiques. Enfin se leua Anthoine Agasse, pour lors chastelain d'Orbe, lequel eust bien à faire de le recouurer des mains desdittes femmes; il prinst le dit Christophle pour prisonnier et le mist au fond de fosse en prison, et cela fist ledit chastelain pour euiter grand scandale.

VI.

De la poursuitte faite pour la deliurance dudit Christophle Hollard.

Estre cela fait, la mere dudit Christophle, accompagnée du maistre d'eschole de la ville qui s'appelait Marc Romain et depuis fust predicant, partirent de la ville et allerent advertir le ballif au lieu d'un village appellé Eschallans en vn chasteau où il faisoit sa residence, à deux lieues d'Orbe. — Le Bally estant aduerty des affaires s'en vinst subitement le meme jour a Orbe et arriua enuiron quatre heures appres my jour. Donc estant arriué, il enuoya querir incontinent par ses officiers et sergens le frere Michel Juliani tant à la religion que autre part. Or estoit ledit beau Pere frere Michel en vne maison d'une notable femme nommée Françoise Pugin, maistresse d'apprendre les filles à toute vertu et science. Luy donc estant en laditte maison fust aduerti de la poursuite que le seigneur Bally faisoit contre luy; lors prist congé de la Dame et alla droit audit Bally qui estoit assis assez pres du chasteau en les attendant. Apres que le frere Michel eust salué, le Bally le prinst par la main et lui dit : je vous fais prisonnier pour la part de Messeigneurs, et le mena en prison au lieu auquel estoit le bon proudhomme qui depuis fust reputé et prouvé larron en justice publique nommé Christophle Hollard, lequel fust tiré hors du trou et en son lieu fust mis ledit frere Michel Juliani.

VII.

Du peuple d'Orbe fort humble et esmeu grandement.

Sur ces affaires il est à scauoir que le commun populaire de laditte ville estoit au milieu de la place, bien marri et fasché, voyant les chouses qui nestoyent point pour venir à bonne fin, attendant la fortune qui pourroit estre touchant la prise du frere Juliani; le attendant sur l'esperance de le garder de non estre pris, et eux non sachant qu'il fust pris, parloyent aucuns d'aller attendre le maistre d'eschole pour le jeter à la riviere.

En ces deuises le maistre d'eschole arriua, passant par deuant ledit populaire, joyeux comment s'il eust gagné mille escus, esperant d'auoir fait un chef d'œuure. Or le populaire fort triste voyant ledit maistre venant ainsi joyeusement, le commencerent à montrer l'un à l'autre, disant le voilà! et tous commencerent à crier : Magister venez ça! Luy voyant le tumulte du peuple eust peur et prinst la fuite, et le peuple appres le poursuiuant jusques à l'Eglise de la ville, dans laquelle ledit maistre d'eschole prist son refuge. Mais les femmes qui estoyent à l'Eglise, à cause du *Salue Regina* qui se disoit là journellement à cinq heures appres midy, accoururent à luy et le prindrent par les cheveux, le jettant par terre, le frappant en sorte que je qui voyais les affaires me pensais qu'il ne sortiroit jamais qu'il ne fust mort. Et suis certain que si ne fust la recorsse (secours) qu'il eust d'un Lutherian, il ne fust jamais party du lieu sans estre mort.

Depuis, par un terme de tems, ledit maistre d'eschole n'osoit aller par la ville qu'il n'eust deux sergens pour sa garde, jusques qu'il fust crié et mis en la sauuegarde des seigneurs de Berne et Fribourg.

Pour donc reuenir au peuple et habitans de la ville, estant aduerty de l'emprisonnement du frere Michel Juliani, furent grandement deplaisants, et attendirent jusques à ce que le Bally sortit du chasteau, ce qu'il fist et menoit auec luy ledit Christophle Hollard.

Quand le predit Bally vid tant de gens assemblés deuant le chasteau, il fust fort estonné, car tous et chascun crioyent et demandoient le frere Michel, et pour quelle raison il l'auoit prins, et d'autre costé disoyent par quelle raison il auoit retiré ledit Christophle. A ce respondit le seigneur Bally, que quant au beau Pere frere Michel Juliani, il l'auoit fait par l'ordre de Messeigneurs de Berne et qu'il auoit puissance de le prendre, mais non pas de le deliurer. Et quant audit Christophle Hollard, il dit qu'il auoit donné fiancement. Alors tout le peuple commencerent tous a crier d'une commune voix : nous tous fiançons le beau Pere, corps pour corps et auoir pour auoir. Lors le Bally voyant qu'il ne pouuait satisfaire à la clameur du populaire, va dire : messieurs ! je vous adverty que j'ai la charge et le commandement de le prendre, mais je n'ai celle de le mettre en liberté. Et si vous voulez le luy mettre, vous le pouuez prendre, mais si je ne le vous conseille pas, et à ce se partit pour s'en aller en son logis. Et en son chemin va rencontrer les Dames et bourgeoises de la ville, qui toutes l'attendaient au milieu de la rue, et toutes s'en vont jeter à genoux auec grandes larmes, demandant misericorde pour le beau Pere, le suppliant de vouloir le remettre en liberté. Le Ballif ayant pitié de ce peuple à grand peine pust il respondre, fors qu'il dit qu'il n'estoit pas en sa puissance de le lascher, puis se retira à sondit logis, car l'heure estoit tarde.

VIII.

Commis enuoyés de par la ville d'Orbe à la ville de Fribourg qui pour lors auoit l'alternatiue de principauté.

Le dimanche suyuant furent commis de par laditte ville pour aller à Fribourg Noble Pierre de Pierrefleur et François Vuerney, lesquels partirent dudit Orbe et exploiterent en telle sorte qu'ils furent en conseil le lendemain, auquel ils reciterent toutes les affaires dessus escriptes, lesquels seigneurs et princes de Fribourg furent bien marris et faschez; et sur ce enuoyerent aux seigneurs et Princes de Berne deux ambassadeurs pour auoir aduis comment lon deuoit faire, lesquels par accord remirent le toutage jusques la Dimanche suyuant qui fust la Dimanche de Pasques flories, le second jour du mois d'Apuril. Ce jour, les ambassadeurs des deux villes Berne et Fribourg arriverent a Orbe amenant auec eux vn predicant nommé Guillaume Pharel, natif de Gap en Prouence, lequel Pharel, apres que vespres furent dittes, auec audace presomptueuse, sans demander congé à personne, s'en alla mettre en chaire à l'Eglise pour prescher; et lors chascun le suiuit, hommes et femmes et enfans, qui tous et un chascun crioyent et siffloyent pour le destorber auec toute exclamation, l'appelant chien, mastin, heretique, Diable et autres injures, ensorte que l'on n'eust pas ouy Dieu tonner, et n'entendoyent aussi chose que il dit. Sur cela les habitans voyans qu'il ne se vouloit desister, se commencerent à mutiner et vouloir aller jusques à donner coups; mais le Bally craingnant que plus de mal ne aduint, print ledit Pharel par le bras et le mist hors de l'Esglise, le conuoyant jusques chez son hoste.

Il est donc à sçauoir que peu sen fallust que pour lors ne eusse eu grosse chapplerie, à cause qu'il n'y auoit que cinq ou six qui vouloyent que ledit Pharel preschast, ce qui estoit contre le vouloir et consentement de toute la ville et n'estoit approuvé que des seigneurs commis de Berne et Fribourg.

Le Lundy suyuant, à six heures du matin, cuida prescher ledit Pharel au milieu de la place, mais il ne peust auoir audience, ains fust contraint se retirer en son logis. Ledit jour, à quatre heures apres midy fust tenu le conseil de la ville, auquel conseil assisterent les presdits ambassadeurs de Berne et Fribourg ensemble le predicant Guillaume Pharel. Le conseil estre tenu, ainsi que chascun s'en tornoit, les femmes estant au milieu de la rue attendant ledit Pharel le vont prendre par la robbe, et si dolcement qu'elles le firent à chanceler à terre et le voulurent outrager et frapper; mais Noble

Pierre de Gleresse qui estoit auprès, le leur osta des mains, disant : mes Dames pardonnez moy, car pour ceste heure je l'ay pris à ma charge, et lors toutes le laisserent aller. La principale de laditte entreprise estoit vne qui estoit partie de Fribourg, nommée Elizabet Reif, mariée à un gentilhomme de la ville d'Orbe, nommé Hugonin d'Arney. La Dame Elizabet et son mari depuis vindrent Lutheriens et moururent en icelle Loy.

Le Mardy sainct qui fust le quatrieme jour du mois d'Apuril l'an que dessus, à six heures fust assise la justice, à laquelle estoyent les predits ambassadeurs de Fribourg qui estoient là commis pour ouyr et voir la deduction et fin du detenement du frere Michel Juliani; d'autre costé les ambassadeurs de Berne tenant et faisant partie contre ledit frere Michel, lequel fust tiré de prison et amené en jugement. Les ambassadeurs de Berne proposerent leur demande au mode qui sensuit.

IX.

Proces des seigneurs ambassadeurs de Berne contre le beau Pere frere Michel Juliani.

Premièrement ont proposé lesdits seigneurs ambassadeurs, acteurs au nom de nos tres redouttés, magnifiques et puissans seigneurs, messeigneurs de Berne, en faisant clame criminelle contre venerable homme frere Michel Juliani confesseur et administrateur des sœurs de Sainte Claire d'Orbe, de l'ordre des obseruantins, disant estre chouse veritable que depuis certain temps dernierement passé, ledit frere Michel auoit presché et publié certains articles et propos, lesquels sont premierement contre Dieu et contre l'autorité de messeigneurs de Berne leurs superieurs, desquels articles la teneur sensuit.

X.

Les articles contre le beau pere frere Michel Juliani, produits par les seigneurs de Berne. Aussi les responses faites par ledit Juliani.

I. Les pauures d'esprit sont les moines qui ont quitté le monde pour entrer en religion. — *Negat dixisse.*

II. Le Pape, les Evesques et autres personnes ecclesiastiques qui ont charge d'ames, sont ceux à qui on doit obeir et garder leurs ordonnances, pource que toute ame doit estre subjette aux puissances soueueraines et qui resiste à elles resiste à l'ordonnance de Dieu; de mesme celuy qui ne garde les commandemens de l'Eglise. — *Negat dixisse modo quo scribitur.*

III. Ceux qui annoncent la nouvelle Loy ne font aucun miracle d'où vient que peu prennent leur Loy, fors un tas de moines et impudiques, paillards et apostats, lesquels pour ce qu'ils sont corrigez et contrains aux monasteres par discipline, prennent cette Loy affin qu'ils se marient et fassent leur volonté. — *Modo quo scribitur articulus negat dixisse, quia aliqui dimiserunt religionem ut venirent ad eorum libitum, neminem nominando.*

IV. Les voeux sont à tenir ce qu'on a promis, et partant ceux qui les rompent sont meschans apostats, heretiques, comme tous moines qui sortent de religion, tous prestres qui se marient; et ne faut point dire que ce soit mariage, ne les femmes qu'ils prennent que soyent leurs femmes, mais sont leurs ribaudes et n'est que fornication, et leurs enfans sont tous bastards et illegitimes. — *Fatetur dixisse.*

V. La confession est de commandement et est tenu chacun se confesser aux prestres; ainsi que les Ladres doiuent estre jugez par les prestres de la vielle Loy, ainsi Ladrerie pouuoyt estre jugée par les prestres de la nouuelle Loy, qui sont tant dignes et plus excellens, d'autant qu'ils offrent plus excellent sacrifice que les autres, offrant les bestes, car c'èst le précieux corps et le sang de nostre Seigneur. — *Dicit dixisse juxta præcepta Ecclesiæ.*

VI. Les Prestres sont moyenneurs entre Dieu et les hommes. — *Fatetur dixisse administrando sacramentum.*

VII. Ceux sont meschans heretiques qui destruisent les Images et abattent la croix et crucifix, lequel nostre mere sainte Eglise a ordonné estre mis au milieu de l'Eglise, affin que quand on entre à l'Eglise on en ait souuenance. — *Negat dixisse secundum formam articuli.*

VIII. Tous sont ennemis de la croix de Christ qui les abattent, et ne seruent que à leur ventre, usant de toute viande en tout temps; hélas! n'est ce pas chouse qu'on doit plorer que ainsi abattre la sainte croix; veu que tant de saints et saintes ont été delivrez par le signe de la croix, mais seront confondus tous ceux qui ainsi vsent de toutes viandes. — *Negat dixisse secundum formam articuli.*

IX. Il est peché mortel de manger chair et autres viandes defendues, au tems defendu, comme en la caresme legitime. — *Dicit dixisse, nisi fuerit causa et excusatio.*

X. On est tenu sous peine de peché mortel de ouyr la Messe. — *Dicit dixisse.*

XI. Les meschans heretiques nient que le pain

que le Prestre consacre soit transsubstantié au corps precieux de nostre Seigneur. — *Dicit dixisse.*

XII. Aussi bien est le corps de nostre Seigneur en la main d'un mauvais prestre que d'un bon. — *Dicit dixisse dicendo verba sacramentalia.*

XIII. Ceux meschans heretiques qui nient le sacrement, disent que la foy seule justifie, comment si aucun auoit peché mortellement puisse estre sauué en croyant. — *Negat dixisse eo modo.*

XIV. La Vierge Marie est la tresoriere de grâce (*iuxta illud inuenies gratiam*). — *Dicit dixisse.*

XV. Les heretiques qui nient que l'on doit prier les saints, ce que on peut bien voir estre faux par la Cananée, laquelle ne pouuoit estre exaucée et s'est adressée aux apostres disant : o amis de Dieu ! priez pour moy vostre maistre, Dieu nexauce point les pescheurs ; et aussi la même chouse appert par la mere de St. Pierre. — *Negat dixisse eo modo.*

XVI. Les saints chassent et guerissent diuerses maladies, comme Sainct Anthoine. — *Dicit dixisse.*

XVII. Qui dit que les liures des Macabées ne sont de la saincte Ecriture, il est heretique et n'est point fils de Dieu, mais de la Synagogue. — *Dicit dixisse.*

XVIII. C'est heresie de dire qu'il nest point de purgatoire, et sont meschans et heretiques ceux qui le nient. — *Dicit dixisse.*

XIX. L'on doit plorer et gemir pour les trespassez et faire chanter pro *fidelibus christianis*. — *Dicit dixisse.*

XX. Ceux qui ont pris la nouuelle Loy n'ont aucun bien en eux, mais nient les articles de la foy. — *Negat dixisse.*

XXI. Qui trouue sa femme en adultère et fornication et en prend vne autre, il ne le peut faire selon le commandement de Dieu. — *Dicit dixisse.*

XXII. Dieu n'a rien demandé qui soit impossible de sa grace. — *Dicit dixisse.*

XXIII. De adorer Dieu en esprit est contre les lutheriens. — *Negat dixisse.*

Et d'autres articles lesquels protestent les dits seigneurs ambassadeurs, acteurs, produire et aduancer sus lesquels demandent par le dit Michel estre respondu confessant ou niant et, en tel cas qu'il voulust nier qu'il les eust preschez, se offrent le prouuer ainsi comme raison et justice le requiert.

A laquelle demande et articles a respondu le dit frere Michel Juliani luy bailler et pouruoir de conseil.

Repliquans les dits seigneurs, acteurs au nom que dessus, que le dit frere Michel, rée, ne deuoit point auoir de conseil sinon respondre de luy mesme, attendu qu'il a commis crime de leze majesté en blasmant premierement Dieu et ses Princes, car, ainsi qu'il a presché sans conseil, aussi doit il respondre sans conseil.

Lequel frere Michel derechef a demandé comme dessus d'estre pourueu de conseil, et de cecy faire cognoistre par les nobles et jurez de la cour.

Lesquels seigneurs cognoissans estre remis pour auoir aduis, ont cognu et rapporté que veu que les seigneurs ambassadeurs, acteurs auoyent demandé conseil ausquels auoit esté ottroyé, que aussi semblablement le dit frere Michel rée deuoit estre pourveu de conseil.

Apres plusieurs dits et repliques tant d'un costé que d'autre qui seroyent trop longs et fascheus à raconter, a esté respondu et confessé les dits articles, comme dessus est dit, et declairé et noté en la marge sus vn chascun article, et aussi sus les dits articles furent produits plusieurs tesmoins pour prouuer les articles non confessez.

Finalement, pour venir au court de la dite cause, est à sçauoir que la ditte cause fust recommencée le jour que dessus est dit, à heure de cinq heures du matin et dura jusqu'a my jour, qui est heure de douze, puis chascun s'en alla disner. A vne heure, appres ce my jour, fust reassemblée la ditte justice, laquelle dura à produire tesmoins jusques à sept heures de nuit que chascun fust contraint se retirer, causant la nuit tenebreuse, et ainsi fust remise la ditte justice jusqu'au jour suyuant au matin, à heure de six du matin. Et fust remis le dit beau pere en liberté, moyennant fiancement, qui fust fiancé par noble Guillaume d'Arney, auquel jour suyuant, qui fust le mercredy sainct, fust reassise la ditte justice au mode et forme que dessus, et comparust le dit noble Guillaume d'Arney en representant le susdit frere Michel. Appres la presentation faite, demanderent les dits seigneurs ambassadeurs leur deuoir adjuger le predit frere Michel, en corps et en biens, en tant qu'il auoit parlé et presché contre Dieu et contre l'authorité de nos magnifiques seigneurs. Le predit frere Michel disoit au contraire qu'il deuoit estre absous de clame et de demande pour les raisons suyuans : c'est qu'il n'entendoit auoir dit ni presché parole qui fust contre Dieu ni aussi contre l'authorité des dits seigneurs et quil n'estoit pas homme si presomptueux qui dust dire ni prescher chouse de luy mesme, que premierement il ne l'aye trouuée aux Escritures sainctes, tant au saint Euangile, Epistres de saint Paul que autre part en la saincte Escriture. A laquelle responce les seigneurs jurez et assistans de la cour vont concordablement cognoistre, que si le dit frere Michel faisoit apparoistre le contenu de ce qu'il disoit, que il satisferoit et que seroit absous de clame et de demande. En vertu de laquelle cognoissance commença aux premiers articles et successiuement à tous les autres, de article en article, en amenant et aduançant, sus vn chascun d'iceux, authorité et passages tant de l'Euangile, des Epistres de Sainct Paul que d'autres passages de la Saincte Escriture. Finalement fist si bien et dit en telle sorte que il fust absous de clame et de demande et remis en liberté, dont le prenommé Guillaume d'Arney en demanda lettre de descharge, à cause qu'il l'auoit fiancé, corps pour corps et auoir pour auoir, ce qui luy fust ottroyé.

XI.

Comment le predit frere Michel apres sa deliurance se retira en Borgogne.

Estre mis en liberté, le predit Juliani s'en torna en son conuent à la grande consolation des bonnes meres religieuses, lesquelles estoyent grandement troubléez comment pouuez penser. Au dit conuent ne sejourna non plus que d'in quart d'heure. Apres auoir dit adieu aux sœurs, prist son chemin droit à Nozeroy, petite ville au centé de Borgogne à vingt lieues loin d'Orbe, où il fust honorablement receu tant de la princesse d'Orange, laquelle y faisoit sa residence, que aussi des religieux du conuent de la ditte ville. Bien prist au dit Juliani de son partement si actif : car il ne tarda pas vne heure qu'il fust renuoyé querre par les sergens, à l'instance des dits ambassadeurs, lesquels apres auoir esté bien cerché en son dit conuent, furent bien marys de ce qu'il s'en estoit allé. Dauantage, le jour de Pasques arriua vn heraut de Berne, portant mandement aux seigneurs du conseil de la ditte ville d'Orbe, pour faire diligence à faire detenir le dit Juliani, mais l'excuse des dits seigneurs fust quils ne l'auoyent jamais veu depuis son partement, nonobstant que pour ce ne laissa la ville de faire diligence de le cercher et trouuer, dont le dit heraut eust contentement.

XII.

De Guillaume Farel qui vouloit prescher.

Il ne faut mettre en oubly que, estre finy le dit procez, le dit Guillaume Farel qui tousjours auoit esté present et assistant pria la justice, auant qu'elle fust leuée, presens les dits seigneurs ambassadeurs de Berne et Fribourg, de lire vn mandement qui partoit de la part des dits seigneurs de Berne addressant par iceluy à tous leurs subjets, bourgeois et combourgeois, et en tous lieux et places que le dit mandement se monstreroit, que le dit Farel uoudroit prescher qua on luy ceust donner audience, puissance et faueur, voulant le dit Farel que, en vertu du dit mandement, quil deust auoir audience en la ditte ville d'Orbe. Incontinent que la lecture fust faite, le commun peuple ne attendirent pas que les seigneurs du conseil fissent responce, mais commencerent tous d'une voix à crier « quil s'en » allast et que l'on n'auoit cure de luy ni de sa pre- » dication. » Et fust le tout desduit au mode et forme prenarrée, en la presence des susdits seigneurs ambassadeurs de Berne et de Fribourg, puis chascun s'en alla en sa conrée.

XIII.

Des commis enuoyez à Berne et à Fribourg de la part de la ville.

Le lundy apres Pasques, partirent de la uille d'Orbe cinq commis ou ambassadeurs, assauoir Anthoine Agasse, pour lors chastelain du dit Orbe, noble Pierre de Gleresse, noble Jehan Costable, François Vuarney et Anthoine Challet, et ce estoit pour faire les excuses de la ville des dessus dits affaires, et sejournerent jusques le dimenche de Quasimodo, lesquels arriuez apporterent pour responce que le vouloir des seigneurs de Berne estoit que le dit Guillaume Farel, predicant, fust ouy en predication et qu'ils ne vouloyent contraindre personne à y aller; semblablement, ne vouloyent que l'office, accoustumé de faire en l'eglise fust nullement empesché; item, que pour la rebellion qui auoit esté faite des chouses sus dittes que la uille estoit condamnée à deux cents escus au soleil, payables aux dits seigneurs de Berne.

XIV.

Du premier sermon presché en la uille d'Orbe par Guillaume Farel, predicant.

Les affaires resterent en telle sorte jusques le samedy suyuant que le predit Guillaume Farel, predicant de la doctrine et loy lutheriane, commis et deputé de par les seigneurs de Berne pour prescher en leur ditte uille d'Orbe, à heure de vne heure de matin alla droit à l'eglise, auquel lieu il attendit jusques à ce que l'office de l'eglise fust acheué. Estre faict, le dit Farel se mit en chaire pour prescher; et grand mervelle, je mestonne des petits enfans lesquels, d'eux mesmes et sans conseil se mirent tous deuant et à l'entour de la chaire, se couchans et faisans des dormans et, apres auoir demoré quelque peu, tout en vn instant se vont leuer et sen sortirent hors de l'eglise crians et hurlans à grand' force, dont le dit Farel fust fort esbahy, aussi furent plusieurs de la ville, et n'eust le dit Farel en son sermon que trois auditeurs, le dit premier sermon qui se fist en l'eglise de la uille d'Orbe le jour que dessus l'an 1531.

XV.

Contrainte de faire aller les gens au sermon.

La dimenche suyuant, qui fust feste Sainct George, arriua vn ambassadeur de Berne, accompagné du seigneur ballif, au dit Orbe, auquel jour fust portée la procession en l'eglise parochiale appellee Sainct Germain qui est hors la ville, et cependant le dit Farel prescha et continua sa predication jusqu'au retour de la ditte procession qu'il estoit encor en chaire, et les enfans qui entrerent les premiers, commencerent à crier, à siffler et à hurler, et les prestres entrerent en chantant en l'eglise, et quand le dit Farel vid cela, il sortist hors de la chaire et sen alla. Au dit sermon estoyent dix personnes. Apres disné, en la presence du dit seigneur ambassadeur et du ballif, prescha le dit Farel et n'estoyent des auditeurs que dix personnes comme dessus. Voyant le dit ambassadeur et le ballif que l'on ne tenoit conte du dit Farel, ni de sa predication, et que nul n'y voulait aller, lors ils firent assembler le Conseil, auquel assista le dit ambassadeur et ballif, lequel ambassadeur exposa que le vouloir des seigneurs de Berne estoit que, pource que le beau pere frere Michel Juliani auoit presché les articles sus mentionnez publiquement, que leur vouloir estoit que iceux fussent repudiez publiquement par leur predicateur Guillaume Farel ; et dauantage leur vouloir estoit que tout chef d'ostel, hommes et femmes, dussent aller au dit sermon pour ouyr la ditte repudiation.

Le dit Farel prescha toute la sepmaine suyuante, et preschoit par jour deux fois le jour, et chascun sermon tenoit deux heures et tous ses sermons estoyent tous semblables l'un à l'autre, sans auoir grand' différence. Le plus de ses sermons n'estoit sinon de appeller aux prestres et à toutes gens d'eglise, disant : « ces brigands, ces larrons, ces » meurtriers » et, quand il auoit acheué, il tournoit tousjours à son propos. Le peuple fust fort obeissant au mandement des dits seigneurs de Berne et chascun y comparust, par deux jours ; ensuite chascun en fust saoul sans plus y aller, reseruez les dits dix personnes qui tindrent tousjours auec le dit Farel. Les auditeurs du dit sermon estoyent

Pierre Viret, Christophe Hollard, Anthoine Secrestain, Marc Romain, Jehan Corde (Cordey), sa femme, Mairoz Besson, Claude Darbonnier et Blaisoz Cheurery.

XVI.

Du premier sermon de Pierre Viret. (Voir § 131.)

Le jour feste sainct Jehan euangeliste, qui fust vn jour de may, 1531, prescha à Orbe Pierre Viret, fils de Guillaume Viret, cousturier et retondeur de drap, natif de la ville d'Orbe, son premier sermon. Le dit Pierre Viret auoit esté dès son commencement introduit aux lettres à Orbe, et puis fust à Paris, où il demeura pour quelque temps, comme de deux à trois ans, où il profita fort bien aux lettres comme se monstrera cy appres. Luy estant à Paris fust noté tenir de la religion lutherienne, en sorte quil luy fust bien de se sauuer et torna au dit Orbe, en la maison de son dit pere, où il sejourna jusques à ce quil fust predicant. Sa premiere charge fust d'aller à Granson commis pour y prescher, et puis il tomba en grande estime entre les predicans lutheriens, il se fist compagnon de Guillaume Farel et furent ceux qui commencerent à prescher la ditte loy à Geneue, et fust le grand prescheur au dit Geneue. Semblablement à Lausanne, ayant par tout grand credit et authorité. Finalement il y eust un grand et scauant docteur nommé maistre Jehan Caluin, lequel fist vn liure « *de la predestination* » lequel ne fust admis par les seigneurs de Berne, mais fust deffendu, et pource que luy, le dit Viret, le vouloit soutenir, iceluy dit Viret fust banny de Lausanne et des terres des dits seigneurs de Berne, en sorte quil fust contraint se retirer à Geneue, où il fust le bien venu et y demeura jusques en l'an 1562, que allors il fust requesté de ceux de Nismes en France, où il alla demeurer enuiron vn an ou deux, au contentement de ceux de la ville. Puis ceux de Lyon ont fait si grand pourchas appres luy quils n'ont resté jusques à ce quils l'ont eu, où à present il est auec grand auancement. Ses dits pere et mere moururent en la loy lutherienne, le fils les auoit à ce endoctrinez pendant le temps que le dit Pierre Viret estoit tant à Lausanne que à Geneve. Il fist et commença plusieurs liures tant en français qu'en latin, entr'autres fist le liure intitulé « *Le testament du purgatoire* » et vn autre « touchant la diuine prouidence et predestination » et un autre parlant « *du monde qui va à l'empire*[5] » et plusieurs autres liures. Il fust en grand bruit, tellement quil estoit le plus aymé et auancé des gens et grands seigneurs de sa religion. Il vint faire un partage auec ses freres, Anthoine et Jean, des biens delaissez par leur dit pere et mere et finalement il fust auancé et mis en la bonne grâce de la royne de Nauarre et suyuoit la dite royne, sous laquelle, luy estant à son seruice, il mourust en vne ville nommée Pau au pays de Gascogne, icelle ditte ville estant subjette à la ditte royne de Nauarre, au mois de mars l'an 1571. Et, le 22e jour du mois de juillet, an predit, mourut à Orbe Jehan Viret, frere du dit Pierre Viret, lequel pouuoit estre de l'age denuiron 46 ans, lequel, à cause de sa simplicité, n'auoit jamais esté marié.

Le dit Pierre Viret predicant laissa deux freres : Anthoine et Jehan. Apres la mort du dit Pierre, enuiron deux ans, un françois nommé Reyf, mari de l'une des filles du dit Pierre Viret, accompagné de Bastiam Jacaud, predicant d'Oulens, vindrent à Orbe demandans au dit Anthoine Viret luy laisser la moitié quil tenoit et qui appartenoit au dit Pierre Viret ou à ses deux filles; ensemble luy payer deux prises du passé pour sa ditte moitié et aussi luy rendre franc le dit bien. Puis se procederent par justice, mais en fin Anthoine fust condamné, ce qui fist que iceluy Anthoine, qui estoit assez bien à son aise, fust mis en entiere poureté, car il perdit tout. Premierement, il perdit fa prise, il perdit tous ses meubles et possessions, tellement que on fist sa maison, qui estoit bien garnie, toute nette; et dauantage il fust contraint absenter la ville et maison;

et tout ce malheur ne vinst ni ne procedoit principalements sinon par le moyen du dit Bastian Jacaud, predicant, et non par le dit françois, combien que le dit Jacaud en ce soit son armature. Aussi il estoit le principal, car il estoit mary de l'une des filles et auoit bonne procure, mais ce nonobstant le dit Jacaud gouuernoit le tout et estoit homme sans pitié comme il le monstra bien, au regret de plusieurs gens de bien. Finalement le dit Anthoine Viret mourut de regret au dit Orbe le 15 may 1574.

XVII.

Du premier sermon fait par George fils de Claude Griuat allias Calleys d'Orbe.

Successivement, le 10e jour de may, prescha à Orbe le dit George Calleys son premier sermon qui fust au grand regret de son pere et de ses freres. Le dit George fust premierement nourri à Lausanne au seruice de l'Eglise, pour seruir et estre enfant de chœur que l'on nomme coreaux et y profita fort bien en l'art et science de musique. Au partir de Lausanne, il s'en torna demeurer en la maison de son pere au dit Orbe, auquel lieu il fust tres bien venu des seigneurs de la clergé de la ditte ville, lesquels le retindrent pour leur chantre ; on luy donna bon gage et, après auoir demeuré enuiron deux ans, apres que l'Eglise l'eust nourry et endoctriné, il voulust ressembler au cocu, qui mange la mere qui l'a nourri. Depuis, le dit Calleys fust predicant à Auenche exerçeant l'office de predicant et y demora tousjours sans changer de place, au gré de ceux de la ville, jusques en l'an 1550, que allors il mourut de peste qui le prist. Il demora au dit Auenche enuiron vingt ans, car il mourut en l'an 1550. Apres la mort de ses dits pere et mere, il vinst à partager auec ses freres.

XVIII.

De plusieurs affaires faicts et aduenus par les lutheriens tant d'Orbe que de Grandson.

Le jeudy suyuant furent derocheez par les lutheriens deux croix de pierre, dont l'une estoit sur le cemetiere de Sainct-Germain, fort belle et qui avoit esté de grand costange à faire ; l'autre, qui n'estoit pas guerres moindre et non guerres distante de la porte de la uille, en vne croisée de chemin tendant pour aller aux Cleez et l'autre chemin pour aller à Rances ; cela se fist de nuit, parquoy l'on ne peust scauoir qui auoit fait cela. La coustume des dits lutheriens estoit telle, que s'ils eussent veu vne image, fust de Dieu, ou de la Vierge Marie, ou de sainct, ou vn crucifix, ausquelles images il y eusse eu vn diable peinté, ils eussent gasté crucifix et autre sans faire auscun attouchement au diable, et cela leur est grandement reserué, comme chouse singuliere à leur recommandation; et à tant je les laisse et retourne à tousjours poursuyure mon enuie.

XIX.

Des accoustremens d'eglise mis en inuentaire par les seigneurs de Berne et de Fribourg.

De grande volonté tendoient auoir les biens des eglises lesquels estoyent riere leurs subjets, comme bien amplement le faisons paroistre, car, le samedy 13e jour du dit mois de may, les ambassadeurs des deux bonnes villes Berne et Fribourg furent à Granson et mirent en inuentaire tous les ornemens et accoustremens de deux conuents; l'un estoit vn prioré de moines noirs, de l'ordre de Sainct-Benoît[4], l'austre estoit de cordeliers non reformez, lesquels accoustrements estoyent riches, comme : toiles pour les autels, aubes, chasubles, calices, ciboires, reliques, et n'y restoit rien jusques aux pates, c'est-à-dire aux seruiettes, estant de petite valleur. Le semblable revindrent faire à Orbe et preschat Farel deuant les dits ambassadeurs, en la presence desquels Christophe Holard brisa vne image de nostre Dame, dont la reparation auoit cousté la ditte annee six escus, et gasta un crucifix sans auoir aucun regret, dont grandement je m'esmerueille de la grand' soufferte des ambassadeurs de Fribourg qui estoyent presens sans faire aucune resistance, fors que ils se plaingnirent ; aussi firent les gouuerneurs de la uille du dit Holard, et les ambassadeurs firent responce quils luy remonstreroyent. Ce nonobstant, pour ce, ne laissa que, le jour suyuant, il ne gasta autres images et successiuement ne cessa jusques à ce qu'elles fussent toutes gasteez sans en y laisser aucune. Dauantage, voyans les lutheriens que nul ne vouloit assister à la predication, firent les dits ambassadeurs ordonnance que les femmes et les prestres doiuent aller huit jours durant à la predication, ce qui fust fait. Les bons seigneurs de Fribourg estoyent tousjours de bonne sorte, car ils consentoyent à tout ce que les dits Bernois faisoyent, qui estoit au grand deplaisir de ceux qui tousjours desiroyent viure et mourir en la religion ancienne.

XX.

De la premiere cène faite par les predicans lutheriens en la ville d'Orbe.

Le jour de Pentecoste, qui fust le 28ᵉ jour du dit mois de may, fust faite par le predicant Farel la premiere cene en la uille d'Orbe, en la sorte qui sensuit : premierement, le dit Farel prescha à six heures de matin ; estre presché, ils estendirent vne toile sus vn banc et y mirent sus des oublies ou osties et du vin ; lors le dit Farel alla d'un costé à genoux, puis Farel leur dit : « Pardonnez-vous tous » les vns aux autres ? et ils dirent « que ouy. » Lors le dit Farel leur donna à chascun vn loppin, disant quil « leur donnoit en memoire de la passion » de Christ » et puis leur donnoit à boire. Le nombre de ceux qui prindrent la ditte cene furent sept, assauoir : noble Hugonin d'Arney, Christophe Holard, sa mere, Jehan Cordey, sa femme, Guillaume Viret et George Griuat alias Calley. Estre cela fait, nos dits lutheriens se retirerent ; lors l'on commença à chanter la messe. — Le lundy et le mardy, les dits lutheriens se mirent à *ouurer*, qui estoit contre les ordonnances de l'Eglise, et, affin que je ne tourne souuent, est assauoir quils ne faisoyent nulles festes et, tant plus une feste estoit solemnelle, si comment : le jour de Noël, l'assumption de nostre Seigneur, toutes les festes de nostre Dame et autres, quelles qu'elles fussent, tout estoit entre eux annichelé et n'auoyent rien retenu fors la Dimenche, et aussi ne faisoyent ni quartemps, ni caresme, ni autre jusne, mangeant chair et autres viandes en tout temps et tous les jours comme le Dimenche indifferemment, sans exception quelconque. Et qui estoit contreuenant, c'est-à-dire qui voulloit faire jusne ou abstinence de viandes, iceluy estoit reputé homme papistique, auec ce quil estoit en danger de payer esmende, comme il en prist au faiseur du present liure, lequel, pource quil ne vouloit manger chair le vendredy, samedy, ni en caresme, quartemps et vigiles, luy fust remonstré par le Juge consistorial, nommé Claude Matthey, auec commandement expres d'en manger et non plus s'en abstenir.

XXI.

Des sœurs de Saincte-Claire d'Orbe.

Le mecredy apres Pentecoste, arriua vn messager portant mandement de par messeigneurs de

Berne que force leur estoit d'ouyr le sermon et aussi de le suyure. Pour donner empeschement au dit mandement, enuoyerent les sœurs de Sainte Claire vers la dame Princesse à Nozeroy, enuers laquelle elles auoyent leur entiere esperance, laquelle ditte dame enuoya deux de ses gentilshommes à Berne et à Fribourg pour obuier au dit mandement; mais à ce ils perdirent temps, car il fust ordonné tousjours d'y prescher comme parauant et dès allors l'on y prescha tous les jours, qui dura enuiron trois ans et furent deposez de non plus y prescher à cause que les dits predicans appelloyent aus dittes sœurs toutes injures, ce qui tombast au deplaisir des dits seigneurs Berne et Fribourg, qui fust cause de leur deffendre de non plus y prescher, qui fust vn gros regret aus dits predicans.

XXII.

Deposition du chastelain Agasse, sa place donnée à Secrestain.

Le 23ᶜ jour de Juin, fust deposé d'estre chastelain Anthoine Agasse, lequel parauant et par long temps auoit regi le dit office, et en son lieu fust mis, posé et ordonné Anthoine Secrestain; et aussi fust mis sergent et officier Jehan Cordey, lequel mourut au dit office. La cause du dit changement fut pource que le dit Agasse n'estoit ni ne vouloit tenir le party des dits lutheriens et le dit Secrestain estoit lutherien, mais pource ne fust pas plus homme de bien quil estoit auparauant.

XXIII.

De ceux de Granson.

Le dimenche apres feste sainct Jehan-Baptiste furent pris et menez en prison deux cordeliers non reformez, que nous disons communement de la grand'manche, de Granson, dont l'un auoit nom Gondoz et l'autre Tissot. La cause de leur detention fust pource que en leur eglise il y auoit vn gardien sauant, lequel toutes les dimenches preschoit, et à son presche ne faysoyent faute d'y comparoistre les predicans lutheriens, assauoir Farel, Viret et autres leurs complices, lesquels n'alloyent au dit sermon fors que pour faire scandale et se dementoyent par plusieurs fois, dont il y auoit grand bruit entre les vns et les autres. Or aduinst que la ditte dimenche aucuns vont dire aux dits cordeliers : « Gardez-vous, car ces lutheriens ont
» aujourd'huy fait deliberation de abastre vostre

» grand'croix. » Sur le dit rapport les cordeliers se mirent sur leur garde, attendans les lutheriens, lesquels uindrent apres, accompagnez du sieur Jaques de Watteuille, aduoyer et commis au nom et pour la part des seigneurs de Berne pour aller au dit Granson. Les dits cordeliers, non cognoissans le dit seigneur de Watteuille, vont dire à toute la bande : « Retirez-vous, vous ne cy entrerez pas, » et sur ce les dits lutheriens voulurent faire effort. Lors l'un des dits cordeliers pensa frapper le dit seigneur de Watteuille sans le cognoistre. Luy, voyant la fureur, commença à dire : « Tout beau, il ne se » faut pas tant eschauffer. » D'autre part, ceux du commun du dit Granson, craingnant que le dit cordelier ne fisse scandale en la personne du dit ambassadeur, commencerent à crier : « Gardez que » vous ferez, c'est monsieur de Watteuille. » Lors l'un des dits cordeliers eust si grand peur qu'il laissa tumber vn achon d'armes qu'il portoit, et à cela le bruit fust appaisé jusques apres le sermon qu'ils furent pris et menez en prison et tenus enuiron quinze jours, pendant lequel temps furent commis deux hommes de Berne pour se tenir au dit conuent de Granson, affin de garder que nul des dits cordeliers ne s'enfuît et aussi que l'on ne reffouyt aucunes richesses de leur dit conuent. Eux estans en prison, furent grandement sollicitez de renoncer à la Religion chrestienne qu'ils nommoyent *papistique*, mais iceux eurent pour l'heure bon cœur et, moyennant leur fermeté, furent mis en liberté. Enuiron deux ans apres ils renoncerent à la ditte ancienne Religion et prindrent la Loy Lutherienne et furent faits predicans, l'un de Fontanne (Fontaines), qui est vn village pres de Granson, et l'autre de Bauois et Chauornay. Tous furent mariez et eurent grand' generation d'enfans. En ce temps furent mis en inuentaire tous les biens estans au conuent des Chartreurs (chartreux) pres de Granson d'une lieue, et s'appelloyent la Chartrourse de la Lance[7]. Enuiron deux ou trois ans après, les seigneurs de Berne et Fribourg y enuoyerent leurs commis qui firent à vuider tous les moines estans au dit conuent, et partirent les dits seigneurs commis tous les meubles, par esgale portion, et les emporterent en leur pays; puis reuindrent et vendirent le dit conuent, ensemble la vigne et vne frutiere pour garder bestes à vn Jacob Tribolet de Berne, lequel la redifia et bastit à son plaisir, et puis deuinst borgne et perdit la veue et mourust.

XXIV.

Du premier autel abattu en la ville d'Orbe.

La Dimenche feste visitation de la Vierge Marie, qui est le 2ᵉ jour de Juillet, fut desroché et mis par terre le grand autel estant au chœur de la grande Eglise de nostre Dame en la ville d'Orbe par Christophle Holard, present le populaire, qui tous le regardoyent, à leur grand regret et sans luy rien faire; la cause estoit pource qu'ils pensoyent que le dit Christofle eust aucun mandement des seigneurs de Berne.

XXV.

Déploration du dit Banderet.

Et moy, dit le *grand Banderet*, me donne grande admiration de la soufferte du dit pauure peuple d'Orbe en tous endroits, et maximement en iceluy, c'est assauoir de la grand' patience et soufferte qu'ils auoyent de dire que, deuant leurs yeux, à leur grand regret, telle violence se fist. Par cecy se peut cognoistre la grande loyauté que ils portent à leurs seigneurs de Berne et Fribourg, pour l'amour desquels tous auoyent la souffrande si grande, entendant que le dit Christopfle le faisoit par commandement ; car quand n'eust esté le dit pensement, est assauoir que le corps du dit Christofle n'eust pas touché terre.

Successiuement le lundy suiuant, le dit Christofle, joint auec luy enuiron onze ou douze de ses complices, desrocherent tous les autres autels estant tant en la ditte Eglise que es autres Eglises, qui sont en nombre *sept*, c'est assauoir : la grande, église de la ville, le conuent de Saincte-Claire, l'Hopital, Sainct-Germain, Sainct-Martin et Sainct-Alloy (Eloy), nostre Dame des vignes, laquelle depuis fust par eux derochee et mise à fleur de terre (§ 116) dont ce fust dommage, car elle estoit belle et de grande deuotion pours lors dadonques. En iceluy jour furent desrochez 26 autels, mais pour ce le diuin office ne cessa point en la ditte ville, car, au lieu des autels, on portoit tables sur lesquelles on chantoit la saincte messe.

XXVI.

Inuention pour penser faire à cesser le diuin office.

Voyans nos lutheriens que, pour malefice qu'ils sceussent faire, tant de leurs sermons que abastre les jmages et autels, ne leur succedoit, vont trouuer autre inuention, esperans auoir autre remede, c'est que, le jeudy 3° jour de Juillet, le dit Christofle Holard et vn autre, nommé Anthoine Tauel (§ 119), tous deux de petite valleur et sans conscience, firent clame criminelle en la main du dit chastelain Secrestain, lutherien, sus tous les prestres d'Orbe comme murtriers, en se rendans prisonniers, lesquels furent pris et menez en prison. Cela estre fait, firent nos lutheriens diligence grande pour prendre les dits prestres, dont le premier qui fust trouué fust vn appellé messire Pierre Bouey, lequel, pour sa force, nonobstant qu'ils fussent trois, il les porta et traisna tous en vne entree de maison, et au dit lieu il les frapa et se deffendit si bien qu'ils furent tout ayses d'estre sauuez et hors de ses mains; par ce moyen il eschappa et ne fust point mis en prison. Et depuis, enuiron cinq heures de nuit, fust pris vn autre prestre, appellé messire

Blaise Floret, lequel ne fist pas telle resistance que le premier, car comme vne brebis alla droit à la prison auec les officiers, qui le mirent auec les autres tous ensemble, où ils furent bien traitez de vie et de couche, ayans permission d'aller par tout le chasteau. Et me semble que ce que les dits lutheriens faisoyent n'estoit qu'une derision et mocquerie tant des seigneurs que de la ville. Le Vendredy, Samedy et Dimenche suyuant l'on chanta la messe à cinq heures de matin, chascun estant en armes à la garde des prestres, et, quand l'on sonnoit la messe, estoit comme si le feu fust en la ville, et y alloyent les bonnes gens auec picques et hallebardes et autres bastons, dont, pour obuier à tous les susdits affaires, fust tenu le Conseil, auquel fust inuoqué et appellé tout le commun, auquel fust exposé et demandé « si tous estoyent en bonne vnion
» et s'ils estoyent tousjours persistans en ce bon
» vouloir, viure et mourrir en la saincte foy, comme
» auiont fait nos anciens peres et auoir la messe (?)
» Et, si estes tous en ceste bonne deliberation, que
» chascun leue le doigt et, si de fortune il y en a
» aucun qui soit contraire, on le prioit par charité
» qu'il se deusse retirer et sortir dehors de la com-
» pagnie. » Et lors chascun leua le doigt en signe de serment, disant que tous vouloyent viure et mourrir comme leurs anciens peres et suyure leurs mœurs et gestes. Estre appaisée la clameur du

peuple, le dit seigneur leur dit : « et tous estes-
» vous contens que l'on employe argent à pour-
» suyure cest affaire (?) » et tous vont respondre
qu'ouy et que, si la bource de la ville ne pouuoit satisfaire, que l'on dusse emprunter; et se soub-
mettoit le dit peuple à toutes tailles et giste plustost
que de perdre le sainct seruice, et plusieurs autres
bons propos qui furent dits tant d'une part que
d'autre.

XXVII.

De la finesse des predicans.

Le lundy, le mardy suyuant l'on chanta tousjours la messe à cinq heures auec armes à la garde
des prestres; voyant le predicant nommé Farel que
la detention de Holard et Tauel (§ 26) estoit trop
longue, esperant les mettre en liberté, luy et Hugues Turte (Turtaz) les fiancerent corps pour corps
et auoir pour auoir, dont, au moyen de tel fiancement, les dits Holard et Tauel furent mis en liberté. Le peuple voyant la finesse et la ruse et aussi
les seigneurs de la justice, se vont opposer à telles
menéez, faisant proteste contre le chastelain, qui
estoit de telle menée que le dit Farel. Sus ce, crain-

gnant le dit chastelain auoir reprehention, fist à reprendre les dits Holard et Tauel qui furent remis en prison comme au parauant.

XXVIII.

Coustume du Pays de Vaud.

Au dit Orbe et à toutes autres justices du pays y sont commis douze, que l'on appelle prodommes (prud'hommes) ou jurez de la justice, par deuant lesquels toutes causes sont debatuës; et iceux jurez ont la cognoissance du droit et du tort, et le chastelain est assis en la justice oyant les debatuës, cognoissances, en faisant le rapport aux parties plaidoyantes, et la partie condamnée en peut appeller deuant le ballif, lequel ballif donnera sa sentence en vn jour, et depuis le dit ballif, la cause va mourir et prendre fin soit à Berne ou Fribourg.

XXIX.

D'une pauure femme qui mourut à Orbe pendant le temps de la ditte clame.

Laquelle (fut) conduite et menée enterrer par les prestres, auquel enterrement assisterent la pluspart de la ville, portans bastons pour la garde de ses dits prestres, à cause que le chastelain tousjours faisoit semblant de les vouloir prendre, à cause de la ditte clame qui toujours estoit en sa vigueur.

XXX.

Deliurance de messire Blaise Floret.

Les seigneurs de Fribourg ayans entendu la detention du dit messire Blaise Floret, enuoyerent vn heraut lequel vinst à Orbe et le mist hors de prison, et quant aux autres ils furent et resterent jusques au jour feste Marie Magdelaine que on les mist hors, et aussi furent reprins et menez en prison ceux qui auoyent deroché les autels, dont le nombre pouuoit estre de quinze, et y demeurerent trois jours en pain et eau. Entre autres y fust pris et qui estoit du nombre noble Hugonin d'Arney, qui estoit vn droit fol, Claude Darbonnier, Claude Matthey, Christofle Holard, Anthoine Tauel, Jaques Guiot et autres, jusques au nombre de quinze.

XXXI.

Du premier presche de maistre Jehan Holard en la dite ville d'Orbe.

La dimenche auant Saincte-Anne prescha à Orbe son premier sermon maistre Jehan Holard (§ 6) en la religion de Saincte-Claire. Le dit Jehan Holard, dès son enfance, auoit esté introduit par son pere en l'art et science de musique, il suiuit quelque peu la gendarmerie, puis fust chantre de la chapelle du Duc de Sauoye au lieu de Chambery. Depuis il vinst prestre et vesquit en iceluy ordre, par quelque temps, en bon bruit et bonne fame; depuis il demora à Fribourg, où il fust chanoine et doyen de la ditte église auec toute bonne renommée ; puis a esté que, comme l'on dit, la graisse luy rompist le col, car, apprès auoir demoré quelque temps en estimance d'homme de bien, c'est que finalement il vinst lutherien et fabriquoit par lettres auec les predicans de Berne, en telle sorte, qu'il fust perceu de ceux de Fribourg, dont il fust pris et mené en prison et, sans la requeste des dits de Berne, il fusse passé pour vn homme. Depuis il sortist et fust banny de la ville de Fribourg et contraint venir predicant lutherien. Son premier siege de predicant fust à la Bonne Ville près Neufchastel, auquel lieu iceux en faisoyent derision à cause qu'il n'estoit stilé, entre autres firent contre lui vne rime, laquelle est assez du tout mal bastie.

Depuis la Bonne-Ville, le dit Holard fust remis par les seigneurs de Berne predicant à Bey (Bex) en Aliod (Aigle) où il demora par long temps, sa femme y mourut sans auoir enfans et puis en reprint vne autre, de laquelle il eust trois enfans, et puis elle mourut. Estre morte, en reprint vne autre, qui estoit de la ville d'Orbe. Apres auoir demoré certain temps au dit Bey, se sentant debile de sa personne, demanda congé aus seigneurs de Berne pour se retirer au dit Orbe, ce qui luy fust ottroyé, en ce qu'il eust tous les ans pension de predicant par les seigneurs de Berne. Finalement il mourut en sa maison au dit Orbe le 24 de septembre 1569, duquel Jehan Holard il est plus amplement parlé cy appres en l'an 1569, comme le pourras voir.

XXXII.

De Christophle Holard.

Pource que par cy deuant a esté assez amplement parlé des faits commis et perpetrez par le dit Christofle, frere du dit maistre Jehan Holard et

encor par cy apprès en sera plus à plein parlé,
mais, pour poursuyure la matiere des dits Holards,
est à sçauoir qu'il eust deux femmes. L'une fust
des Cleez et l'autre d'Estauayer, et eust d'une,
Christine, des enfans. Il eust le nom d'estre larron,
en sorte que par procez il fust declaré estre tel. Il
eust autre procez contre Perrequin Violet, par lequel il se vouloit justifier, mais iceluy Violet luy
produisist plusieurs tesmoins, par lesquels se constoit plusieurs petits larrecins qu'ils auoit commis;
au moyen duquel prouuage le dit Violet fust absous. Il fust cause du commencement de la lutherie aduenue en la ditte ville d'Orbe, comme le tout
a esté assez amplement declaré cy deuant et sera
encor plus outre, comme verrez par les chapistres
cy apres escrits; et continua tousjours jusques à la
fin de ses jours, à scauoir le 29e jour du mois de
decembre 1564 qu'il mourut de peste.

XXXIII.

Des sœurs de Saincte-Claire d'Orbe et du père confesseur nommé frère Michel Juliani.

Comme auez cy dessus ouy que apres la deliurance du dit Juliani, confesseur et administrateur
des dittes sœurs, et qu'il fust absous de clame et

de demande, comme il est plus amplement declairé au procez cy deuant escrit, est à scauoir qu'il se retira à Nozeroy, ville du Conté de Bourgogne, en laquelle estoit situé vn conuent de Sainct-François des freres mineurs; et aussi d'autre part faisoit sa residence en la ditte ville puissante dame Philiberte, relaissée de feu puissant prince N. de Châlon et mere de feu dernier trespassé Philibert de Châlon, prince d'Orange, laquelle dame sachant la venue du frere Juliani fust fort joëuse et l'enuoya querrir pour scauoir toute la façon et maniere de sa detention, lequel luy conta depuis le commencement jusques à la fin. Et aussi luy fist le conte de la crainte en quoy les sœurs et religieuses estoyent à l'occasion de la Loy Lutheriane et la grosse pitié en quoy elles estoyent. Donc la ditte dame fust grandement marrie et en eust grande compassion, car elle leur portoit grande amitié, en telle sorte que succintement enuoya messager expres, toutes les sepmaines au dit Orbe, vers les dittes sœurs, tant pour scauoir de leurs nouuelles que aussi pour leur porter des beaux dons et presens. Les dits messagers estans de retour rapportoyent nouuelles qui ne luy estoyent point à plaisir, car les dits lutheriens leur faisoyent tout plein de fascheries et molestes, mesme les predicans leur disoyent injures, les appellans « pieds de mouchet, bestes desguiséez, bestes mortes » et autres injures, vsant selon leur coustume. Voyant cela, la ditte dame princesse, ensemble les dittes sœurs, practiquerent par messagers pour les retirer, affin que plus d'inconuenient n'en suruinst ; en sorte que la pluspart de leurs ornemens d'eglise et les meilleurs ensemble de leur mesnage furent conduits et amenez en la ditte ville de Nozeroy, qui fust le 28e jour de Juillet 1531. A onze heures de nuict, sortirent du conuent d'Orbe dix et sept religieuses pour se retirer au lieu de Nozeroy et sortirent de la ditte religion de la sorte que sensuit : Premierement, les dittes sœurs, tousjours deux à deux, se tenans par les mains, demenans grands pleurs et lamentation, tant à raison qu'elles laissoyent leurs compagnes qui restoyent en la ditte religion que aussi de laisser leur habitation, et ainsi allerent sans estre sceuës ni veuës de personne, sinon de moy dit *Banderet* qui fonçois en larmes de l'horreur et pitié que j'auois de voir ces piteux affaires non accoustuméez, et tousjours je les conduisois de l'œil, jusques à ce qu'elles furent hors de la ville. Auquel lieu se trouuerent chars propres et deputez de par la ditte dame princesse, qui les conduisirent et amenerent jusques en la ville de Nozeroy. Là elles furent à grand' joye et honneur receuës, tant des seigneurs et bourgeois de la ville que aussi de la ditte dame princesse, laquelle les attendoit auec toute sa noblesse près de la maison du seigneur Huyfflans (de Vufflens), en laquelle elles firent leur residence; et sesjournerent les dittes sœurs en la ditte maison en tenant reclusage, et obseruant leurs ordres et statuts de religion, aux despends de la ditte dame princesse, qui de toutes chouses les fournissoit, jusques à ce que la fureur des dits lutheriens fust passée. Et furent de retour au dit Orbe le samedy 11ᵉ jour de may, enuiron 4 heures apres midy, l'an 1532, et par ainsi elles sesjournerent au dit Nozeroy enuiron 11 mois. Et est à scauoir que, à leur retour, ne se trouuerent des dittes religieuses que 12, les autres cinq s'estoyent retiréez trois à Poligny, ville du Conté de Bourgogne, et deux au conuent de Chambery en Sauoye. Or, pour torner en la matiere des dittes sœurs, est à scauoir que, apres leur departement, le ballif en fust aduerty et fust grandement marri, de telle sorte qu'il voulust scauoir de la mere abbesse, laquelle était restée au dit conuent, la cause pourquoy les autres religieuses s'estoyent retiréez. La responce fust: pource qu'elles estoyent journellement en crainte, et aussi que la famine et faute de viures les contraignoit; et dauantage aussi que elles et toutes les autres luy demandoyent et le prioyent que, pour l'honneur de Dieu, il luy pleust leur donner licence et sauf-conduit pour s'en retirer auec les autres, car elles ne pouuoyent plus outre endurer tant d'injure ni de moleste comme on leur faisoit. A quoy le ballif fist responce par grand courroux : que les autres s'en estoyent alléez sans demander congé, mais que ainsi n'en aduiendroit pas d'elles, car il leur mettroit si bonne garnison deuers elles, qu'elles ne sortiroyent pas que chascun ne les vid.

XXXI^v.

Garnison mise deuers les sœurs d'Orbe.

Lors le ballif sortit de vers elles et, sans prendre congé ni aduis à personne, mist dedans le conuent vne douzaine de compagnons, tous lutheriens, non pas deuers les sœurs, mais entre les deux portes du dit conuent. Donc, à l'occasion de la ditte garnison, la ville fust fort esmute et s'en vindrent trouuer le seigneur ballif deuant la religion, et entre autres y estoit de la ville noble Pierre de Gleresse, homme d'authorité, noble Pierre de Pierrefleur, George Griuat, Claude Calley et autre grand peuple, qui tous demandoyent ouuerture du dit conuent au seigneur ballif, lequel contredisoit disant qu'il n'en feroit rien. Le commun disoit au contraire, tousjours demandant qu'il fist faire ouuerture et qu'il n'estoit conuenable que paillards et infames eussent la garde de leurs filles; mesmement le dit de Pierrefleur à ce faisoit grand effort. Finalement, le ballif voyant le tumulte du peuple, qui estoit grand, et craignant qu'il n'aduinst plus de mal de scandale, fist ouurir les portes de la ditte religion et fist sortir la garnison, puis chascun entra à l'église du conuent pour faire sa deuotion, car en iceluy jour estoit fête solennelle, c'est assauoir Sainct-Germain, patron de la ditte ville. Ce jour, affin que la messe ne fust sonnée solennellement comme la coustume le portoit, les dits lutheriens prinrent et cacherent tous les batans de toutes les cloches, mais les seigneurs du conseil en firent telle instance que on les fist retorner. Aussi, le dit jour, fust fait le seruice en la grande Eglise de la ville, à cause que l'on auoit deroché les autels de l'église de Sainct-Germain. Le dit jour dauantage fust meu autre question et debat, à l'occasion des surpelis des petits innocents enfans de chœur, que les lutheriens auoyent plongez en l'eau benite par derision, qui fust incontinent appaisé par le moyen du seigneur ballif.

XXXV.

D'une comette qui fust veue au ciel.

Il est à scauoir que, depuis le commencement du mois d'Aoust jusques à my Septembre en l'an 1531, fust veu par chascun jour vne grande estoile portant vne grande queuë, estendue sus la fin, et se montroit tous les jours du matin à trois heures, qui duroit jusques au jour et veu presque par toute la chrestienté, dont estoit espouuanté vn chascun, disant que cela demonstroit quelque grand cas à l'aduenir.

XXXVI.

Punition de ceux qui auoyent contredit à la dite garnison du conuent d'Orbe.

Le cinquiesme jour d'Aoust, l'an que dessus, furent prins prisonniers ceux qui auoyent contredit à la garnison mise par le seigneur ballif deuers les sœurs, et demeurerent à la prison huit jours. Pendant le dit terme les seigneurs du Conseil enuoyerent deux commis à Berne et à Fribourg, lesquels apporterent leur deliurance et furent condamnez, pour la rebellion qu'ils auoyent faite à la ditte garnison, à cent escus, desquels ils furent depuis quittez (§ 48).

XXXVII.

De ceux de Grandson.

Si ceux d'Orbe auoyent des douleurs, tribulations et souffertes, nos voisins de Granson n'en auoyent pas moins, car, par huit jours, l'office diuin fust cessé, qui fust vn grand regret aux chrestiens fideles. Finalement, ils prinrent cœur et firent sonner la messe, laquelle fust chantée auec armes et bastons, et fust ce fait le samedy auant la Sainct-Michel, l'an que dessus. Dimenche suyuant, les predicans sonnerent leur sermon et, affin de donner empeschement et que l'on ne chantast la messe, les dits predicans prescherent trois sermons, l'un après l'autre; quand l'un auoit accheué de prescher, l'autre recommençoit, tellement que l'heure estoit tarde. Les chrestiens, desirans que l'on chantasse la messe et voyans les empeschemens que les dits predicants leur faisoyent, vont enhardir les femmes à deuoir entrer dedans, ce qu'elles firent, et entrerent auec grand bruit qu'elles firent, dont sur ce les dits predicans et leurs complices penserent auoir mesleez et les voulurent frapper et mettre hors du temple. Mais la multitude se trouua si grosse, auec le bon cœur qu'elles eurent, qu'elles furent les maistresses, mais sur tout qui eust du pire ce fust les trois predicans, qui se nommoyent Guillaume Pharel, Marc le Rongneux et George Griuat alias Calley, lesquels furent merueilleusement mal accoustrez, tant par le visage que autre part, et firent en telle sorte que la messe se chantast malgré les dits predicans et leurs complices. Pendant ces entrefaites, arriuerent au dit Granson le seigneur Jaques de Watteuille, aduoyer de Berne, lequel fist un exament touchant la ditte batterie et, dans huit jours apres, arriuerent au dit Granson les ambassadeurs des deux villes Berne et Fribourg, lesquels, apres leur arriuée, se mirent en different, dont à icelle cause s'en tornerent les dits ambassadeurs, sans rien faire ni conclure de la charge à eux donnée, disant que, dans huit jours, ils seroyent de retour.

XXXVIII.

Du trespas de messire Germain Bourgeois.

Le 8ᵉ jour d'Aoust mourrut à Orbe messire Germain Bourgeois, prestre de la clergé d'Orbe, lequel mourut de peste et estoit de bon aage, bien dispos de sa personne et bon ecclesiastique ; et fust chouse merueilleuse que à l'heure de son trespas, son esprit et sa voix fust transportée à Nozeroy vers les sœurs s'estans retireez au dit lieu criant par trois fois : *mere portiere*.

XXXIX.

De la guerre des Lender.

Les ambassadeurs, estans de retour de Granson en leur pays, furent tous estonnez à cause qu'ils trouuerent le pays tout esmeu et qu'il falloit marcher sur les champs, maximement ceux de Berne, pour aller au secours de ceux de Zurich, qui tenoyent la Loy Lutherienne depuis le 10 apuril 1535, lesquels auoyent pris different contre les cinq cantons que l'on appelle Lender, qui sont petits cantons (Lucerne, Uri, Schwytz, Unterwalden et Zoug), mais ils sont grands de cœur, et iceux tiennent la Loy ancienne, qui est la reformation de nostre mere saincte Eglise. La cause de leur different estoit à cause de la religion dont ils s'estoyent dit des injures; pour icelle raison furent esmeus tous les cantons suysses, les vns contre les autres, dont, à l'ayde de ceux de Zurich, partirent de Berne grand nombre de gens, de Geneue suyuant iceux de Berne deux cents, de Lausanne quatre-vingts, de Neufchastel trois cents, tous suyuans ceux de Berne; et partirent iceux de leur maison enuiron la my octobre 1531. D'autre costé, furent à l'ayde des dits Lender vn mille Valaisiens. Touchant la ditte guerre de Cappel furent plusieurs nouuelles; le tout torna à l'honneur des dits Lender. Le camp de ceux de Zurich estoit dans la ville, et le camp des Lender estoit pres de la ville de Lucerne, et ainsi se contindrent enuiron 15 jours. Pendant ce, ceux de Zurich, causant qu'ils estoyent grand nombre bien armez et en bon equipage et aussi par l'admonestement de leur predicant, qui se nommoit N. (Ulrich Zwingli), lequel les enhardit disant qu'il ne vouloit que son liure pour les tous confondre et que luy-mesme y vouloit aller le premier et que, pour son glaiue, il ne porterait que son liure, auquel estoit contenu l'Euangile. Et, voyant tous ces affaires, auec vn bon cœur sortirent hors de leur ville auec bon équipage d'armes et d'artillerie, en sorte que, quand iceux Lender les virent en si bon ordre et en si grand nombre, ils eurent crainte, cognoissans qu'il falloit combattre, car ce n'estoit que peu des dits Lender au regard de ceux de Zurich. Toutefois ne perdirent point cœur, se mirent tous à genoux, tendans les mains au ciel en se recommandans au Seigneur, et puis auec bon cœur se vont dresser, attendans leurs ennemis lesquels se vont ruer sur eux, mais les dits Lender les receurent auec un grand cœur et firent deux batailles, dont la premiere se fit le 24ᵉ jour du dit mois; le totage des deux tournant à l'honneur des dits Lender, lesquels eurent partout la victoire, laquelle estoit plus miraculeuse que autrement. Touchant ceux de Berne et de leurs aydans, ils ne furent pas à la bataille, dont iceux de Zurich furent grandement marris contr'eux. Apres la victoire ainsi obtenue, les dits Lender se tindrent à ce, sans poursuyure plus outre leur ennemy, et à cause de l'hyuer qui s'approchoit furent prises trefues entre les parties jusques à la Sainct-George suyuant, sus esperance de paix, et ainsi, tant d'un costé que d'autre, chascun donna congé à ses gendarmes et, pendant le dit terme, se tindrent des journéez ausquelles estoyent assistans les Treize Cantons qui le totage du dit different pacifierent (16 de novembre).

XL.

Infraction des portes du chœur et autel de Saincte-Claire d'Orbe.

Suyuamment, les dits lutheriens, voyans que, quand on preschoit en la religion des sœurs de Saincte-Claire, que l'on ne pouuoit entrer au chœur à cause que les portes estoyent ferméez, lors ils prindrent vne grosse piece de bois et heurterent en telle sorte qu'ils briserent les dittes portes, ce qui ne fust sans grand' force, à cause qu'elles estoyent partie de bois garnies de grand' bandes de fer, et abattirent tous les autels estans au dit conuent, dont, tant à cause des dittes infractions que aussi de plusieurs autres injures et nouuelletez que tous les jours ils faysoyent aus dittes sœurs, elles furent contraintes enuoyer à Fribourg lettres, par lesquelles elles prenoyent congé d'eux, les suppliant d'auoir en recommandation leur maison. Sur ceste lettre fust ordonné par les dits seigneurs qu'elles ne deussent point sortir jusques apres les contes du ballif, qui se rendirent dans vn mois apres. Pendant ce temps, elles firent diligence d'enuoyer vers leur ministre et aussi vers la dame princesse pour les receuoir, auquel mandement fust ordonné tant par la ditte princesse que aussi par leur dit ministre et prelat; qu'elles pourroyent sortir à leur plaisir, à condition qu'elles deussent trouuer lieu propice pour se retirer et faire demeurance, le terme de six semaines, à cause du danger de peste qui estoit en la ditte ville d'Orbe. Sur ce, fust ordonné le lieu pour demeurer les dittes six sepmaines en vn village appellé Baulme, en vne maison appartenante à noble Pierre de Pierrefleur, d'Orbe. Auquel lieu toutes leurs bagues furent portéez et gardéez, par l'espace de six sepmaines et plus, au dit Baulme et en la ditte maison. Les contes sus mentionnez faits à Fribourg, y furent enuoyez noble Pierre de Gleresse et François Warney, lesquels apres leur retour firent rapport que les dits seigneurs enuoyeroyent leurs ambassadeurs, par lesquels on mettroit fin aux turbations.

XLI.

Derision d'un certain questeur.

Nos lutheriens, ne cessans tous les jours à faire quelque innouation, se aduiserent, maximement le bon Christofle Holard, lequel prist la clochette auec quoy les sœurs religieuses appelloyent leurs consortes et seruantes et, apres disné, vn jour de Dimenche, iceluy dit Holard, vestu d'un habit de cordelier, monté sur vn cheual, tenant en sa main vne marotte de sot, accompagné des deux fils de Pierre Pansaud, l'un nommé Guillaume et l'autre François, l'un portoit le sac du questeur et l'autre les clochettes. Eux trois par ensemble cheminerent ainsi par la ville en grand' derision, faisans des questeurs, et crioit le dit Christofle : « Rendez, » bonnes gens, vos offrandes à nostre Dame du » Puits ! » et ainsi cheminerent par la ville, au grand regret des habitans de la ville d'Orbe, et ce sans leur faire auscune violence. Le dit Guillaume Pansaud mourust incontinent de grand' pauureté; le dit François, son frere, non ayant la commodité d'ainsi viure, renonça à la Lutherie et se fist prestre, et s'en alla demorer long temps en Bourgogne, et depuis torna à Orbe et exerça l'office de vicaire, par deux anneez, dont la premiere fust en l'an 1550. Apres que *le plus* fust faict, il s'en alla demorer auec les autres prestres à Fribourg et y fust colloqué auec les Augustins du dit Fribourg.

XLII.

Forme de baptizer les enfans.

Le lundy suyuant fust porté vn enfant au dit Christofle, qu'il auoit conçu en sa commere, lequel fust baptizé par Pierre Viret, predicant. Lequel baptesme se faisoit d'eau claire prise à la fontaine, puis, en nommant l'enfant disoit : « je te baptize » au nom du Pere, du Fils et du Sainct-Esprit, » en luy versant de l'eau sur la teste, et puis disoit : « je vous demande tous à tesmoins du baptesme du » present enfant. » Enuiron ces jours, le dit Holard mist par terre vne belle croix de pierre et la brisa ; la ditte croix estoit pres la grange de Larquan tandant le chemin contre Arney.

XLIII.

Des affaires aduenuës à Noël au dit Orbe.

La Dimenche vigile de Noël, à sept heures auant mynuit, fust par les lutheriens sonné le sermon solennellement à trois coups comme l'on sonne la messe et, auant toutes choses, les dits lutheriens furent demander les clefs de l'eglise à George Griuat, pour lors gouuerneur, lequel leur fist responce « qu'il n'estoit pas heure de presche et qu'ils ne » l'auroyent point. » Les lutheriens dirent que s'il ne les leur donnoit, ils romproyent la porte, ce qu'ils firent, dont, à l'occasion de cela, la ville fust esmeuë et incontinent assemblée auec grand tumulte. Toutesfois l'on les laissa prescher et dura le dit presche jusques à neuf heures que les dits lutheriens se retirerent à cause que, incontinent que l'horloge eust frappé neuf, les chrestiens tenans le party de la messe entrerent dedans l'eglise et sonnerent matines solennellement, à la maniere accoustumée comme vne telle feste le portoit. Ainsi comme on estoit en la ditte grande eglise de la ville, fust rapporté que les dits lutheriens estoyent entrez en l'eglise de Saincte-Claire pour tout gaster et rompre, comme à ce estoyent accoustumez. A l'occasion de ce, chascun sortist hors de l'eglise pour accourir au dit conuent sus esperance de les garder de leur mauuais vouloir et, ainsi comme chascun marchoit et qu'ils furent au milieu de la place du marché, les dits lutheriens, le cœur marri de ce qu'ils ne pouuoyent venir aux fins de leur intention, remplis d'un mauuais esprit vont frapper sur la queuë. Voyant ce le peuple, se vont incontinent torner contr'eux pour frapper sus, mais ils prindrent tous la fuite et n'y eust point de mal, fors vn appellé Blaise Cheureri et vn autre estranger tenans le party des dits lutheriens. En iceluy effroy se monstra bien noble Pierre de Greresse (Gléresse) tenant le party des ecclesiastiques. Finalement les dits lutheriens, voyans qu'ils ne pouuoyent auoir victoire, partirent ès dittes heures bien effroyez pour aller à Eschallens et se plaindre au ballif, nommé Jost de Diespac (Diesbach. Voir § 6), gentilhomme de Berne, lequel estoit tout leur confort et espoir. Estant donc aduerty le dit ballif du toutage, ne fust endormy, mais vinst au dit Orbe, le jour de Noël à six heures du matin, vsant de grandes menaces, et fist tenir le Conseil tant des douze que des vingt et quatre, present le dit seigneur ballif. Entre les autres, y fust Pierre Turtat assistant au dit Conseil, tenant le party des dits lutheriens, qui tres-fort blasma la ditte ville et maximement tenoit son parler contre noble Pierre de Gleresse, en l'appellant « traistre, bourguignon » et plusieurs autres paroles injurieuses, dont, ce n'eust esté la presence du dit ballif, le dit conseil ne se fust point party sans auoir plus de mal. Voyant le dit ballif qu'il ne pouuoit remedier aux choses susdittes, ne sceust que faire fors vser de menaces et s'en torner à Eschallens sans faire autres ordonnances. Ce jour se passa ainsi en gronisses (grogneries), sinon tant que les autels, qui auoyent esté redressez durant le temps qu'on disait matines, furent tous remis par terre par le dit Turtat ; et aussi est à scauoir que les dits lutheriens copperent les cordes des cloches affin que l'on ne sonnast la messe.

XLIV.

De la mort de Claude Larguey, d'Orbe.

Le jour feste Sainct-Estienne, à trois heures, ainsi que l'on disoit vespres, Claude Gribet, alias Josset, et Pernet Denyset, tous tenans le party des lutheriens, prindrent different et querelle contre Claude Larguey tenant party contraire. La cause de leur different fust que le dit Gribet entretenoit la femme du dit Larguey, qui estoit principal mouuement du dit different, combien que le dit different ne se commença pas pour telle raison, mais se prindrent pour la religion et des cordes couppéez comme est dit dessus ; finalement fust que le dit Claude Larguey perdist la vie par les mains du dit Pernet Denyset qui le faussa par la poitrine d'un grand poignard, dont ce fust dommage, car il estoit homme de bien et de bonne conuersation. Estre cela fait, les dits Grebet et Denyset s'en sauuerent. Le dit Denyset auoit espousé la sœur du dit Grebet. Apres les vespres chantéez, les parens et amis du dit Larguey mort firent à tenir la justice, et en leur demande firent clame criminelle contre les susnommez comme meurtriers, se offrant de prouuer l'homicide auoir esté perpetré par les dits Grebet et Denyset; ce qu'ils firent et sus le tout demanderent les deuoir adjuger. A laquelle demande les jurez et assistans de la Justice firent responce que, veu qu'ils ne faisoyent foy de l'assignation, qu'ils n'en scauroyent ordonner; et lors fust commandé par le chastelain au sergent de les proclamer et crier deuant leur maison, de la sorte que s'ensuit : « Claude Gribet, meurtrier » manifeste, tu es assigné à l'heure presente à de- » uoir venir en justice pour respondre aux de- » mandes des parens et amys de Claude Larguey » mort ! » et cela fust crié par trois fois deuant la maison du dit Grebet et aussi en fust autant faict deuant la maison du dit Denyset. Appres le retour du dit officier, pour autant que les dits meurtriers ne comparurent pas, fust ordonné que, au lieu où on les pourrait apprehender, qu'ils fussent prins et detenus prisonniers. Pendant ces entrefaites, la ditte ville d'Orbe estoit en grande turbation et fust enuoyé à Fribourg maistre Anthoine Chollet; puis furent renuoyez incontinent apres, de par la ditte ville au dit Fribourg quatre hommes. Voyans les dits lutherians la poursuyte que la ville faisoit contre eux, partirent pour aller à Berne dix, entre lesquels y allerent Anthoine Secrestain, Pierre Turtaz, Pierre Viret, Claude Darbonnier, Christofle Holard, Jehan Malherbe, Claude Matthey et autres. Oyant cela ceux de la ville, voulant monstrer aux dits seigneurs de Berne et Fribourg que le nombre des lutheriens estans en leur ditte ville d'Orbe estoit bien peu, au regard de la reste de leur peuple, partirent apres eux du menu peuple vingt personnes, lesquels partirent à trois heures apres midy et ne cesserent de cheminer jusques à ce qu'ils furent au dit Berne, combien qu'il fist tres mauuais temps de vent et de pluye. Le rapport fust, apres qu'ils furent de retour, que le seigneur ballif feroit responce sur le tout, apres son retour et à sa premiere venuë.

XLV.

(1532.)

Arriuement des ambassadeurs des deux villes Berne et Fribourg à Orbe.

Le jour feste Sainct-Anthoine, dix et septiesme de Januier, arriuerent à Orbe les ambassadeurs de Berne et Fribourg, assauoir ceux de chascune ville, pour publier certaines ordonnances par les dits seigneurs faites, mais, à cause qu'ils ne se peurent accorder, furent contrains se retirer d'où ils estoyent venus, sans rien faire ni ordonner, disans que en brief ils seroyent de retour ; et fust commandé par les ambassadeurs de Berne que les autels qui auoyent esté redressez fussent remis par terre. D'autre part, les ambassadeurs de Fribourg firent defence, tant au predicant que aus dits lutheriens, de non aller plus prescher en la religion du conuent de Saincte-Claire, lesquelles ordonnances furent incontinent accomplies.

XLVI.

De la grande neige qui tomba au mois de feburier.

Le quatorzieme et quinzieme jour de feburier tomba si tres grandement de neige en ce Pays de Vaud, que tous nos anciens n'en virent jamais tant tomber pour vn coup, qui fust cause que beaucoup de maisons furent enfoncéez, pour la trop grande pesanteur de la ditte neige, et fust cause de la mort de beaucoup de cerfs et de biches, de lievres et autre venaison que l'on prenoit toutes viues.

XLVII.

Retour des dits ambassadeurs à Orbe.

Le Dimenche de *Oculi*, 3e jour de Mars, arriverent les susdits ambassadeurs de Berne et Fribourg; et eux estans arriuez firent à crier par la ville que tous chefs d'hostels se deussent trouuer le Lundy suyuant au matin, heure de huit, en l'eglise de la ville, pour ouyr les ordonnances des dits seigneurs à l'occasion des differents que tous les jours on y auoit. Le Lundy suyuant chascun comparust pour ouyr et obseruer le contenu de la crie. Le monde estant assemblé, l'un des dits ambassadeurs de Berne prist la parole comme s'ensuit : « Nos tres-
» redouttez Seigneurs de Berne et Fribourg, nos
» superieurs, vous enuoyent par nous leur salut et
» eux, ayant entendu les differens qu'auez à cause
» de la Religion, que les vns veulent le presche,
» les autres la messe, pour lesquels differens appaiser et pacifier nous ont enuoyez par deçà, en
» nous ordonnant par escrit certains articles signez
» et sceelez par les deux villes Berne et Fribourg,
» dont la teneur s'ensuit : »

XLVIII.

Publication des ordonnances faites à l'occasion de la Religion à Orbe.

« Nous, les aduoyers et Conseils des deux Villes
» Berne et Fribourg, notifions par ces presentes
» comme soyent esmeus et esté beaucoup de diffe-
» rens, troubles, tumultes, batteries et fascheries
» entre nos feaux subjets de la ville d'Orbe ; et c'est
» à cause que aucuns maintenoyent et vouloyent
» viure et ensuyure la predication et les autres la
» messe et les sermons de l'Eglise, sur quoy auons
» aduisé de mettre ordre, remede et mode de viure,
» affin que cy apres tous differens soyent euitez et
» nos dits subjets viuent par ensemble en paix,
» repos et bonne concorde. Sur ce, ordonnons et
» entierement nostre vouloir est et expres com-
» mandement.

» Premierement, que bonne paix, tranquillité et
» amitié, ciuilité et vnion soit et demeure entre nos
» subjets d'Orbe et aussi toute inimitié, regrets et
» differens entierement hors et abolis.

» En apres, comme dit est, tous les differens
» estans suruenus à cause du sermon et de la
» messe, affin que les ambes parties soyent d'ac-
» cord, et nous aussi deportez de fascheries et grosses

» coustes qu'auons à cause de ces haines, ordon-
» nons que, en l'eglise perrochiale du dit Orbe, le
» presche soit tous les jours presché sans contra-
» diction ne obstacle, assauoir : en temps d'hyuer,
» depuis la Sainct-Michel jusques à Pasques, au
» mattin, depuis sept heures jusques à huict; pa-
» reillement, en esté, de six jusques à sept. Aussi,
» en la ditte eglise, seront dittes et tousjours auant
» le sermon les matines et laudes, apres les autres
» heures canoniques, la messe, ceremonie et offices
» de l'Eglise comme parauant, par condition que
» icelle n'empesche la predication, ni aussi la pre-
» dication les susdittes ceremonies et seruices ec-
» clesiastiques.

» Nous voulons aussi que chascun aye son li-
» beral arbitre d'aller au sermon ou à la messe ou
» aux autres offices de l'Eglise et, à cause que
» l'un n'empesche ou moleste l'autre, auons or-
» donné que celuy ou celle, homme ou femme,
» qui se mocquera, empeschera, blasmera ou trou-
» blera de parole ou de fait, qu'icelluy, si c'est un
» homme, doije (doive) estre mis en prison et
» detenu vn jour et vne nuict à pain et à eau, et
» auec cela donner vn escu d'or auant qu'estre
» lasché de prison et, s'il estoit si pauure qu'il ne
» peust donner le dit escu, qu'il demeure en prison
» encore trois jours à pain et à eau. Si c'est une
» femme, elle doit souffrir la moitié.

» Nous auons aussi ordonné, sur la peine ditte,
» que les predicans se deportent d'appeller les
» prestres et leurs adherans « meschans, hereti-
» ques, meurtriers, larrons » et autres noms infa-
» mes qui *destruisent* plustost que *d'edifier,* ainsi
» voulons qu'ils preschent la verité moderement.
» Pareillement, les prestres ne deuront blasmer
» les predicans, ne leurs adherans, laissant vne
» chascune partie l'autre en paix et tranquillité.
» Toutesfois, ne voulons pas ce auoir deffendu, que
» les predicans et les prestres et leurs parties ne
» puissent conferer et parler amiablement et frater-
» nellement ensemble de la foy.

» Aussi defendons expressement que nul, de
» propre authorité, soit si hardy de rompre, ab-
» battre, gaster et destruire les autels et images
» des églises, où le *plus* ne sera fait de prendre la
» Parole de Dieu.

» Nous voulons et ordonnons aussi que toutes
» clames ou autres, en fait et à cause de l'Euan-
» gile, contre les prestres ou autres personnages,
» pareillement que celles que les prestres ou au-
» tres ont faictes contre les predicans ou leurs par-
» ties, à cause de la messe, soyent leuéez, casséez,
» mortes et anulléez et si, apres tout, clairement,
» toutes actions euitéez. Toutesfois, à ceux qui ont
» esté blessez et battus à effusion de sang, leurs
» droits reseruez, affin que toutes chouses passéez

» soyent accordéez, auons, nous de Berne, sur la
» requeste de nos tres-chers freres combourgeois
» de Fribourg, quitté les cent et cinquante escus
» esquels ceux d'Orbe estoyent escheus. Pareille-
» ment, nous de Fribourg auons pardonné à tous
» ceux qui nous ont offendus en rompant les ima-
» ges, abbattant les autels et gastant les repara-
» tions des eglises. Il est aussi à scauoir que nous
» auons aussi conféry de faire punition plus grande
» que sus n'est declaré des delits et fautes qui cy
» apres seront commises, soit en faisant sedition,
» batteries, enormes, outrages, violences, injures
» de parole ou de fait, et, affin que ceste notre
» ordonnance soit inuiolablement obseruée, l'auons
» corroborée de nos sceaux et voulons qu'elle soit
» publiée à toute la communauté d'Orbe.

» Fait, à Berne, l'an pris à la natiuité de nostre
» Seigneur Jesus-Christ 1532. »

La ditte publication et lecture ainsi estre faite, les seigneurs nobles et bourgeois de la ville firent la regratulation et remerciement aux dits seigneurs ambassadeurs. Apres disné, partirent d'Orbe et allerent au giste à Granson où ils firent les semblables ordonnances que à Orbe, car tous les autels estoyent tous derochez, lesquels, tant au dit Orbe que au dit Granson, furent tous refaits dans deux jours apres la ditte publication, au grand regret et desolation des dits lutherians. Ainsi se passerent toutes chouses sans rien innouer jusques à la Dimenche de Pasques flories.

XLIX.

De la grande arrogance de Pierre Viret, predicant de la ville d'Orbe, aagé de 20 ans.

Le jour susdit de Dimenche de Pasques flories, en la religion des sœurs de Saincte-Claire, y auoit le pere visiteur, lequel s'appelle estre leur ministre, homme fort scauant, ancien docteur en Théologie, nommé frere Rabani, lequel se mist à prescher en l'eglise des dittes sœurs, dont le bruit en fust par la ville, et sur ce plusieurs y accoururent et prenoyent grand plaisir à l'ouyr. D'autre part, Pierre Viret, predicant, preschoit en la grande eglise, lequel fust adverty du dit presche et subitement le dit Viret dit à ses complices : « allons au » conuent des sœurs, auquel lieu on presche ! » Et, ce disant, sortist hors de la chaire et allerent au dit conuent et trouuerent le dit Rabani preschant; en fin le dit Rabani se va ruer sur ce passage : « *Qui bona egerunt in vitam eternam, qui* » *vero mala egerunt in ignem œternum : opera enim* » *sequuntur illos,* » voulant, par ce, donner à entendre que, si nous voulons paruenir à la felicité eternelle, qui est paradis, il nous est requis faire bonnes œuures. Sur lesquelles paroles Viret, plein de grande folie, d'orgueil, d'outrecuidance et de grande presomption, le dementist deuant tous, auquel dementy le dit Rabari fist responce : « Mon » enfant, tu es bien jeune pour dementir vn tel » vieillard que je suis ! » et sur ce le dit Viret le dementist encor vne fois; allors il y eust gros bruit et mutination en la ditte eglise entre le peuple ; finalement chascun se retira, sans autre chouse faire. Le dit frere Rabani, quand il vid le tumulte, fust marri et ne sceust que faire fors de parler aux sœurs, puis se retirer à son conuent.

L.

D'un homme tué à Bonuillard, terre de Granson.

En ces jours de Pasques, auoit vn homme de bien fort ancien à vn village appelé Bonuillard, terre de Granson, voulant faire remonstrances aux lutheriens au dit village, lesquels ne l'eurent pas à gré mais se prinrent en question, en telle sorte que le dit pauure homme ancien fust mis à mort et fust fort plaind à cause de sa prodhomie.

LI.

De la cène faite à Orbe par Pierre Viret.

Le dit jour de Pasques fust faite la cène par Pierre Viret, predicant, à la forme que dessus et s'y trouua tant d'hommes que d'enfans et de femmes 23.

LII.

De l'emprisonnement de messire Pierre Bouey, vicaire d'Orbe, et de Christofle Holard (§ 26. § 30).

Le Dimenche 18 d'apuril, à cause que le predicant tenoit trop sa predication et passoit l'heure ordonnée par messieurs, le dit vicaire, par le commandement du gouuerneur, alla sonner la messe, pour laquelle cause fust prins et detenu prisonnier; et aussi fust prins et mené en prison Christofle Holard, à cause qu'il auoit couppé le nez à une image de Sainct-Pierre que l'on auoit remise sus l'autel. Le dit Holard demeura en la ditte prison vingt-quatre heures, puis fust mis en liberté en donnant vn escu, disant qu'il auoit satisfait aux ordonnances susdittes des seigneurs. Et, tant qu'il touche deuers le vicaire, il restoit tousjours en prison, nonobstant qu'il fust par plusieurs fois demandé par les seigneurs de la ville, mais le Chastelain, tenant le party des Lutheriens, n'en tenoit conte. Ce voyant, les seigneurs du Conseil enuoyerent à Fribourg deux commis, assauoir Anthoine Griuat et messire Blaise Floret, lesquels apres auoir exposé leurs charges, fust incontinent commis des dits Seigneurs de Fribourg honorable Pauillard, lequel incontinent estant arriué au dit Orbe, luy mesme alla mettre dehors le dit vicaire prisonnier et fist à faire vn examen contre Christofle Holard, à cause qu'il auoit couppé le nez à l'image de Sainct-Pierre, comme est dit cy dessus, lequel examen fust celé et perdu, car il n'en fust plus jamais de mention.

LIII.

Execution de justice faite à Orbe en la personne de Jehan Pussod.

Le 20e jour d'apuril, en la clame de Anthoine Tauel le jeune, fust prins et detenu prisonnier à Orbe Jehan Pussod, de Bauois, demeurant à Baume, lequel demeura en la ditte prison jusques le mardy 7 de may, auquel jour il fust deffait et eust la teste coppée et apres fust mis en cendres. La cause de

sa mort fust, pource que le dit Jehan auoit souffert
de faire de la fausse monoye en sa maison et que
luy mesme l'auoit employée. La ditte monoye qu'il
faisoit estoit testons. Je ne pense pas que la permission diuine ne l'eust permis à ses derniers jours
estre deffait par justice, tant à cause de ce que
aussi il auoit commis homicide iniquement en la
personne d'un homme appelé Fathery.

LIV.

Visitation faite par le duc de Sauoye en son Pays de Vaud.

En ce temps, le Duc de Sauoye, desirant sauoir
le nombre et puissance de ses subjets et aussi voir
les fortifications de ses villes, fist, au mois de juin,
vne visitation generale par tout son pays de Vaud,
allant de ville en ville, et partout l'on luy faisoit
reception telle qu'il appartient à vn tel illustre et
bon prince, assauoir en grand triomphe, chascune
ville selon leur puisssnce; entre autres il fust à Lausanne, à Payerne, à Morges et ne fust point à Yverdon. Il est icy à noter que ceux de la chastelanie
des Cleez allerent faire leur monstre par deuant le
dit seigneur Duc, en la ville de Cossoney, auquel lieu
on les attendoit; et estoit pour lors Banderet de la
ditte Chastelanie Claude Pugin du dit lieu des Cleez.

LV.

D'une comète apparuë en l'air.

Au mois de Septembre s'est commencée à paroistre vne comete au ciel, qui estoit une etoile qui portoit vne grande queuë, et se monstroit la ditte comete tousjours à deux heures auant l'aube du jour et continua de se monstrer jusques au mois de Decembre; et fust veuë quasi par tout l'uniuersel monde, dont l'on en estoit en grande perplexité, car cela ne leur tornoit en bonheur, comme ils disoyent. Les aucuns disoyent que cela signifioit mortalité ou guerre, ou changement et mutation de seignorie et de prince, ce qui aduinst, comme verrez cy apres, du bon Duc de Sauoye nommé Charles, lequel perdit quasi tout son pays.

LVI.

De la soufferte de ceux de Payerne.

Enuiron la Saint-Michel, en la faueur d'aucun, Pierre Viret, predicant, s'en alla en la ville de Payerne pour prescher la Lutherie, mais il n'eust point d'audience en l'eglise. Voyant ce, il se mist à prescher par les tauernes et autres lieux publics, et dura cecy jusques au mois de Januier suyuant, que tous les jours auoyent debat et different en la ditte ville à l'occasion de la ditte loy et religion. En la ditte ville y auoit vn conuent de moines noirs, de l'ordre de Sainct-Benoit, riche ; voyant cela, furent en grand' crainte, en sorte qu'ils furent contrains aller au refuge et se mettre en la sauuegarde des seigneurs de Fribourg, qui volontiers les reçeurent et leur donnerent vn aduoyer pour en auoir la garde, affin que nulle fascherie ne leur fust faite, et leur fust donné noble Christofle Pauillard, cheualier et conseiller du dit Fribourg.

LVII.

Des premières espousailles qui furent faites à Orbe par le predicant.

Les premieres espousailles que le predicant fist à Orbe furent faites le jour feste Sainct-Martin en hyuer, apres vespres, de la sorte que s'ensuit : premierement le predicant fist son sermon, puis appella l'espoux, disant : « Nicolas, voulez-vous pas » la Marguerite pour vostre femme et espouse ? » et le dit Nicolas respond « qu'ouy. » Lors le predicant prinst à tesmoin toute l'assemblée et puis en demanda le semblable à la Marguerite, laquelle respondit « qu'ouy, » dont en reprint l'assemblée à tesmoin comme parauant. Et voilà la forme de leurs espousailles dont ils vsent pour leur commencement; depuis, ils en ont vsé, tant du baptesme que des espousailles, vn peu plus honnestement, assauoir auec prieres en forme d'un liure qu'ils ont fait, appellé le cathechisme, où il est deuisé de la forme et maniere comme l'on doit faire la Saincte-Cène de nostre Seigneur, la forme de baptizer et d'espouser. Les dits lutheriens faisoyent tous les ans trois fois Cene, assauoir : à Noël, à Pasques et à Pentecoste. Environ ce temps, furent esmeutes en different les deux villes Berne et Fribourg, en sorte que preparations furent faites jusques à sortir; pendant ce, furent tenuës quelques journéez, ausquelles fust fait appointement. La cause du dit different estoit la religion.

LVIII.

La Republique de la ville d'Orbe.

Elle estoit gouuernée par douze, lesquels se nommoyent conseillers, et des dits douze, il s'en prenoit par election deux, lesquels auoyent charge de receuoir et recouurer le reuenu de la ville et aussi d'en rendre bon conte. Dauantage auoyent charge et authorité de toute la Republique, ainsi que, s'il y auoit auscune chouse trop pesante, auoyent charge d'assembler les dits douze et d'en vser selon l'advis et conseil d'iceux ; et se nommoyent les deux esleus Gouuerneurs, laquelle election se faisoit tousjours le dernier jour du mois de Decembre. Dont, en la presente annee mille-cinq-cent-trente-deux, furent esleus Gouuerneurs Anthoine Griuat et Pierre Piguisat pour gouuerner l'année suyuante, qui est mille-cinq-cent-trente et trois.

LIX.

(1533.)

Sortie de noble Rose, fille de noble Guillaume d'Arney, d'Orbe.

Le Dimenche cinquiesme jour de Januier partit noble Rose, fille de noble Guillaume d'Arney, d'Orbe, accompagnée de ses parents et amis en bon equipage, pour aller à Cugiez faire les nopces d'elle et de noble Jehan De Illens, qui se firent à Cugy, et luy firent les compagnons de la ville l'honneur qui luy appartenoit. Apres auoir demeuré auec son dit mary Jehan De Illens neuf ans et vingt jours, alla de vie à trespas, au grand desplaisir de son dit mary et de tous ses amis. Elle laissa vn fils, nommé Guillaume, et vne fille, nommée Emaz, et depuis le dit De Illens se remaria à vne nommée Pernette, fille de noble André Guat, de Lausanne, et furent faites les nopces au dit lieu de Lausanne par le predicant, au conuent de Sainct-François du dit Lausanne, le Dimenche 17 de Decembre 1542.

LX.

Homicide fait et perpetré à Orbe par François Oliuey (Olivier) du dit Orbe.

Le lundy apres Pasques flories qui fust le 8e jour d'apuril, fust tué vn homme lequel faisoit sa residence au dit Orbe, lequel estoit d'Eschallens, appellé Jehan Faure (Favre), et fust tué par les mains de François Oliuey d'un coup de verdun donné au trauers du ventre. La cause de leur different estoit à cause de ce que le dit Oliuey entretenoit priuement la femme du dit Faure. Apres l'homicide ainsi fait, les parens firent à tenir la justice, faisans clame comment est dit et declaré cy dessus (§ 43), crié par trois fois par l'officier « meurtre manifeste. » Depuis, le dit Oliuey trouua moyen, tant enuers les Seigneurs qu'enuers les parens auoir partout la paix et pardonnance, et torna en la ville comme au parauant et se maria à la fille d'un d'Orbe appellé Penacquaz.

LXI.

Des anabaptistes.

En ce temps se exurgist vne malheureuse, damnable et diabolique secte de anabastiste (anabaptistes) qui est vn mot qui doit estre detestable et abominable à tout homme aymant Dieu. La ditte secte prinst commencement en vne ville nommée Monaster (Munster) au pays de Westphalie, et en furent chefs et instituteurs en Flandre, Hollande, Frise et quasi toute Germanie vn nommé Jehan de Leyde de profession cousturier, et vn orfeure appellé Carendof et auoyent, les dits heretiques rebaptizez, certaines opinions estranges, disant que toutes choses leur estoyent licites et qu'ils peuuent priuer de vie tous seigneurs et princes, disans que ce sont malins et diaboliques executeurs de la justice. Iceux heretiques firent roy sur eux le dit Leyden, lequel estant constitué en telle dignité commença à dresser son estat comme les autres roys et souuerains, faisant sa cour, mareschaux, conseillers, chanceliers et autres officiers, ayant aussi force cheuaux auec hanarchement d'or et d'argent et robbes precieuses, lesquelles il auoit faites des ornemens des eglises qu'il auoit pilléez. Et, quand ce beau roy cheuauchoit par païs, luy assistoyent des deux costez deux jeunes pages richement vestus, ayant celuy qui estoit à main droitte vne Bible en la main, la tenant en haut, les mains leuéez; iceluy qui estoit à gauche portoit vne epée nuë, faisant mesme contenance que l'autre. Le dit roy auoit la teste ornée d'une triple couronne d'or, et permettoit ou mesme contraingnoit ceux de la ditte ville de Monaster d'auoir chascun cinq ou six femmes, et habiter auec vne seulement jusques à tant que celle fust enceinte, puis ainsi en vsoyent des vnes apres les autres et contraignoyent toutes femmes à se marier et les filles semblablement, depuis qu'elles sont venuës en l'age de douze ans. Et ne tiennent, les dits heretiques, conte d'aucun sacrement, gastans et saccageans toutes les eglises et lieux saincts et sacrez, disans que ce sont « les foires et marchez du roy Balaam » et, pour le comble de leur maudite et damnable persuasion, ont introduit de se rebaptizer. Le dit roy suyuent grand nombre de meschans et malheureux garsonceaux, larrons, brigans et toutes manieres de gens desbauchez, lesquels viuent des questes qu'ils font. Entr'eux sont pres-

cheurs qui persuadent ceste façon de brigandage
estre la *vie chrestienne* et tout ce qu'ils font est
inspiration du Sainct-Esprit, comme ils disent.

LXII.

De la fiue portée par ceux d'Orbe au mois de may.

Le Dimenche 4ᵉ jour du mois de may, fust leué
le may par les compagnons, auec lesquels ne se
trouuast aucun lutherien et fust capitaine de la ditte
assemblée noble François d'Arney et son banderet
fust noble François de Gleresse. Au-dessus de la ditte
banniere y auoit vn grand bouquet de fiue (sapin),
semblablement tous en prindrent vn, sans penser
aucun mal, fors que toute innocence. Nonobstant,
tout se faisoit au grand regret de nos lutheriens,
en sorte qu'ils furent informer le ballif de la ditte
assemblée, mesme ils disoyent que les dits bou-
quets se portoyent par despit d'eux et des Seigneurs,
dont sur ce le ballif, fort marri et courroucé, fist
à mettre bas la ditte fiue et, nonobstant quelque
excuse que les compagnons fissent, tout ce ne leur
profita en rien qu'il n'en aduertist les seigneurs de
Berne et Fribourg, lesquels enuoyerent leurs commis et ambassadeurs au dit Orbe, le Dimenche 14ᵉ
jour de Juin. Le lundy suyuant, furent euoquez tous

les compagnons ayans porté la ditte fiue, lesquels eux assemblez en presence des dits seigneurs ambassadeurs, l'un d'iceux de Berne, appellé d'Anglisperg (d'Englisberg), se vinst à faire vne harangue fort aspre et reprehensible, les appellant « subjets rebelles, » disant que, selon l'intelligence des dits porteurs de fiue, que tous auoyent commis crime de leze-majesté, et plusieurs autres remonstrances et paroles rigoureuses leur dit le seigneur, concluant en la fin de son parler que tous deussent estre mis en prison. Lors, les dits porteurs prierent et firent excuse de leur innocence et que leur pensée ne tendist jamais à faire chouse dont les dits seigneurs le deussent prendre à desplaisir et que tous se disoyent et vouloyent appeller « *bons et loyaux subjets,* » voulant en cela viure et mourir, et autres bonnes paroles, demandans pitié et mercy, tousjours regardans leur innocence. Mais nonobstant ne seruist en rien qu'il ne les fallust aller en prison, et y furent mis en la premiere assemblée et furent jusques au nombre de 31, et depuis on refist deux ou trois assembléez, que tous furent mis en prison, lesquels tous y demorerent deux jours et deux nuits et, au sortir d'icelle prison, falloit donner fiancement, corps pour corps et auoir pour auoir, et faire serment de ne vouloir mal à personne qui fust cause de cela. Et qui ne vouloit faire le dit serment estoit ordonné de torner en prison, et ainsi

la chouse se passa jusqu'au mois de Decembre que
les dits seigneurs de Berne penserent mettre impost
sur tous les dits porteurs, assauoir que on demandoit aux aucuns cinquante escus, à d'autres vingt-
six escus ; le moindre estoit de trois escus, et sur
ce furent commis et enuoyez deux personnages deuant les dits seigneurs de Berne, lesquels pacifierent le tout, et ne fust depuis plus memoire,
comme chouse faite par innocence.

LXIII.

Du precieux sainct suaire lequel repose en la ville de Chambery.

Il est assauoir que, en la ville de Chambery, y
auoit vn thresor inestimable, assauoir le precieux
sainct suaire, duquel fust enueloppé le precieux
corps de nostre Seigneur Jesus-Christ, apres qu'il
fust descendu de la croix et mis au sainct sepulchre de Jerusalem, auquel lieu il reposoit en grand
honneur et reuerence. Et estoit de coustume que,
le 4e jour de may, l'on faisoit la feste, en laquelle
de tous pays y assistoyent, et, quand venoit à le
deuelopper et le monstrer, estoyent trois euesques
habillez en pontificat et, du monde qui est là present, est chouse inestimable. Or, est assauoir que,

en la presente annee 1533, le jour que dessus, entendant que l'on deut monstrer le dit precieux sainct suaire, mais tous furent frustrez de leur entente, car il ne se monstra pas; la cause fust pource, comme l'on deust dire, que, pendant le temps que le predit seigneur Duc de Sauoye faisoit ses visitations en ses païs, comme dit est cy dessus (§ 55), la Dame de Sauoye desirant se retirer à l'insceu de son mary en son païs de Portugal[8], dont elle estoit partie, et sur ce fust dit que, entre autre tresor qu'elle emportait, y estoit le dit precieux sainct suaire. La ditte Dame fust poursuyte et ramenée au pays par les gens du dit seigneur Duc. Autre raison, qu'en la presente année la saincte chapelle du dit Chambery, en laquelle reposoit le sainct suaire fust bruslée, et fust dit qu'il auoit esté bruslé; toutesfois, pour vray, il ne fust point bruslé, mais il fust quelque peu dommagé par le ply, dont il fust raccoustré par les meres religieuses de Saincte-Claire du dit Chambery. Depuis, il fust transporté par le dit seigneur Duc en la ville de Versee (Verceil) au Piedmont et torné à Chambery, où il repose.

LXIV.

Different à Geneve à cause de la Religion.

Le cinquiesme de may, fust faite grosse esmotion en la ville de Geneue entre les gens ecclesiastiques d'une part et les lutheriens d'autre part, et fust le different si grand que les dits lutheriens mirent à mort vn nommé messire Verlict (Wehrli), natif de Fribourg, prestre et chanoine de l'eglise de Sainct-Pierre du dit Geneue, et fust aussi tué vn chapelain lequel tenoit le party des ecclesiastiques. Les parens et amis du dit Verlict de Fribourg voulurent tumber en quelque vindication, mais en fin le tout fust pacifié par les seigneurs ambassadeurs des deux villes Berne et Fribourg commis par les dits seigneurs sur cela.

LXV.

Different et debat meu à Lausanne.

Le troisieme Dimenche de may, qui fust le 18e jour du dit mois, fust meu different si que le totage fust jusques à sonner l'effroy. La cause de leur dit different fust ainsi, que, le predit jour de Dimenche, l'on jouoit à la paulme et, en jouant, fust fait vn coup qui tomba en different, dont il en fust demandé à plusieurs qui estoyent là assistans. Entre les autres fust demandé à vn qui estoit du nombre des Banderets de la ville, lequel en dit, comme l'on peut presumer, la verité de ce qu'il scauoit. Lors, vn chanoine de l'eglise de nostre Dame de Lausanne, lequel estoit fils de noble Barthelemy de Prel seigneur de Corselle (Corzy), de Lustry, lequel estoit de la partie du jeu de la paulme, dementist le dit Banderet en l'appellant « meschant » et plusieurs autres injures, dont peu s'en fallust qu'il n'y eust gros chaple. Le dit Banderet estant marry d'estre ainsi injurié en fist le plaintif, tant aux seigneurs du Conseil que aussi à l'abbé des enfans de la ville, dont sur ce fust conclu que, le jour suyuant, la maison du dit chanoine serait mise en pillage. Le dit chanoine estant de ce aduerty mist bonne garnison en sa maison, tant prestres que laics, lesquels firent bonne resistance contre toute la ville qui estoit fort irritée contre les dits deffendeurs. En la fin c'est que la ditte maison fust prinse et tout le dedans fust mis en pillage. Au dit assault n'y eust que peu de gens qui furent blessez, dont, pour la pacification tant du dit affaire que aussi de plusieurs austres estans entre le seigneur du dit Lausanne auec ses subjets, furent commis de la part des deux villes Berne et Fribourg ambassadeurs, en sorte que les dits differents furent tous pacifiez.

LXVI.

D'un grand vent et orage esleué par le Pays de Vaud.

Le 23e jour de Nouembre, enuiron la minuit, s'esleua vn grand orage de vent, faisant vn horrible temps, comme grands esclairs, grands tonnerres, choir foudre et tempeste, qui fust à la destruction de beaucoup de maisons, entre autres fust gasté et deroché le moulin de Cossoney dernier l'hospital, et furent porteez par l'impetueux temps les pierres bien loin. Il ruina aussi l'enclose du dit moulin, qui estoit faite de mur. Le dernier jour de Decembre, furent escheus pour Gouuerneurs l'annee suyuante en la ditte ville d'Orbe Mre Jehan Matthey et Pierre Bochardet, alias Rogepieds.

LXVII.

(1534.)

Commencement de prescher la loy lutherienne à Geneue.

Enuiron le commencement de feburier, les predicans nommez Pharel, Viret et Antoine Froment, accompagnez des seigneurs ambassadeurs de Berne estans à Geneue faisoient tout deuoir pour auoir places aux eglises pour prescher, ce qui ne leur estoit permis ni possible. Sur ce, estoyent aux tauernes publiques, où ils preschoyent, et, vn jour, sur leurs dittes predications, suruinst un compagnon lequel les injuria grandement, les appellant « heretiques, meschans » et autres ; finalement, les paroles furent de telle sorte esmutes que le dit compagnon tua un des dits lutheriens. Estre cela fait, le dit compagnon se promenant par la rue fust prins et incontinent eust le chef couppé par l'executeur de la haute justice qui estoit là present. Est à scauoir que le dit compagnon mourut vrayement en bon chrestien et sans se soucier de rien.

LXVIII.

Comme les dits predicants commencerent à prescher en l'eglise de Sainct-François à Geneue.

Les predits seigneurs ambassadeurs, joints les predicans, perseuererent et firent telles instances qu'ils eurent place pour prescher en l'eglise de Sainct-François à Geneue, lequel commencement perseuera et dura tousjours en telle sorte qu'il fallust mettre bas autels, chasser tous prestres, chanoines et autres gens de religion, selon leur façon coustumiere, laquelle chouse ne fust pas fournie sans auoir des grandes tribulations en la ditte ville, mutination les vns contre les autres, comme vous verrez cy apres en partie, car, du toutage, n'est possible le pouuoir escrire ni narrer, à cause de leur mutination et sedition dont ils estoyent pleins.

LXIX.

Sentence apostolique contre ceux de Geneue.

Le pape estant aduerty comme l'on preschoit au dit Geneue, aussi à la requeste du Duc de Sauoye qui, desirant les retirer sans leur faire grand dommage, impetra du dit pape vne sentence apostolique d'excommunication, en excommuniant tous prescheurs et auditeurs, tous allans et venans et administrans viures, ayde et faueur à tous ceux de Geneue, en maniere quelconque. Et fust mise la ditte sentence enuiron le commencement de septembre. A l'occasion de ceste sentence, ceux de Geneue eurent grandement à souffrir, en sorte qu'ils furent contrains à demander secours aux seigneurs de Berne, leurs combourgeois, lesquels firent grande preparation de guerre. Aussi firent ceux du Pays-de-Vaud, par le commandement du seigneur Duc de Sauoye leur prince, faisant monstre par toutes les villes et chastelainies du pays. Il est à scauoir que, en l'an 1526, ceux de Lausanne et de Geneve se firent alliez et bourgeois des bonnes villes Berne et Fribourg, qui fust vn grand regret et desplaisir tant du susdit Duc de Sauoye que aussi du seigneur de Lausanne, lesquels tous deux se disoyent estre princes; mais, depuis l'occasion de la loy lutheriane, ceux de Fribourg quitterent la ditte alliance tant à ceux de Geneue que de Lausanne.

LXX.

De la journée tenuë à Thonon entre le Duc de Sauoye et les Bernois à l'occasion de Geneue.

Pour appaiser le dit different de guerre, comme dessus est dit, et aussi à l'occasion du droit que le Duc de Sauoye pretendoit auoir sus la ville de Geneue et autres querelles, fust prinse vne journée sus esperance de paix entre le dit Duc et les Bernois; et fust mis le tout du different à la cognoissance et decision des Treize cantons, et fust ordonné le lieu en vne petite ville nommée Thonon, sceant sus le riuage du lac de Lausanne, à l'opposite de la ville de Morges, au 15e du mois de nouembre. En ceste journée comparurent les cantons ordonnez au dit lieu de Thonon, mais le Duc n'arriua pas à

Thonon jusques le 26e jour du dit mois que les ambassadeurs l'attendoyent tousjours. A la ditte journée, ne se peurent accorder les parties; la cause principale estoit que ceux de Berne vouloyent que le Duc eust la soufferte que les predicans peussent aller, venir, passer et prescher par tout son pays, sans reprehension, ni leur faire violence en façon quelconque, à laquelle chouse le dit Duc ne voulust consentir, mais son vouloir estoit, à l'opposite, que les dits predicans estans à la ville de Geneue deussent laisser le lieu et leur defendre la predication, ce qui fust ainsi accordé, et, pour ce, n'y eust point de ferme appointement. Fust remise la journée sus esperance de paix entiere, laquelle journée ne peust sortir à son effet, à cause que les predicans estans au dit Geneue ne voulurent cesser leurs predications.

LXXI.

Des disputes tenuës à Geneue touchant la loy.

Pour paruenir à leur intention, ordonnerent faire certaines disputes suyuant les articles de leur loy et religion, lesquels articles furent incontinent enuoyez aux bonnes villes, comme : à Lausanne, à Orbe, à Granson et autre part, riere les villes subjettes ou ayant bourgeoisie aux dits seigneurs de

Berne. Les dits articles estoyent affichez aux portes des Eglises et disoyent deuoir estre mis soustenir au dit Geneue par frere Jaques Bernard, gardien de la religion de Sainct-François du dit Geneue, appellé de l'ordre de la *grand' manche*, lequel estoit deuenu apostat; et se tindrent les dittes disputes au mois de Juin 1535.

LXXII.

De Caroli opposant aux dittes disputes.

Aux dittes disputes, n'y eust pas grands opposans, fors vn entre les autres, vn nommé Caroli, docteur de Paris, homme sçauant et non constant en ses faits, dits, ni en sa science, car tout premierement le dit Caroli estant venu de Paris à Geneue, causant qu'il commençoit à sentir la Loy Lutherienne, fust prié par le dit frere Jaques Bernard, par Pharel, par Viret, autres predicans, qui, tous ensemble, n'estoyent pas dignes de luy porter ses liures, à cause de sa grande science, de vouloir assister en leurs dittes disputes; ce qu'il accepta volontiers et fist fort bien son deuoir, en sorte que tous les dits predicans estoyent confus par sa grande science. Mais vne nouuelle inuention trouuerent les dits predicans de prattiquer auec luy, soit par dons, ou par amis, ou par flatterie, ou autrement, par ne scay quel moyen, en sorte que, publiquement et present tout le peuple à la predication, le dit Caroli se demist de tout ce qu'il auoit maintenu et soustenu, priant à tous qu'ils n'eussent esgard à sa maintenance et que cela qu'il auoit fait et maintenu estoit pour vne vaine gloire qu'il desiroit auoir du monde, de laquelle desditte depuis il en eust repentance. Ce nonobstant, voyant qu'il falloit qu'il cheminast auec les autres, perseuera de viure auec eux, car il fust depuis aux disputes à Lausanne (§ 108) tenant le party des dits lutheriens et, de six ans apres les dittes disputes de Lausanne, fust commis predicant au dit Lausanne et, combien qu'il fust prestre, si ne laissa pour ce qu'il ne se mariast et prinst femme à Neufchastel, et eust de sa ditte femme deux enfans. Apres auoir demeuré au dit Lausanne quatre ou cinq ans preschant la Loy Lutherienne, aduançant en ses predications articles contreuenans à leur doctrine, si comment la deprecation pour les morts et trespassez et autres articles, dont, à icelle raison, fust cité personnellement à Berne, auquel lieu il comparust voulant maintenir son dire; finalement ne se sceust si bien deffendre ni maintenir son droit que, en fin, ne fust banny de la terre de Berne. Sur ce, s'en torna en France et laissa sa femme et ses enfans et se remist en estat de prestre comme parauant, preschant partout contre la Loy lutherienne, les appellant « meschans, heretiques, hors de la foy » et autres injures, et prinst son accointance auec le Cardinal de Tournon, qui luy procura auoir son absolution enuers le pape. Depuis, le dit Caroli, se souuenant de sa femme et de ses enfans, pensa auoir et trouuer moyen de r'entrer en grace enuers les dits Seigneurs de Berne, ce qu'il ne peust faire, et, voyant ce, s'en torna en France, à Mets en Lorraine, auquel lieu il preschoit incessamment contre les dits lutheriens.

Or, pour torner à nostre propos des dittes disputes ; apres que le dit Caroli se fust demis de sa parole, les dits predicans, estimans estre venus aux fins de leurs ententes, furent grandement joyeux et aussi voyans qu'ils n'auoyent nul opposant. Ce nonobstant que les dittes disputes se disoyent franches, toutesfois peu de gens s'osoyent hazarder pour estre opposans, craingnant qu'il ne leur aduinst comme estoit aduenu à vn religieux, homme scauant, nommé frere Furbity, docteur de Paris et bien disant et preschant contre les *erreurs* lutheriennes, lequel finalement fust prins et tenu longtemps aux prisons de la ville et presenté par plusieurs fois aux tormens, voire jusqu'au mourir ; nonobstant tout cela, il fust ferme et constant. Apres auoir demoré aux dittes prisons enuiron trois ans en grande necessité et malaise, ils le laisserent aller, le bannissant hors de leur seigneurie de Geneue, et depuis se retira en la ville de Bourg en Bresse, auquel lieu il demora se travaillant de prescher la Loy de nostre Seigneur selon son Sainct Euangile, comme bien le scauoit faire. A icelle raison, n'eurent que bien peu d'opposans, et aussi que l'on cognoissoit bien la fin où ils vouloyent tendre, et ce voyant on leur laissa faire.

LXXIII.

Des ceremonies ecclesiastiques cesséez au dit Geneue.

Voyans les predicans ne venir plus d'opposans, dirent auoir gagné les dittes conclusions et disputes, et depuis ne cesserent qu'ils n'eussent mis par terre les autels, images, dechassé prestres, chanoines, gens de religion et autres non voulans viure en leur nouuelle reformation, faisans cesser toutes ceremonies ecclesiastiques.

LXXIV.

Des religieuses et sœurs de Saincte-Claire de Geneue.

Entre les autres religions (couuents), il y en auoit vne des sœurs de Saincte-Claire, lesquelles furent contentes de sortir, à l'occasion qu'elles ne vouloyent viure en leur reformation nouuelle; et sortirent, au mois d'Aoust l'an 1535, au grand resjouissement des predicans et leurs adherens; et au contraire au grand regret de la pluspart de la ville, et allerent loger depuis Geneue en vn chasteau appellé la Pierriere, lequel appartenoit au seigneur de Verie (Viry), lequel chasteau fust depuis bruslé par les seigneurs de Berne, dont ce fust gros dommage à cause de sa beauté. Les dittes religieuses demeurerent au dit chasteau deux jours et deux nuits et depuis ne cesserent de cheminer jusques à ce qu'elles furent en la ville de Nyce, en laquelle elles furent receuës honorablement, tant de la dame Contesse que des seigneurs et dames, bourgeois et bourgeoises de la ville, et furent conduites et logéez en vn lieu de religion qui pour alors vacquoit et estoit appellé Saincte-Croix, nouuellement fondé par le Duc de Sauoye.

LXXV.

Du chasteau de Peiney.

Apres que les dits habitans de Geneue eurent tout ainsi fait et dechassé toutes gens tenant le party des ecclesiastiques, ils pensoyent auoir satisfait au contenu de leur desir et volonté. Nonobstant tout cela, ils ne furent pas encore à repos, car plusieurs des dits ecclesiastiques, tant prestres que laics, estans sortis de la ditte ville, s'en allerent à refuge à vn petit chasteau appellé Peney, enuiron vne lieuë de Geneue, appartenent pour lors à l'euesque de Geneue; auquel chasteau ils se fortifierent en sorte qu'il tenoit en grande subjection les habitans de Geneue. Quand ils scauoyent que quelque marchand du dit lieu estoit allé en marchandise, il estoit par eux espié et puis estoit prins et destroussé de ce qu'il portoit, fust or, argent ou marchandise, et le plus estoit mené au dit Peiney; et, quant aux personnes, ils les renuoyoyent sans leur faire aucun desplaisir. Semblablement, quand il passoit viures appartenans au dit Geneue, incontinent ils estoyent prins et menez au dit Peiney, qui tornoit au grand prejudice des habitans de la ditte ville, car nul n'osoit sortir, fors à tout hazard.

LXXVI.

De la saillie que ceux de Geneue firent contre le chasteau de Peiney.

Ceux de Geneue, sur ce, firent deliberation de sortir auec leur puissance pour aller assieger et ruiner le dit chasteau, auquel n'y auoit pour lors que huit personnes, car les autres estoyent allez à la prouision. Lesquels huit personnages, quand ils se virent ainsi assiegez, ils ne se monstrerent pas comme couards, mais laisserent faire tout à loisir l'assiegement à leurs ennemis, puis commencerent à sortir les tambours par dedans le chasteau, menans gros bruit comme s'ils heussent esté cinqcents personnes, mettans l'enseigne au dessus du dit chasteau; puis commencerent à tirer vn canon contre leurs ennemis et en blesserent cinq ou six. Voyant ceux de Geneue le deuoir que ceux du dit chasteau faisoyent, ne sceurent faire fors que de s'en retirer, disans que l'entreprise auoit esté par eux follement faite. Les dits de Geneue tirerent vn coup de canon contre la porte du dit chasteau, laquelle fust rompuë, mais ils n'entrerent pour cela dedans.

LXXVII.

Du rencontre fait à Gingins.

Depuis, iceux de Geneue, cognoissans qu'ils n'estoyent pas assez forts et que tout malheur leur venoit de jour en jour, proposerent entr'eux d'enuoyer vn capitaine pour amasser des compagnons affin de tenir garnison; et fust par eux commis vn capitaine appellé Baudichon, lequel, pour faire son amas, prinst son chemin à la costiere de Neufchastel, auquel lieu fist si bonne diligence que, en brief, il fist amas de soldats de sept à huit cents, qui tous partirent de leur costiere auec l'enseigne desployée et, affin de passer plus seurement, prindrent leur chemin par les montagnes du Conté de Bourgogne et passerent par Rochejean, tirans leur chemin droit à Gingins, petit chasteau. Les gentilshommes et paysans, tant du Pays-de-Vaud que de Nion, de Gex, de la Coste de Mont et autres subjets au Duc de Sauoye estans aduertys de la ditte bande, proposerent de non les laisser passer et les allerent attendre au passage pres du dit chasteau, ce qu'ils firent et leur allerent à rencontre, ce qui ne fust fait à leur aduantage, nonobstant qu'ils fussent beaucoup plus de gens que n'estoit la ditte bande.

Mais la grande callidité d'entrer dans la bataille, sans aucun ordre, fust cause qu'il en demeura beaucoup et de bons personnages; des dits Sauoisiens et des autres, en demora peu, et y eusse eu encore beaucoup plus de mal, mais sur ce arriua le seigneur de Lullins, gouuerneur de tout le Pays-de-Vaud pour la part du dit seigneur Duc de Sauoye, lequel fist à cesser le combat, et se mirent à parlementer ensemble. Finalement le dit gouuerneur prist à mercy la ditte bande, sous telle condition qu'ils deussent retorner en leur pays; et le dit gouuerneur promettoit les rendre auec toute asseurance à ses despends jusques à la Sarra, ce qu'il fist. Le dit combat se fist le Dimenche 10ᵉ jour d'Octobre 1535.

LXXVIII.

Assiegement de Geneue.

Depuis, les gentilshommes de Sauoye, tant par le commandement du seigneur leur prince que aussi de leur volonté, s'efforcerent de faire bande pour assieger la ville de Geneue, se gardant qu'on ne leur apportast aucun viure, esperant les affamer; et estoyent les principaux capitaines: le baron de la Sarra, le seigneur de Monfort, le seigneur de Berchiez, le seigneur du Chastelard et plusieurs autres gentilshommes et autres, qui tous tindrent bon tout l'hyuer jusqu'au mois de Decembre; lesquels, à cause de la grande froidure qu'il faisoit, furent contrains le dit siege laisser et s'en torner en leurs maisons, reserué le baron de la Sarra lequel tinst tousjours bon, luy et ses gens, tout autour de la ditte ville de Geneue.

LXXIX.

Destrousse d'une bande françoise par le baron de la Sarra.

Pendant lequel temps au dit mois de Decembre, apres que les autres bandes furent departies, fust rapporté au dit baron comme il deuoit venir au secours de la ditte ville vne compagnie de gens de cheuaux françois qui estoyent en nombre cent, bien montez et armez. Estant de ce aduerty, fist hastiuement marcher ses gens au Mont des fossiles (la Faucille), qui est soubs la montagne près de Gex, auquel lieu fust fait le rencontre, et, tant à l'occasion de froidure que les dits françois estoyent tous gelez, que aussi du passage qui de luy-mesme est estroit et fort, furent par le dit baron et ses gens retenus les dits gendarmes françois, et furent tous destroussez et mis à pied, excepté qu'on ne leur osta point leurs accoustremens; le dit butin fust tout departy par le dit baron à sa bande sans cela que luy en vousist rien retenir. Item, y eust de la ditte bande plusieurs morts et occis; et, si ne fust le dit seigneur baron, le toutage y fust demoré. Le capitaine de la ditte bande françoise estoit appellé le seigneur de Perrey, lequel, estant bien monté, se sauua malgré la bande et s'enfuit à Geneue, auquel lieu il fust le bien venu. Depuis, enuiron deux ans apres, fust trouué le dit seigneur de Perrey au despourueu aupres d'une ville appellée Rumilly, fust pris par le seigneur de Rolle et mené prisonnier à Nisse et là il fust presenté au Duc de Sauoye, lequel, incontinent apres la presentation, par le commandement du dit Duc, fust decapité en la ditte ville de Nisse. Et luy fist belle grace le dit Duc de le faire mourir de si douce mort, veu qu'il auoit commis crime de leze majesté contre le dit Duc, qui estoit son prince. Scachans les dits capitaines sauoysiens la bonne fortune aduenuë au capitaine baron de la Sarra en eurent tous grand' joye et prindrent tous cœur de retorner, et se renforça le dit camp tous les jours, de plus en plus, tenant la ville en grande subjection, dont les dits Genenuois estoyent fort estonnez, ne scachans à qui auoir recours, fors aux Seigneurs de Berne, lesquels estans aduertys de la grand' pitié et faute de viures en quoy ils estoyent et aussi que, pendant le terme de quatre mois, auoyent tenu force gendarmes estans à la garde de la ville. A ceste occasion les Seigneurs de Berne firent dresser certaines journéez auec le Duc de Sauoye et les dits de Geneue, apres lesquelles journéez, voyans les Seigneurs de Berne que appointement ne se pouuoit faire, et aussi l'extremité en quoy ceux de Geneue estoyent, enuoyerent par les bonnes villes du Pays-de-Vaud, à son de trompe, leur notifiant la guerre, tant au Duc que à ses subjets, à feu et à sang (§ 95). Et fust nottifiée premierement la ditte deffiance au seigneur d'Estauayer, luy estant en la ville de Berne comme ambassadeur, et depuis enuoyée par vn heraut de Berne aux bonnes villes, comme a esté dit. A la ville de Moudon elle fust notifiée le 18 du mois de Januier l'an 1536. Et icy je fay fin de parler de ceux de Geneue jusques ce vienne à son jour.

LXXX.

Du grand pardon et jubilé estant à Lausanne.

En la presente année sont esté les grands pardons et jubilé à l'eglise de Nostre Dame de Lausanne, lesquels estoyent tousjours de sept en sept ans; et commençoyent le Jeudy sainct, apres vespres, et finissoyent le Vendredy suyuant à telle heure.

LXXXI.

Different à Orbe entre ecclesiastiques et les lutheriens.

Le Dimenche de Pentecoste, fust faite la cene par le predicant à Orbe, au mode et forme que dessus et, apres disné, fust meu debat et different en la ditte ville d'Orbe, de la sorte que s'ensuit : c'est que le predicant nommé Fortune parloit à vn jeune fils de l'age de dix ans, à mode de dispute de la foy. Le dit jeune fils estoit nommé Pierre de Pierrefleur, et, sur leur propos et paroles, arriua vn prestre *renié*, c'est-à-dire qui auoit esté prestre, mais il auoit tout renoncé et s'estoit marié et estoit venu predicant lutherien, nommé Jehan Holard (voir le § 31), oyant les paroles et mode de dispute du dit predicant et du jeune fils, commença à dire : « Va toy moucher et à l'eschole, non pas venir icy disputer ! » et plusieurs autres paroles injurieuses qu'il luy dit. Lors Anthoine Griuat prist la parole et la querelle pour l'enfant, aussi fist Pierre Griuat, fils du dit Anthoine, en sorte que le predicant Fortune, le dit Holard et son frere Christofle furent contrains d'eux retirer ; mais les dits deux freres Jehan et Christofle se mirent en armes auec leurs bastons et firent vne saillie jusqu'au milieu de la place, auquel lieu ils furent ressus et repoussez, et furent contrains de sauuer au mieux qu'ils peurent; toutesfois le dit Jehan Holard fust blessé sur l'espaule et le different cessé.

LXXXII.

Du different meu entre la ville de Moudon et celle d'Yuerdon.

Enuiron ce temps de Pentecoste, ceux de la ville de Moudon et ceux de la ville d'Yuerdon furent en vn si grand different, que chascune partie firent preparatiues et leurs efforts pour sortir les vns contre les autres, les bannieres mises au vent, et ce estoit grand cas, veu que toutes deux estoyent subjettes au Duc de Sauoye. Et ne se faut estonner si soubs vn tel prince si bon, si patient, si souffrant, d'auoir des subjets si desreiglez et s'il luy aduient beaucoup de maux et inconueniens, comme il luy aduint depuis, comme vous orrez cy apres. Toutesfois, pour conclusion, c'est que tant de gens de bien et grands seigneurs prindrent peine, tant d'un costé que d'autre, que enfin firent bonne paix entre les dittes deux villes. La cause de leur different estoit causant un heretique, selon nostre maternel langage dit vn *vaudois*, à la ville d'Yuerdon, appellé Meillard, lequel estoit des parties de ceux de Moudon. Ceux de Moudon prierent ceux d'Yuerdon de vouloir lascher le dit Meillard leur prisonnier, ce que ceux d'Yuerdon refuserent. Ce voyant, ceux de Moudon firent telles diligences enuers le Duc de Sauoye, leur prince, que le dit Meillard eust sa grace, de sorte qu'il fust mis en liberté des prisons du dit Yuerdon. Le dit Meillard, apres sa liberté, se pensant retirer en sa maison, fust par les sergens et officiers de Granson poursuit, pris et mené en prison au dit Granson, lequel, apres auoir demoré quelque peu en prison, fust executé par justice, bruslé et mis en cendres en la ditte justice de Granson.

LXXXIII.

De la mort de Monsieur de Chapelle, de Lausanne.

Le onzieme jour du mois de Juin, à Lausanne, fust tué et mis à mort vn gentilhomme du dit Lausanne appellé monsieur de Praroman, et fust mis à mort par les mains d'un gentilhomme du dit Lausanne appellé Joustans et par son frere appellé Gentols. La cause de sa mort fust, comme l'on presume, par enuie. La mort du dit Praroman fust fort plainte, à cause qu'il estoit jeune, de l'age de

21 ans, et auoit beau commencement d'estre homme sage, en sorte qu'il estoit aduancé au conseil de la ditte ville. Apres que le coup fust fait et perpetré par les dits Joustans et Gentols, freres, ils s'enfuirent vers le Duc de Sauoye, qui les retinst à son seruice, et, tant à l'occasion du dit homicide que aussi de deux ou trois que le dit Joustans auoit perpetrez, tous leurs biens furent confisquez.

LXXXIV.

Different et debat fait entre les enfans d'Orbe, d'une part, et ceux de Romamostier.

La Dimenche feste Saincte-Anne, les compagnons d'Orbe allerent à la feste de Saincte-Anne à Romamostier, en vne petite chapelle et eglise qui estoit hors du dit Romamostier, de la part du dit Orbe, laquelle estoit dediée à l'honneur d'icelle saincte. Les dits compagnons, se voulant monstrer, vont entrer au dit Romamostier en belle ordonnance, auec tambours et fifres, et, apres auoir bien beu et triomphé au dit lieu jusques enuiron vespres, les dits compagnons se prindrent en noise et different et se commencerent à frapper auec pierres et cailloux; puis vindrent iceux du dit Romamostier auec espéez et halebardes et autres bastons, en telle sorte que nos gens d'Orbe furent chassez et repoussez bien outre, à cause que des dits enfans d'Orbe n'estoyent pas en nombre plus que de vingt, et tous ceux de Romamostier estoyent sus eux et beaucoup d'autres; car il y auoit grande multitude de gens qui estoyent venus au dit lieu à la feste. Au dit assaut, y eust beaucoup de blessez, tant d'un costé que d'autre; entre autres, y fust bien blessé, de ceux d'Orbe, Blaise Cheurery et Hugues Bolliat. La cause de leur different estoit que la pluspart estoyent tous lutheriens, lesquels, pour lors, estoyent haïs de tous nos circonuoisins. La ditte eglise fust depuis bruslée par les lutheriens, l'an 1536.

LXXXV.

De la mort de Monsieur de Belley, seigneur et prieur du dit Romamostier.

Le 28e jour du mois de Decembre, au dit Romamostier, mourust noble *Claude d'Estauayer*, euesque de Belley, abbé de Haute-Combe, prieur et seigneur du dit Romamostier. Le dit seigneur de Belley vinst de petit en grand estat, de la sorte que s'ensuit : premierement, est à scauoir que le dit Claude d'Estauayé estoit nourry en la maison de l'abbé d'Haute-Combe, son oncle, et, ainsi comment il pleust à nostre seigneur, le dit abbé tomba en grande maladie, en sorte que l'on n'y esperoit pas la vie longue. Le dit Claude, enfant subtil, prinst l'aduis de parler au confesseur du dit abbé son oncle, ensemble à son medecin, et vont conclurre entre eux de donner à entendre que luy estoit en danger de mort et qu'il eust aduis de ordonner, tant de ce benefice que de ses biens, ce qu'il fit donation de son abbaye au dit Claude d'Estauayé. Le dit abbé ne mourust pas, mais torna en conualescence, dont ce fust à son gros regret; car incontinent le dit d'Estauayé, qui parauant n'estait qu'un pauure au dit conuent, se saisist du dit benefice et se fist abbé, dont le dit abbé en mourust presque de regret. Toutesfois il deuinst depuis abbé du Lac-de-joux et mourust au dit lieu, et le dit d'Estauayé, qui parauant n'estoit qu'un pauure vire asté (?) du conuent d'Haute-Combe, fust fait abbé du dit conuent et depuis fust fait euesque de Belley et finalement fust prieur et seigneur de Romamostier. Estant enuironné de tant de biens et benefices, il deuinst grand maistre, tenant grand train, suyuant la cour des princes, estant excessif en banquets, maximement aux danses; finalement mourust et fust enterré au dit Romamostier auec vn jeu de cartes. Le gouuerneur du Pays-de-Vaud estant aduerty de la mort du dit seigneur de Romamostier s'y en vinst auec ceux de Cossoney et de la terre des Cléez et plusieurs de Moudon, et là s'en vinst tenir, pour en auoir la garde, au nom et pour la part du Duc de Sauoye. Le dernier jour du dit mois de Decembre, messire Andrean de Bohemberg, lieutenant de noble Jost de Dieshach, de Berne, ballif d'Orbe, accompagné des enfans et compagnons de la ville d'Orbe, allerent au dit Romamostier et, malgré toutes les susdittes garnisons, ils entrerent dedans le conuent et mirent tous les autres dehors et les firent vuider. S'est reserué le dit seigneur ballif et gouuerneur de Vaud, qui, pour lors, s'appelloit Aimé de Geneue, sieur de Lullins (§ 220), qui tousjours fust auec ceux d'Orbe malgré luy, car il s'en vouloit tousjours aller, mais il fust retenu des dits compagnons de nor luy faire aucun mal ni desplaisir, ce qui luy fust tenu. Apres auoir tenu la ditte garnison six jours, l'on donna congé aux dits compagnons, et ce par le commandement des seigneurs de Berne et de Fribourg, et par ainsi chascun s'en torna en sa maison.

LXXXVI.

De messire Theodore de Rida, esleu prieur et seigneur du dit Romamostier.

Apres la mort du dit Claude d'Estauayer, seigneur du dit Romamostier, succeda en la ditte seigneurie, par election, tant du dit conuent que aussi des subjets, venerable homme messire Theodore de Rida, religieuz et vicaire du dit conuent, et nonobstant qu'il fust de la part gauche, assauoir bastard. Ce nonobstant, il estoit homme scauant en lettres, remply de bonne renommée et vertus, lequel, apres son election, eust beaucoup de regrets et fascheries, tant à cause de ce que le seigneur de Sauoye luy estoit fort contraire, car il tenoit pour aultres, dont ils en tindrent plusieurs journéez. Malgré tout cela il ne laissa qu'il ne mist officiers et qu'il n'exequuta toute justice comme bon seigneur doit faire, car durant sa tenuë, furent bruslez et exequutez par Justice plusieurs *Vaudois* et autres, dont il en eust bon bruit. Il est à scauoir que les Seigneurs de Fribourg luy tenoyent la main forte, que bien luy seruist encontre tous ses aduersaires. Durant le tenement du dit seigneur de Rida, le pays du Duc de Sauoye fust prins par les seigneurs de Berne, lesquels, apres l'auoir prins, firent à cesser, en tout leur pays conquis, toutes ceremonies ecclesiastiques, comme il sera dit plus à plein cy apres. Cela luy fust une grosse tribulation qui luy causa la mort prochaine et mourust, le Dimenche 3e jour de Januier l'an 1536, au lieu de Romamostier, où il fust ensepulturé, sans auoir obseques ni ceremonies ecclesiastiques, mais fust enterré à la mode lutherienne. Apres la mort du seigneur de Rida, les seigneurs de Berne mirent vn ballif pour gouuerner la ditte seigneurie et fust commis messire Andrean de Bohemberg, premier ballif du dit Romamostier, lequel y demeura vingt et cinq ans.

LXXXVII.

Heresie en France.

En ce temps, en France sortirent tumultes pour les nouuelles opinions de lutheriens d'Allemagne, lesquels le roy tres-chrestien François appaisa par prieres et bons aduertissemens, par punitions et exemples, que les dits lutheriens n'y ont rien gagné, et icy est la fin des choses qui sont par moy passéez en la presente annee 1534.

Le dernier jour de Decembre 1534, selon la maniere accoustumée, ont esté esleus gouuerneurs pour l'année suyvante 1535 honorable François Warney et George Griuat.

LXXXVIII.

(1535.)

De la mort de noble Claude Thomasset.

Le dernier jour du mois de Januier, mourust à Agiez, village pres d'Orbe et terre de Romamostier, noble Claude fils de noble Amey Thomasset, mayor du dit Agiez, au grand regret de son pere, de sa femme et de ses enfans, dont il en auoit plusieurs. La femme fust depuis remariée à vn autre, nommé Anthoine Besson, de Ligneroles; son dit pere nommé Amey vesquit apres la mort de son fils trois ans, et estoit fort ancien en sorte que, pour cause de sa vieillesse et debilitation de sa personne, il perdit la veuë. Iceluy Claude laissa cinq fils, tous belles gens et d'esprit, qui vindrent tous à partage; le premier eust nom Nicolas, qui, apres leurs partages, fust chastelain de Romamostier et, voulant faire du gros plus que son bien ne portoit, fust contraint de faire de grands emprunts en Allemagne et ailleurs, auec fiancement, qui de-

puis furent cause de luy faire abandonner le pays,
à cause que le toutage de son bien n'estoit suffisant
pour rendre, payer et satisfaire la moitié de ses
debtes. Apres son partement, furent desers plusieurs
ses fiances, si comme noble François Marchand, de
Cossoney, noble Philibert et Jehan de Corselles, de
la Sarra, et noble Jaques de Galeras, de Ligneroles, noble Jehan de Glant, de Valleyres, le mayor
de Bretonnieres et Claude Gauthey, d'Orbe, et autres. Depuis, le dit Nicolas suyuist la guerre. L'autre
et le second eust nom Anthoine, lequel, apres auoir
despendu son bien, mourust laissant sa femme et
des enfans. Le tiers eust nom François, lequel, au
moyen de trois femmes qu'il eust, deuinst fort riche
et homme de bien. Le dernier eust nom Claude,
qui depuis fust par long temps chastelain de l'Isle
et depuis fust chastelain de la Sarra, auquel lieu
il alla demorer, amassant force biens et exerceant
bonne justice.

LXXXIX.

Du may leué par les compagnous en la ville d'Orbe.

Le second Dimenche du mois de May, fust porté
et leué le may par les enfans de la ville d'Orbe, et
furent meslez ensemble les hommes, femmes et

filles ; et auoyent les dittes femmes fait leur Roine vne fille qui estoit venuë de Morges, qui, pour lors, estoit fiancée à Pierre Warney. Le dit may fust porté en toute bonne paix et amour les vns auec les autres, jusques à l'heure que le predicant preschoit, que allors les dits compagnons passerent par devant l'eglise. Lors, Anthoine Secretain, pour lors chastelain du dit Orbe, d'un grand despit, auec fureur sortist hors de l'eglise et donna du pied si grand coup au tabourin qu'il en fust enfoncé, dont tous furent grandement marris, et n'en fust la feste que bien peu troublée ; et suis esbahy de la grande patience que les dits compagnons eurent, car il n'y eust celuy qui tant seulement luy dit qu'il auoit mal fait, et cela procedoit que chascun estoit tant *saoul* des fascheries que l'on auoit parauant portéez.

XC.

De la mort de Bernard Quiquand, de Grandson.

Le Vendredy apres feste Dieu, le 28e jour de May, mourut à Granson Pierre Quicquand, principal autheur, moteur et cause de toutes les persecutions que ceux de Granson eurent à l'occasion des differents pour cause de la religion, lesquelles ne furent guerre moindres que celles-là d'Orbe. Le dit Bernard, homme lutherien, auoit proposé que le jour feste Dieu, allors que la procession passerait en portant *corpus Domini*, ainsi que de coustume estoit, il deuoit estre sus vn eschafaud deuant sa maison et monstrer le *cul*, par derision tant de Dieu que de l'assistance; mais Dieu, qui est tout-puissant, ne voulust permettre telle derision et mocquerie, car, la veille de la ditte feste, apres l'entreprise, vn flus de ventre le serra si fort qu'il en mourut le jour que dessus, et mourut en purgeant son corps sur vne selle.

XCI.

De la mort d'Elizabet Reyf, de Fribourg, femme de Gonin (Hugonin) d'Arney, d'Orbe. (Voir § 9.)

Le 19ᵉ jour de Septembre, mourut à Orbe Elizabeth Reyf, femme de noble Gonin d'Arney. La ditte Elizabeth, au commencement des tribulations de la ville d'Orbe, faisoit mantille de tenir bon pour la foy ancienne et voulait tuer Pharel et autres predicans, se faisant forte de la ville de Fribourg d'où elle estoit. Mais, comme femme inconstante et legere faite à tous vents, sa foy qui estoit si ferme ne luy dura qu'un mois apres l'avenement des dits predicans, car apres elle fust des pires lutheriennes qui fust en la ville, car, s'il venoit quelque bonne feste, comme Noël, la Toussains, l'Assomption nostre Seigneur, ou autre feste de nostre Dame, allors elle faisoit la bueë (lessive) ou autre ouurage mechanique. Depuis, à l'instigation de ses parents de Fribourg, maximement de Anzoz (Jean) Reyf, son frere, elle se retourna à la foy premiere comme d'aller à la messe et faisoit comme elle auoit fait au parauant; mais le tout estoit fait par fiction et bien le monstra en l'article de la mort, car elle mourust en la ditte loy lutherienne, commandant que à son enterrement l'on ne deust sonner cloches, chanter messe, ni faire autre bien pour elle, et non se voulust confesser ni administrer. Incontinent apres sa mort, son frere Anzoz Reyf, qui, pour lors, estoit ballif de Granson, luy estant aduerty de la mort de sa sœur, prist son chemin droit à Orbe et trouua sa sœur gisante morte en sa maison, et tout autour du dit corps les predicans et autres gens lutheriens, lesquels tous il dechassa et les fist vuider hors de la ditte maison. Puis fist sonner toutes les cloches pour la ditte sa sœur trespassée, et la fist enterrer au mode et forme comme cela en la coustume ancienne se faisoit et, dans huict jours, fust fait le septame solemnellement en l'eglise de Sainct-Germain où elle estoit enterrée; et y eust douze torches alluméez. La ditte Elizabeth ne laissa qu'une fille, nommée Magdelaine, que l'on disoit estre bastarde d'un marchand de Geneue nommmé Jehan Faure et aussi l'on disoit que Christofle Holard l'entretenoit, ce qui estoit cause de sa legereté pour l'heure que la ditte Elizabeth mourut. Le dit Gonin d'Arney, son mary, estoit bien riche en deux endroits, assauoir en richesses et en folie : il auoit grandes censes directes, tant en froment, auoine, argent que chappons, dismes et autres, et estoit conseigneur d'un village appelé Bettens. Apres que le dit d'Arney eust demeuré quelque peu de temps vef, il se remaria et prist vne demoiselle appellée Catherine, fille de noble Jehan de Cleyrie, de Gruyere, et furent faites les noces solennellement à Orbe le lundy second de Juillet 1537. Apres ce mariage, le dit d'Arney voulut faire du gros et prodigue en ses affaires, en sorte qu'il vinst pauure et repudia sa femme, disant qu'elle auoit paillarde, et pendant cela vendist quasi tout son bien et eust aussi plusieurs aduersitez, tant à l'occasion de ce, que aussi du proces qu'il mena contre Jehan Faure, lequel plaid estoit grandement au deshonneur du dit d'Arney, lequel auoit trouué moyen d'auoir et faire vne fausse quittance contre le dit Faure de la somme de 250 florins, dont peu s'en fallust que sa personne ne fust en danger. Il fust pris et detenu en prison au dit Orbe, finalement condamné, auant que sortir, à cent florins. Le dit d'Arney, ne scachant plus que vendre, fist vendition de sa maison à Peter Grafferier (de Graffenried), de Berne, le 24e jour du mois d'apvril l'an 1544. Depuis le dit d'Arney, non ayant moyen de viure, s'en alla prosterner deuant la bonne grace des seigneurs de Berne, lesquels, ayans pitié de son infortune, le commirent d'aller en vn hospital qui parauant estoit vn riche monastere. Mais, depuis que les seigneurs de Berne ont pris le pays et reduit en la loy lutherienne, ils en ont fait vn hospital, et estoit le dit lieu, appellé Ripaille, assez pres de la ville de Thonon. Au dit hospital, y auoit vn gouuerneur qui estoit de Berne et communement s'appelloit Schafner, qui vaut autant à dire que recepueur ou gouuerneur. Au dit hospital, le dit d'Arney alla acheuer le residu de sa vie, et auoit ceans sa vie et ses vestemens; finalement mourut au dit hospital. Sa seconde femme, nommée Catherine de Cleyrie, apres qu'elle fust departie, se mist à seruir vn prestre d'Orbe nommé messire Claude Guyot, duquel elle eust six ou sept enfans à Saleurre (Soleure) où ils se tindrent; et se retira au dit lieu causant la ditte religion.

XCII.

Du ballif Fritaz, qui fist son entrée à Orbe.

Le lundy 8 de nouembre, fist son entrée à Orbe Fritaz, de Fribourg, pour prendre possession du ballifuage de la ditte ville, au nom et pour la part des deux villes Berne et Fribourg. Aussi, en iceluy jour, fust deposé de la chastelainie Anthoine Secretain et en son lieu mis et constitué au dit office discret François Warney.

XCIII.

Des Malherbes d'Orbe.

Claude Malherbe, natif de Chauornay, vinst demeurer à Orbe l'an 1505; pauure, ou il auoit bien peu, il trouua moyen d'acchepter vne maison au dit Orbe des *Costables,* à laquelle ditte maison vinst demeurer et se porta si bien en marchandise et admodiations, que il acquist beaucoup de bien et eust le nom d'auoir force argent, en sorte que plusieurs alloyent vers luy emprunter. Iceluy dit Claude laissa deux fils, l'un appellé Pierre et l'autre Jehan. Le dit Pierre fust marié à Estauayer à vne qui estoit des Griset, nommée Françoise, femme de bonne chere, ayant en grande recommandation ses amis, et mourut assez jeune sans auoir enfans. Le 12e jour de Decembre an que dessus, le dit Pierre, apres auoir demeuré vn an vef, se remaria et prist vne jeune demoiselle nommée Anthoine, fille de feu Jehan-Claude Thomasset, mayor d'Agiez, de laquelle il eust deux fils, assauoir Claude et François, et, apres auoir demeuré enuiron dix ans ensemble, nostre Seigneur les prit à lui et moururent tous deux de peste l'an 1545. Auant leur mort, les deux fils partagerent.

XCIV.

Erreurs des anabaptistes.

Pource que par cy-deuant, en l'an 1534 (§ 61), est parlé des anabaptistes, à present j'y retourne ainsi comme je l'ay trouué contenu en vn liure qu'ils ont fait sur leur façon et mode de viure, lequel s'appelle « de la restitution des anabaptistes. » Entre autres y est contenu que, deuant le dernier jour du jugement, le royaume de Christ sera tel que les gens de bien et les esleus domineroyent, apres que les meschans seroyent totalement deffaits. Ils dient qu'il est licite au peuple de casser le magistrat, et que les ministres de l'Eglise qui sont aujourd'huy se doiuent attribuer l'usage du glaiue et establir par force vne nouuelle republique. Item, que l'on ne doit endurer aucun en l'Eglise s'il n'est chrestien. Item, que nul ne peut estre sauué s'il ne met tout son bien en commun, sans rien posseder de propre, et que Luther et le Pape sont faux prophetes, dont Luther est le pire. Item, que le mariage de ceux qui ne sont illuminez par vraye foy est pollu et infame et doit estre estimé paillardise ou adultere plustost que mariage. Finalement, apres que leur roy nommé Jehan Leyden eust regné vn certain temps, donnant de grands empeschemens en la Germanie et aux princes, fust conuaincu par guerre et remené en la ville de Munster le 22 de Januier 1536. Premierement luy furent faites plusieurs belles remonstrances pour les reduire de leur ordure. Le roy Leyden recognust son peché, les autres qui estoyent ses compagnons auec luy ne voulurent confesser leur faute et deffendoyent leur cause opiniastrement. Le lendemain, le roy fust monté sur un eschafaut et lié à vn poteau, où estoyent deux bourreaux auec tenailles ardentes. Il endura trois premiers coups de tenailles sans mot dire, apres ne cessa d'inuoquer la misericorde de Dieu, et fust ainsi deschiré et demembré, par vne heure et dauantage, et, pour le despescher, on luy mist vne scie au trauers du corps. Ses compagnons furent deffaits de la mesme sorte.

Le dernier jour de Decembre, furent esleus pour gouuerneurs en la ville d'Orbe pour l'année suyuante : honorable Pierre Turtat et Germain Millet.

XCV.

(1536.)

Le commencement et occasion de la guerre du Pays-de-Vaud, appartenant à illustre prince Charles, duc de Sauoye, de par les seigneurs de Berne, et premierement lettre de defliance faite par les seigneurs de Berne au dit duc, par laquelle est declarée la cause et mouuement de la guerre (Voir §§ 78 et 79.)

« A illustre prince et seigneur Charles, Duc de
» Sauoye, scauoir faisons, par ces presentes et
» patentes lettres, nous, les aduoyers, conseillers
» et bourgeois appellez Petit et Grand-Conseil de
» Berne.
» Puisque, apres l'arrest fait à Sainct-Jullien et
» suyuant la journée à Payerne tenuë par les am-

» bassadeurs de nos tres-chers alliez et confederez
» des Cantons et autres, sus laquelle est tout eui-
» dent auez eu vos ambassadeurs et commis, les-
» quels sont entrez en cause et ont juridiquement
» fait instance, clame, deffence, produit tesmoins,
» lettres et sceaux, accepté aucune sentence; pa-
» reillement nous et nos tres chers bourgeois de
» Geneue y comparurent mesme contre vous, vos
» dits ambassadeurs entrez en droit, fait deffences,
» allegations, produit lettres et sceaux, certifica-
» tions et aussi accepté sentence par les dits juges
» donnéez, comme plus à plein les lettres à eux
» addresséez et scelléez le contiennent; et vous
» sur cela fait payement des 21 mille escus à vous
» imposez, sur quoy eussions bien pensé que vous
» eussiez aussi au demeurant satisfait, obserué et
» donné lieu et vous contenter de cela, comme
» droit, raison et equité le requierent. Ce nonobs-
» tant, incontinent auez par les vostres et vos adhe-
» rens deffendu les viures et consentez de les def-
» fendre aus dits nos bourgeois de Geneue; aussi
» les cytoyens et habitans de celle cité sur vos pays
» ont esté molestez, pris, battus, tuez, leurs biens
» pillez, leurs maisons, granges et possessions gas-
» téez, brusléez, occupéez, et maximement par les
» tyrans de Peney et autres. Sur quoy, par plu-
» sieurs fois, vous et vos ambassadeurs auons prié
» et requesté, admonesté et supplié, par lettre et

» de bouche, de mettre ordre au dit affaire, nos
» dits combourgeois de Geneue laisser en bonne
» paix et tranquillité et trafiquer sur vos pays seu-
» rement, leur lascher les viures, faire vuyder les
» dits de Peney. Dauantage auons enuoyé nos am-
» bassadeurs souuentesfois par deuers vous pour
» accorder le dit affaire, comme ceux qui desirent
» la paix. Aussi, tousjours auons inuoqué nos tres-
» chers alliez et confederez de maintenir nos dits
» combourgeois de Geneue et nous decoste les sus
» mentionnez arrets de Sainct-Julien et sentence de
» Payerne (§ 5 ci-devant), nous offrant, si vous ou
» aucuns pretendoyent d'auoir quelque querelle
» contre nous, d'estre produit et nous soubmettre
» à la cognoissance. Si que tout n'a voulu profiter,
» mais, au lieu de cela, auez plus oppressé nos
» dits combourgeois de Geneue que parauant. Dont
» sommes esté occasionnez de dire premierement
» à vos ambassadeurs Perrochet et Fontanel de
» vous mander si vous ne vouliez laisser les dits
» de Geneve en repos, leur lascher les viures, faire
» vuyder ceux de Peney, que serions occasionnez
» vous quitter les alliances, ce que nos ambassa-
» deurs dernierement en la ville d'Oste vous di-
» rent. Tout n'a rien voulu profiter, mais de plus
» fort auez fait assieger la cité de Geneue tout au-
» tour, tellement que personne ne peut sortir ni
» entrer, et par famine et force d'armes les enser-

» rer et attenter, en telle sorte, que n'est plus à eux
» de le souffrir et nous, par le deuoir qu'auons à
» eux en vigueur de la bourgeoisie, contraints de
» les secourrir. A ceste cause, puisque toutes rai-
» sonnables causes, offres, enuers vous n'ont point
» profité, vous quittons par ces presentes toutes
» alliances, vielles, nouuelles, particulieres et com-
» munes, trouuéez et non trouuéez, par le present
» nostre heraut de guerre, contre vous et les vos-
» tres, vous aduertissans que, à l'ayde de Dieu,
» inuaderons vous, vos gens et pays, vous def-
» fians par icestes et declairant la guerre contre
» vous et les vostres, et employerons tous nos ef-
» forts à vous dommager et hostilement aggredir,
» en corps et en biens, et pour autant nostre hon-
» neur auoir empourueu, tesmoin nostre sceau
» placqué à icelles. Donné ce Dimenche 16 de
» Januier l'an 1536. »

Comme auez ouy ci-dessus, en l'an 1534 (§ 79), apres que susditte deffiance fust donnée et faite scauoir, tant au seigneur Duc de Sauoye que aussi par les bonnes villes de son pays de Vaud, à son de trompe par leur heraut d'armes, à feu et à sang, iceux dits de Berne sortirent en bon equipage de leur ville, estans en nombre de 8 à 9 mille hommes, ayans et menans auec eux tous vtenciles de guerre, assauoir propices à prendre villes, forteresses et chasteaux; estans conduits par chariots qui estoyent grand nombre ; et estoit grand capitaine et chef general de la ditte armée le seigneur d'Erlach, gentilhomme de la ditte ville de Berne. Les dits de Berne vindrent dormir à Payerne et dès Payerne vindrent à Echallens, qui fust par vn mercredy, 28e jour de Januier l'an que dessus. Leurs bons subjets d'Orbe leur enuoyerent deux chars chargez de pain au dit Eschallens et leur en firent present, dont les dits seigneurs de Berne leur en sceurent mult bon gré. Dauantage auec le dit present furent presentez aus dits seigneurs plusieurs bons compagnons, enfans de la ville, pour leur faire seruice à leur conqueste, dont ils furent fort joyeux, cognoissans le bon vouloir de leurs bons subjets, et furent par eux reçeus, mis, ordonnez et colloquez soubs la banniere de Neufchastel. Les dits enfans d'Orbe pouuoyent estre en nombre enuiron quatre-vingts. Au dit Eschallens, vindrent les commis de la ville de Moudon prier aux dits seigneurs auoir mercy d'eux, mettans la ville et leurs biens à leur bon vouloir. Sur ce, les dits de Berne les reçeurent et les prindrent à leur mercy et sauuegarde, en retenans les clefs à eux presentéez, ensemble le serment qu'ils firent. Entre les dits ambassadeurs, estoit au nombre noble Claude de Glanne, seigneur de Villardin, lequel fust par les dits seigneurs commis et deputé à estre balliſ de la ditte ville de Moudon, dont il reçeut une joye grande, pensant qu'il seroit comme les autres ballifs auoyent esté par le passé, assauoir par tout le Pays-de-Vaud; mais il fust bien loin de son penser, car, incontinent apres la prise du pays, qui fust faite en moins que d'un mois, il fust deposé de son dit office et, en lieu de ballif, fust mis chastelain du dit Moudon. — Le Jeudy suyuant, partirent les seigneurs Bernois du dit Eschallens en mult belle ordonnance et tousjours rengez en bataille, comme sus l'esperance de trouuer tousjours quelque rencontre, qui estoit chouse vaine, combien que l'on disoit qu'il y auoit certain nombre d'italiens auec vn grand nombre de paysans conduits par vn capitaine italien nommé Collonoys, deputé du dit seigneur Duc. Mais des qu'ils virent approcher l'armée des dits Bernois, tous d'un bon cœur se mirent à fuir contre le pertuis de la Cluse, sans que les Bernois les vissent jamais, et entrerent les dits Bernois à Morges. Le jour suyuant, partirent au matin du dit Morges, tousjours marchans et rangez en ordonnance de bataille, et ainsi tousjours persevererent d'aller jusques à Geneue; et, partout où ils passoyent, soit par ville ou par village, chascun se mettoit à leur obeissance. Ils entrerent à Geneue et y sejournerent quelque peu et les assortirent de viures, dont ils auoyent grand' faute. Pendant le dit sejournement, ils prindrent le pertuis de la Cluse et firent brusler la forteresse, qui estoit vn passage bien fort, laquelle forteresse depuis ils ont fait reedifier. Ils prindrent aussi Gex, Thonon et generalement tout le pays, lequel se vinst rendre à leur obeissance. Aussi, en ce passage, firent brusler les chasteaux de Coppet, de Rolle, de Prangins, de Peney, la belle maison de la Pierre, le chasteau du Rosey, la maison du seigneur d'Allifen (d'Arrufens) et autres belles places et maisons. L'entreprise des dits seigneurs bernois estoit de poursuyure leur victoire, qu'estoit sans trouuer ennemis, jusqu'à Chambery et plus outre, si n'eust esté que le Roy François leur fist scauoir qu'ils deussent auoir contentement jusques aus dittes limittes, et que le reste du pays appartenant au dit Duc de Sauoye il le vouloit retenir pour luy, comme Chambery, la Morienne, la Bresse, la Tarentaise, Turin et generalement tout le Piedmont; ce qu'il fist trouuant occasion que c'estoit pour restitution et payement de quelque mariage, mais, comme l'on dit, fust plustost pour quelque haine enracinée au cœur du Roy que autrement, à cause que le dit Duc estoit neutre aux guerres estant entre le Roy et l'Empereur. Mais, ce nonobstant, tousjours il fauorisait plus à l'Empereur que au Roy, et ce faisoit à cause que le dit Empereur et luy auoyent espousé les deux sœurs, filles au Roy de Portugal.

Or, pour torner à la matiere, est à scauoir que tant le Roy que les Bernois dechasserent et prind-

rent tant de pays du dit Duc, qu'il fust contraint se
retirer à Nisse, port de mer, que le Roy mit tous
ses efforts à prendre ainsi que les autres places
que le dit tenoit, comme Acste, Yurée, Versel, en
sorte que depuis en suruincrent plusieurs grandes
guerres entre le dit Roy et l'Empereur; car, sur
ces entrefaites, tous les dits deux princes firent
grandes preparatives de guerre. Or, pour torner
au propos, tousjours poursuyuant la conqueste des
dits seigneurs Bernois faite du Pays-de-Vaud, eux
au pertuys de la Cluse, pendant le temps qu'ils se-
journoyent tant au dit lieu à Geneue que par là
aupres, plusieurs villes du Pays-de-Vaud se vindrent rendre à leur mercy, leur enuoyant des commis, lesquels estoyent receus et faisoyent fidelité
et sermens d'estre bons et loyaux subjets. Et leur
donnoyent les dits seigneurs escussons de Berne
pour mettre aux portes de leurs villes, pour denoter
qu'ils estoyent rendus; ceux de Cossonney mirent
les dittes armes ou escussons, le Jeudy 27e jour de
feburier. La ditte conqueste fust faite au gros dommage et gastement des biens, tant de plusieurs bons
gentilshommes que paysans, comme la chose le
porte, et furent jusques en vn chasteau appellé
Salla Noua lequel se mist en deffence, et eux
voyans cela se retirerent sans leur faire dommage
et s'en tornerent en leur pays. A leur retour,
passerent par Cossoney, par la Sarra, où sejour-

nerent vne nuict, qui fust le Dimenche 20ᵉ jour de feburier, et, le Lundy suyuant, le feu fust mis au chasteau, lequel fust tout bruslé, dont il fust gros dommage, car c'estoit vne belle place, le refuge et l'hospital des bons gentilshommes du pays; puis partirent le matin du dit lieu et passerent par Orbe, sans y point arrester, et allerent loger par les villages autour. Le grand capitaine et chef de la ditte armée fust logé en vn village appellé Rances. Le mardy suyuant, partirent de matin et allerent loger à Montagny et par les lieux prochains autour de la ville d'Yuerdon, en faisans leurs approches pour l'assieger.

XCVI.

De la prise de la ville d'Yuerdon.

Premierement, faut entendre que iceux d'Yuerdon eurent, auant leur prise, lettres de deffiance par les seigneurs de Berne, lesquelles contenoyent comme s'ensuit :

« L'aduoyer, Petit et Grand-Conseil de la ville
» de Berne, nottifions à vous, les nobles, bour-
» geois et habitans generalement de la ville d'Yuer-
» don, que vous deuiez rendre à nous et faire la

» fidelité, comme la pluspart de vos circonuoisins
» ont fait et, si presentement cela ne voulez faire,
» nous vous deffions et declairons la guerre contre
» vous par ces presentes; vous aduertissans que
» employerons nos efforts, à l'ayde de Dieu, de vous
» dommager et hostilement aggredir, en corps et
» en biens, et pour autant nostre honneur auoir
» bien pourueu, tesmoin nostre sceel placqué à
» icelles. Donné à Berne le 11e feburier 1536. »

XCVII.

Response faite par ceux d'Yuerdon aux seigneurs de Berne.

« Magnifiques et honorez seigneurs l'aduoyer,
» Petit et Grand-Conseil de la ville de Berne !
» Nous, nobles, bourgeois et habitans generale-
» ment de la ville d'Yuerdon, auons receu, par vostre
» heraut present porteur, une lettre de nottification
» que nous nous deuons rendre, et en deffaut nous
» deffier et declarer la guerre, que trouuons fort
» estrange, veu que ne vous donnasmes jamais les
» occasions. Pourquoy sommes resolus et deliberez
» de non jamais le faire, sans la volonté de nostre
» tres redoutté Prince et Seigneur, ayant la fiance
» en Dieu, à nostre bon Prince qu'il nous main-

» tiendra en nostre bon droit. D'Yuerdon, soubs le
» sceau de la ville icy placqué, le 12 de feburier
» l'an 1536. »

Les Seigneurs de Berne, ayans entendu la responce de ceux d'Yuerdon, firent l'assiegement autour de la ditte ville d'Yuerdon, lesquels, se voyans ainsi assiegez, sans espoir d'aucun secours, et qu'ils ne pouuoyent resister, enuoyerent lettre addressante au Ballif de Granson, lequel estoit de Berne, nommé Tribolet, dont la teneur s'ensuit :

« Monsieur le Ballif !

» Nous nous recommandons à vostre bonne grâce,
» nous vous enuoyons ce present porteur mesme-
» ment pour vous aduertir et prier auoir vne trefue
» pour parler à vous, et à qui vous plaira de vostre
» camp, mesme pour voir et traiter ensemble et
» venir en bonne paix. Parquoy, vous prions à par-
» ler à messieurs et par le present porteur enuoyer
» toutes responces, et conclure du lieu et heure où
» nous pourrons trouuer tout en seurté pour be-
» sogner à tout, priant nostre Seigneur vous auoir
» en sa garde. D'Yuerdon, ce 24 feburier 1536. »

Les seigneurs Bernois ayans entendu le vouloir de ceux d'Yuerdon, prattiquerent par ensemble, en sorte qu'ils se rendirent comme les autres aussi, comme il est plus amplement declaré cy apres continuant la ditte prise d'Yuerdon qui fust le Vendredy, 26 du dit mois de feburier, que le capitaine Sainct Phorins (Saint-Saphorin), ensemble tous les habitans de la ditte ville se rendirent, leurs biens et leurs vies et la ville sauues, et ce moyennant certaine quantité d'escus qu'ils donnerent aus dits seigneurs Bernois. De la ditte prinse n'eust pas grand honneur le capitaine Saint Phorins, qui estoit commis à garder la ditte ville, car il fust chargé d'auoir pensé rendre aus dits Bernois le Baron de la Sarra et le Seigneur de l'Isle, lesquels estoyent à la garde de la ditte ville. Mais eux, sentans et estans aduertis de la composition et que les dits Bernois vouloyent entrer dedans, trouuerent moyen de se sauuer au moins mal qu'ils peurent et, pendant leur retraite, les dits Bernois entrerent dedans, et depuis qu'ils furent entrez en la ditte ville l'on cessa toutes ceremonies ecclesiastiques, mais, en lieu de cela, il fust mis prescheurs lutheriens. Au dit lieu d'Yuerdon, fust donné congé au capitaine et aux soldats qui estoyent venus à la ditte conqueste, excepté qu'il en fust retenu deux-cents hommes pour la garde de la ville, et fust fait et ordonné par les dits Bernois vn Ballif lequel estoit nommé Zombach de Berne. Apres la prise de la ditte ville, furent contrains par commandement tant ceux de la ditte ville que ceux des villages de deux lieues à l'entour, d'apporter tous leurs bastons, si comme : armes, espéez, bastons à feu, picques, hallebardes, poignards et autres quels qu'ils soyent, sans en reseruer quelcun à leur garde, lesquelles armes et bastons demeurerent au chasteau de la ditte ville.

XCVIII.

Des images brusléez au dit Yuerdon.

Le Vendredy 17e jour de mars, les images de bois qui estoyent aux eglises du dit Yuerdon furent apportéez à la place du marché et là furent brusléez.

XCIX.

De la vituperation faite aux prestres du Pays-de-Vaud.

Depuis ce tems, la persecution des prestres et de toutes gens ecclesiastiques commença tousjours à croistre, en sorte qu'à vn village appellé Peney, à vne lieue d'Yuerdon, fust trouué vn prestre reuestu pour chanter messe; iceluy tout ainsi accoustré fust pris et mené par derision au dit Yuerdon, et mené par la ruë comme s'il eust esté vn homme sauuage et chose monstrueuse. Ne faut aussi mettre en oubly, entre les autres enormitez, ce qu'ils luy firent, c'est que, en le menant par les chemins, ils prindrent de la fiente de vache et la mirent sur la couronne du dit prestre. Estre fait toutes les derisions qu'ils peurent et sceurent faire, le laisserent aller.

C.

De la prise du chasteau de Chillon.

Et, pour autant que tout le Pays-de-Vaud estoit prins, excepté vne place forte et quasi imprenable, qui est le chasteau de Chillon, lequel est situé dans le lac aupres de la Ville neufue, à deux lieues pres de la ville de Veuay, lequel estoit à la garde d'un capitaine appellé le seigneur de Riez, natif de Foussigny (Faucigny), lequel cognoissoit la place estre forte et aussi que, pour son honneur, il ne l'oseroit abandonner sans faire mine de tenir bon, nonobstant que les dits seigneurs Bernois l'eussent sommé rendre la ditte place, ou autrement la deffiance luy estoit notifiée. Les Bernois voyans que le dit capitaine faisoit autre conte, enuoyerent quinze-cents hommes, auec force munition d'artillerie pour battre le dit chasteau. Le capitaine, apres auoir receu cinq à six coups de canon, rendit la place par composition, assaucir que le dit capitaine et ses gens s'en iroyent leurs bagues sauues, et fust rendu le dit chasteau aus seigneurs de Berne le 29 mars, an que dessus. Les seigneurs de Berne y mirent incontinent vn ballif auec bonne garnison. Aussi, fust trouué vn gentilhomme au dit chasteau, appellé de ceux Darbignon, lequel parauant long tems auoit esté tenu prisonnier sur cas d'homicide, qui, incontinent apres la ditte prise, fust decapité: qui fust la premiere justice que les dits seigneurs de Berne firent au dit pays par eux nouuellement conquis.

CI.

Des places prises aux seigneurs de Lausanne par les seigneurs de Berne.

A ce voyage que dessus, les seigneurs Bernois prindrent toutes les places appartenantes au seigneur de Lausanne, dependantes de son euesché, comme : Lausanne, Lucens, Glerollaz, toute la Vaud, et generalement tout autre bien qu'il pouuoit auoir; et tel tiltre de guerre que les dits seigneurs auoyent contre le Duc de Sauoye auec la deffiance, tel en firent-ils contre le seigneur de Lausanne. Par ce moyen fust dechassé le dit seigneur, et à son lieu fust commis au chasteau de par les dits de Berne vn ballif, lequel eust la domination sur les places du dit seigneur et, quant au regard de la justice temporelle appartenante au dit seigneur de Lausanne, elle fust remise par les Bernois au Conseil de la ville de Lausanne jusques à faire grâce.

CII.

Plusieurs villes du Pays de Vaud se sont renduës à la subjettion de Fribourg et des Valleysiens.

Pendant le tems que les Bernois estoyent à la conqueste du Pays-de-Vaud, plusieurs villes du dit pays, craingnant de tomber en la Loy Lutherienne, se rendirent d'elles-mesmes, comme : Estauayer, Romont, Rue et autres, à Fribourg. La ville d'Euian se rendit aus Valesiens, dont Sion est la principale ville. Les dittes villes se rendirent soubs telle condition que, toutes et quantes fois que le Duc rentreroit à ses pays, que iceux Fribourgeois et Valesiens les remettroyent et rendroyent au dit Duc leur prince, moyennant satisfaction faite des despends qui auoyent esté faits, en gardant et reparant les dittes places et villes, nonobstant tout cela que, de toute la seigneurie, tant de justice, de reuenus que autrement, ils en vsent comme prince.

CIII.

De la conté de Gruyère.

Touchant la conté de Gruyere, elle fust en grand different entre les deux villes Berne et Fribourg; les Bernois disoyent à eux appartenir la ditte conté à cause du pays conquis et qu'ils deuoyent estre souuerains, comme estoit jadis le Duc de Sauoye, et que le dit conté leur deuoit la fidelité, et autres raisons qu'ils disoyent. Le conte, craingnant estre à la subjection des dits de Berne, se remist à la protection et sauuegarde des dits de Fribourg, lesquels s'opposerent et prindrent la querelle à eux, en sorte qu'ils furent en diuision si grosse que preparatiues de gens furent faites soubs esperance de sortir. Mais en fin tout fust appaisé, et demeura la ditte conté à la sauuegarde et protection des dits de Fribourg, auec la fidelité que le dit conte fist aus seigneurs de Fribourg.

CIV.

Des deux priorez Baulme et Romamostier.

Entre autres, estoyent deux riches priorez de l'ordre de Sainct-Benoit, craingnant tomber en la subjettion des dits de Berne, à l'occasion de la Loy Lutherienne; l'un estoit appellé Romamostier et l'autre Baulme, seigneurs spirituels et temporels. Ils se remirent à la subjettion et sauuegarde des dits de Fribourg, lesquels les garderent quelque peu de tems, finalement, par accord fait, les remirent aus dits de Berne, dont iceux priorez, tant moines que laics, en furent en grande tristesse et n'eussent jamais pensé que les dits de Fribourg les eussent laissez. Baulme fust reduit à la subjettion du Ballif d'Yuerdon. Romamostier qui estoit de grande valleur, et qui auoit grand' terre, à iceluy lieu fust mis vn Ballif de Berne; et fust le premier Ballif messire Adrian de Boemberg et furent desrochez les autels, tant au dit Romamostier que à Baulme le 3 de Januier 1537 (§§ 85 et 86 ci-deuant).

CV.

Du grand ject que les seigneurs de Berne jettèrent sur leur pays nouvellement conquis.

A l'occasion des fraiz et despends faits et soustenus par les dits de Berne en prenant le pays, et pour à iceux satisfaire, firent vn jet par tout le dit pays, en jettant et imposant les vnes des villes à deux-mille escus, les autres mille, les autres cinqcents, les autres plus ou moins; vne chascune selon sa qualité, et des villages qui estoyent à elles ressortissans. Sur ce, estoyent reservez les seigneurs Banderets du dit pays, qui ne donnoyent aucune ayde ni support du dit jet aus dittes villes, car les dits Bernois les auoyent retirez à leur volonté, dont entre les autres il fust le Baron du Chastelard, seigneur de Diuone, qui fust jetté à mille escus, le seigneur de Montfort mille escus, Pierre de Gleresse à trois-cents escus, noble Michel Denyset, autrement de Daillens, trois-cents escus; et generalement tous les autres gentilshommes seigneurs Banderets furent jettez, quasi à l'équipolent et valleur de ce que leur bien pouuoit valloir, lequel jet, tant de ces villes et villages que des gentilshommes, fist vn nombre inestimable.—Touchant les villes et places de Vaud venuës à la subjettion des seigneurs de Fribourg, elles furent exemptéez des dits jets, fors que l'on leur commist partout Ballifs et Gouuerneurs, sans leur demander sinon obeissance, et le reuenu comme à leur seigneur et prince ; jusques en l'an 1527 (§ 188) que par les dits de Fribourg leur fust mis vn impost, assauoir que tous subjets deuoyent, par serment, taxer leurs biens par estimance, et que de cent florins il en falloit donner vn ès dits seigneurs, qui leur monta à vne grande somme ; et, combien que les dittes villes fissent sur ce quelque deffence, neantmoins tout ce ne seruist de rien qu'il ne fallust payer.

CVI.

De la premiere congregation tenue à Yuerdon par les predicans.

Le Jeudy 8 de Juin, fust tenuë à Yuerdon vne congregation des predicans lutheriens, en laquelle ils furent tous assemblez en la presence de deux ambassadeurs enuoyez de Berne, auquel fust deposé Guillaume Pharel d'estre le grand ministre ; et, par l'opinion de tous les autres predicans, fust mis en son lieu Pierre Viret, d'Orbe. Firent aussi certains statuts et ordonnances concernant à leur mode de viure, deffendant à tous leurs subjets d'aller à la messe, de se confesser, de se trouuer ni faire ceremonies ecclesiastiques, les hommes deffaillans soubs la peine de dix florins et la femme la moitié. Les dittes ordonnances furent faites pour ceux d'Yuerdon tant seulement, car pour lors le reste du pays estoit encor viuant en la religion ancienne. Aussi fust prononcé, par les dits ambassadeurs, que le vouloir des seigneurs de Berne estoit : que tous les ans seroyent deputez commis du dit Berne, qui auroyent charge de aller, tous les ans vne fois, par tous les ballifuages de leur pays, pour rendre leur rapport et extreme sentence des procez demenés deuant leurs inferieurs juges ; et ce estoit pour euiter despends aux pauures gens d'aller à Berne. La ditte ordonnance, ainsi bien et à profit pour le pays faite, ne fust obseruée, sinon pour vne année tant seulement, car, depuis qu'ils y furent la premiere fois, ils n'y voulurent plus retourner, ains remirent les dits rapports à Berne. Firent aussi que tous appellans par deuant le ballif falloit donner trois testons ; et les appellans des le ballif à Berne falloit donner au dit ballif cinq florins, pour les dits seigneurs.

CVII.

Les ballifuages du pays conquis.

Premierement Auenche, Yuerdon, Moudon, Romamostier, Lausanne, Morges, Nyon, Gex, Ternier, Thonon et Chillon, là où autresfois, du tems du Duc de Sauoye, n'en estoit qu'un seul, lequel presidoit à Moudon. Et est à scauoir que tous les dits ballifs n'auoyent de terme en leur office, sinon tant seulement cinq annéez, perdant lequel terme ils faisoyent amas de tant de bien, d'or et d'argent que tous estoyent riches à leur retour et faisoyent de belles maisons, à mode de petits palais, en leur ditte ville de Berne.

CVIII.

Inuention pour mettre la religion lutheriane, qui se dit estre de l'Euangile, au Pays de Vaud.

Pour tousjours suyure la matiere du pays nouuellement conquis, voyans les Seigneurs de Berne que nonobstant qu'ils eussent gagné le pays et que, contre leur volonté, l'on y chantoit tousjours mes-

ses, matines, suyuant la Religion ancienne, les dits Seigneurs, joints les predicans, pour mieux paruenir à leur intention, ordonnerent faire certaines disputes en la ville de *Lausanne*, esquelles furent citez par les dits seigneurs de Berne à deuoir comparoir personnellement, tous prestres, moines, gens de religion et tous ecclesiastiques. Furent aussi citez tous chastelains, officiers, gouuerneurs des villes et villages de tout leur dit pays de Vaud, à se trouuer aux dittes disputes, lesquelles se firent en la grande eglise de Lausanne, en presence de certain commis et ambassadeur de Berne, le premier jour d'octobre l'an que dessus, dont la teneur des dits articles fust mise en lettre de forme et mise par toutes les portes des eglises perrochiales du dit pays. Les tiltres des dittes disputes disoyent ainsi :
« Les conclusions qui doiuent estre disputéez à
» Lausanne, nouuelle prouince de Berne. »

« Premier article. La Saincte-Escriture n'ensei-
» gne point autre maniere pour estre justifié, sinon
» celle qui est par la foy en Jesus-Christ vne fois
» offert, et qui jamais plus ne le sera ; tellement
» que celuy aneantit du tout la vertu de Christ qui
» met autre justification, oblation ou purgation pour
» la remission des pechez.

» 2. Icelle Saincte-Escriture recognoit Jesus-
» Christ, qui est ressuscité des morts et se sied à

» la dextre du Pere, seul chef et sacrificateur sou-
» uerain, mediateur et aduocat de son Eglise.

» 3. La Saincte-Escriture appelle l'Eglise de Dieu
» tous ceux qui croyent qu'ils sont racheptez d'un
» seul Jesus-Christ et qui constamment, sans va-
» ciller, croyent et du tout se fondent et s'appuyent
» en la parole d'iceluy seul, lequel, estant retiré
» de nous par sa presence corporelle, remplit par
» la vertu de son Esprit et soustient, gouuerne et
» viuifie toute chose.

» 4. Laquelle Eglise, combien qu'elle soit cognuë
» aux yeux du seul Dieu, toutesfois elle a ses cere-
» monies ordonnéez de Christ, par lesquelles elle
» est veuë et cogneuë; c'est assauoir le Baptesme
» et la Cene du Seigneur, qui sont appellez *sacre-*
» *mens,* à cause qu'elles scellent la grace diuine.

» 5. La ditte Eglise aussi ne recognoit auscun
» ministre, sinon celuy qui presche la Parole de
» Dieu et administre les sacremens.

» 6. Dauantage, icelle mesme Saincte-Eglise ne
» reçoit autre confession que celle qui est faite à
» Dieu, ne autre absolution que celle qui est donnée
» de Dieu pour la remission des pechez, qui peut
» pardonner et remettre les pechez, auquel seul à
» ceste fin se faut confesser.

» 7. Outre plus, la ditte Eglise ignore toutes au-
» tres façons et manieres de seruir à Dieu, fors

» celle qui est spirituelle, ordonnée par la Parole
» de Dieu, qui gist en la dilection d'iceluy et du
» prochain; et pourtant elle rejette entierement ces
» mocqueries infinies de tant de ceremonies, en
» tant qu'elles peruertissent la Religion, comme
» sont les jmages et semblables chouses.

» 8. Aussi elle recognoit le magistrat ciuil seu-
» lement, ordonné de Dieu pour conseruer la paix
» et tranquillité de Dieu, de la Republique, auquel
» elle veut et ordonne que tous obeissent, en tant
» qu'il ne commande rien contre Dieu.

» 9. En apres, elle afferme que le mariage ins-
» titué de Dieu à toute personne, pourueu qu'il soit
» apte et jdoine à iceluy, ne repugne à la sainc-
» teté de quelconque estat que ce soit.

» 10. Finalement, quant aux chouses indifferen-
» tes, comme sont viandes, breuages et obserua-
» tion des jours, combien que l'homme fidele en
» puisse vser librement en tout tems, ce neant-
» moins, autrement que en science et charité, il ne
» le doit faire. »

Puis, au-dessous des dits articles, estoit contenuë vne lettre de la part des seigneurs de Berne, en donnant et concedant à tous liberté d'aller et de venir et disputer aus dittes disputes, dont la teneur s'ensuit :

« Nous, l'aduoyer, Petit et Grand-Conseil nommé

» Les Deux-cents des Bourgeois de Berne, faisons
» scauoir et notifions à tous qu'il appartiendra, et
» c'est par nostre commandement seront commu-
» niquéez et publiéez, comme ainsi soit que, en nos
» terres que justement par la grace de Dieu auons
» conquestéez, grand different se soit esleué entre
» nos subjets à cause de la foy, parquoy, voulans
» donner ordre à tous ces troubles et que tous viuent
» en bonne paix et vnion, ce qui ne peust estre sans
» estre vnis en la vraye foy, auons ordonné que tous
» les prestres, moines et gens que l'on appelle d'é-
» glise, quelconques qu'ils soyent estans en nos
» terres, et les prescheurs aussi, ayent à comparoir et
» se trouuer à Lausanne, le premier jour d'Octobre
» prochain, pour rendre raison de leur foy. Et vou-
» lons par la teneur des presentes que, au dit lieu,
» deuant tous, appertement, en toute benignité et
» charité chrestienne, vn chascun ameine les rai-
» sons et authoritez de la Saincte-Escriture et pour
» respondre aussi par la Saincte-Escriture, libre-
» ment et franchement; car nous voulons que tant
» vne partie que l'autre soit ouye. »

Les dittes disputes se tindrent au jour assigné, mais il n'y eust pas grands opposans, tant pour crainte que aussi que on cognoissoit bien la fin où l'on tendoit, assauoir de ruiner et mettre à bas les eglises ; l'on peut assez cognoistre le profit que en recoiuent de les auoir ainsi ruinéez et mises par terre. Entre tous les opposans, qui fort se presentast ce fust vn medecin nommé Blanche Rose, homme tenant de la Lune et fort fantastique, lequel en ses disputes mesloit la medecine auec la Theologie et faisoit incontinent à rire. D'autres opposans y eust, mais, quand l'on cognoissoit qu'ils vouloyent trop presser et s'aduancer en disputes, incontinent on les faisoit taire. Il faut dire et scauoir que les disputes se demenerent en sorte que nos predicans dirent auoir gagné le prix, dont, au moyen de ce, les Bernois, à qui la chouse bien plaisoit, dans trois sepmaines ils firent abattre en tout le dit Pays-de-Vaud autels, jmages, faire deffence de non plus chanter messe et cesser toutes ceremonies ecclesiastiques. Et fust fait commandement, tant aux gens d'eglise que aux autres, que qui ne voudroit tenir et vivre en la ditte reformation, qu'iceux deuoyent laisser et abandonner le pays, dont à l'occasion de ce plusieurs prestres, moines, cordeliers, religieux et religieuses furent contrains se retirer et perdre leurs benefices, et se retirer en lieu où l'on viuoit à la maniere ancienne. Messieurs les chanoines du dit Lausanne se retirerent en vne petite ville qui est à l'opposite de Lausanne, trauersant le lac qui est entre deux, qui est appellée Euian, laquelle tenoit pour lors pour les Seigneurs de Vallays, comme pays dit cy dessus. Aussi se retirerent en la ditte ville les sœurs de Saincte-Claire estans en la ville de Veuay, ce qui fust au grand regret et desplaisir de ceux de la ditte ville, et furent logéez en la ditte ville d'Euian en la maison de la cure, en attendant l'heure qu'il plairoit à Dieu les ramener en leur dit conuent de Veuay.

CIX.

De la mort du prieur de Cossonay.

Le 26 Octobre, mourust à Cossonay venerable messire (Jaques) Mestral de Biere, natif de la ville d'Aubonne, prieur du prioré de Cossonay, homme clerc, de bonne lettre et reputation. Le dit prieur mourust de regret, voyant les occurens allans tout au contraire de ce que sa conscience luy jugeoit; et mourust assez jeune, remply de bonne fame et renommée.

CX.

Les autels derochez au dit Cossonay.

Le 4e jour de Nouembre, furent derochez tous les autels et images estans au dit lieu de Cossonay et en toute la terre; et c'est par le commandement de Anze Frisching, de Berne et ballif de Moudon, luy estant present.

CXI.

De plusieurs decapitez au royaume d'Angleterre.

Enuiron ce tems, furent decapitez plusieurs bons personnages en Angleterre pour la Religion, qui ne vouloyent consentir viure en la Loy Lutheriane que le Roy retenoit, et à icelle vouloit viure, assauoir: Dame Anne de Boulans, Reyne d'Angleterre; Thomas Morus, Chancelier; l'Euesque de Rochestre, mylord Rochefort, frere de la ditte Reyne; messire Nourri, gentilhomme de la chambre du Roy, messire Vasco, messire Benthon et plusieurs autres. Le dit supplice fust executé à Londres deuant la Tour du dit lieu, reserué la Reyne qui fust decapitée dans la Tour, qui fust chouse fort tragique.

CXII.

D'un jeune fils noyé en la riuiere d'Orbe.

Le Dimenche 18ᵉ jour du mois de Juillet, enuiron les 4 heures apres midy, fust noyé en la riuiere d'Orbe, au lieu appellé à la Caue au Saragin, vn jeune fils escholier, lequel, apres qu'il fust tiré hors de la ditte riuiere, fust porté au lieu où on tient la justice; et là fust crié par l'officier et par le commandement du Chastelain, par trois fois, que, s'il y auoit personne qui voulust faire instance ou accuser personne, ou faire poursuyte de la mort du dit enfant, qu'il se deust aduancer. Apres auoir esté ainsi crié par trois fois, fust cognu concordablement que, veu que personne ne s'opposoit, que la seigneurie le deuoit mettre en terre; et iceluy fust remis au vicaire pour l'enterrer, car il estoit vn clerc estranger qu'on ne scauoit d'où il estoit.

CXIII.

Homicide fait par Claude Guibert, d'Orbe.

Le Lundy 19ᵉ jour du mois de Juillet, à trois heures apres midy, Claude Guibert, enfant de la ville d'Orbe, tua en vne tauerne vn homme du village d'Ependes; et le tua d'un coup d'espée qui luy faussa le corps. Leur different estoit à cause d'une garce de chemin que tous deux vouloyent auoir. Le dit Guibert s'en alla hors du pays et ne reuinst jamais.

CXIV.

De la mort de noble Guillaume d'Arney.

Le Mardy 14ᵉ jour du mois de Nouembre, enuiron trois heures auant mi-jour, mourust à Orbe noble Guillaume d'Arney en sa maison d'Orbe, homme de bonne fame et renommée, joyeux, aymant bonne compagnie. Il eust deux femmes dont la premiere auoit esté partie dès Lyon de Nozeroy. De la ditte femme, il eust deux fils et vne fille, qui fust appellée Rose, laquelle fust mariée en la maison des Derlens de Cugy (§ 59). L'un des deux fils estoit appellé François d'Arney, autrement dit de

Montagny, duquel est ja assez parlé cy deuant en l'an 1535, au chapistre parlant des nopces de Monsieur de Montagny. L'autre estoit appellé Claude, lequel fust marié à vne demoiselle nommée Marie, fille de noble Pierre de Gleresse, d'Orbe, laquelle depuis fust heritiere pour la moitié du dit bien. Iceux deux, François et Claude, furent fort bien fournis en femmes, car elles furent sages, vertueuses et riches; mais finalement se gouuernerent si largement que leurs enfans ne se voulurent appeler heritiers de leurs peres. Le dit Claude laissa vn fils, appellé François, du tout mal complexionné, deduit à tout mal faire. La seconde femme du dit Guillaume d'Arney estoit de Lausanne, de la maison des Rauy, de laquelle il eust deux fils, assauoir : Benoit, qui mourust sans auoir enfans; l'autre auoit nom Claude, lequel depuis l'on disoit Monsieur de Sainct-Martin. Item, eust vne fille, laquelle fust mariée à vn gentilhomme de Giez pres de Granson, nommé Louys de Pierre. Incontinent apres la mort du dit Guillaume d'Arney, les dits freres partirent leurs biens. La ditte Esmaz Rauy, apres auoir esté vefue de son dit mary quelque tems, mourust à Orbe le 23 May 1538 et fust sepulturée aupres de son mary, en la religion de Saincte-Claire, auec grand' plainte, à cause de ses vertus dont elle estoit pleine.

CXV.

Des autels abattus à Granson pour la seconde fois.

La vigile natiuité nostre Seigneur, furent derochez et mis par terre les autels, pour la seconde fois, estans en l'eglise des Cordeliers de Sainct-François du dit Granson. Aussi furent derochez ceux de la religion de la chartrouse estant située en vn lieu à vne lieue pres du dit Granson, appellé la Lance. Depuis, iceluy dit conuent fust mis en ruine et dechassez les chartreux estans au dit conuent; et les seigneurs de Berne et Fribourg partirent tous les biens meubles et vendirent les terres, vignes dependantes du dit conuent. Et le conuent fust vendu à vn nommé Tribolet, lequel y demeura et y deuinst borgne (§ 23 ci-devant).

En ceste année, ont esté faits grands preparatifs de guerre entre le Roy (François Ier) et l'Empereur (Charles-Quint), à l'occasion du pays du Duc de Sauoye, qui est cause de la mort de plus de deux-cent-mille hommes, sans les autres cas enormes qui se sont faits à icelles raisons, comme il sera veu plus à plein cy apres. Aussi fust faite preparation de guerre entre les Bernois et les Fribourgeois, tant à l'occasion de la Religion que aussi pour leurs seigneuries, dont le tout fust appointé par journéez qu'ils tindrent.

Furent esleus Gouuerneurs pour l'an suyuant maistre Anthoine Nicollet et Pierre de Pierre, alias Trambin. — S'ensuit pour 1537.

CXVI.

(1537.)

Derochement de l'eglise de nostre Dame des Vignes.

Aupres de la ville d'Orbe, y auoit vne deuotte eglise faite et dediée en l'honneur de Dieu et de la Vierge Marie, appellée la ditte eglise vulgairement nostre Dame des Vignes, en laquelle on disoit que anciennement il y souloit auoir religieuses. Or à present elle estoit dependante du conuent de Romamostier. La ditte eglise fust derochée, et mise à fleur de terre, le Mardy, 6e jour du mois de Feburier, par Willelme et Cretin Marcel, freres, lutheriens et massons. Et ce se fist par le commandement du ballif d'Yuerdon, comme de ce ils firent à paroistre, eux estans en la prison du chasteau d'Orbe, en laquelle ils demeurerent enuiron trois sepmaines, et, à cause qu'il estoit vn membre dependant du dit Romamostier, il ne leur fust fait autre molestation.

CXVII.

De la mort de Caraudi, vaudois.

Le 13 du mois de feburier, fust executé et deffait par justice aux Cleez vn heretique, alias *vaudois,* lequel fust rompu et brisé et puis son corps mis en cendres.

CXVIII.

Des sieurs de chapistre de Lausanne.

Au dit mois de feburier, furent à Lausanne les commis de Berne, lesquels firent à mettre en prison tous les chanoines du chapistre de Lausanne, et furent mis et detenus au chasteau. La cause de leur detention fust pour leur faire à dire et à rendre les thresors et tiltres du dit chapistre et de leurs communs, lequel thresor estoit de grand' valleur et auoit esté par eux donné en garde aux seigneurs de Lausanne. — Depuis les dits seigneurs de chapistre, cognoissans la fin en quoy les Seigneurs de Berne tendoyent, le remirent et donnerent en garde aux seigneurs du Conseil de la ville de Lausanne; toutesfois, auant que de partir de la ditte prison, leur fust force que le totage du dit thresor, fust en or, argent, monnoyé et non monnoyé comme calice, ciboire, plat et autres, chassubles, chappes, tapisseries et tous autres ornemens dont la ditte eglise (cathédrale) estoit fort bien et richement garnie, le totage fust remis, tant par les dits seigneurs chanoines, que aussi par les seigneurs de la ville, aux predits seigneurs ambassadeurs et par eux transporté en leur ville de Berne; et demeurerent les dits seigneurs de chapistre en prison, de huit à dix jours. Aussi leur fust commandé que, s'il y en auoit point qui voulust viure à leur reformation, religion et mode de viure, à iceluy luy seroit permis demeurer sur leurs terres et jouir de leurs benefices et, à iceluy qui ne voudroit viure à leur ditte reformation, assauoir à la Loy Lutherienne, iceluy estoit banny de leurs pays et leurs benefices confisquez; et leur fust donné terme à vuyder. Dont pour ce furent contrains de tous vuyder dedans le dit terme, vn chascun où bon leur semblast, toutesfois la pluspart se retira en la ville d'Euian (§ 108), où ils celebrerent et firent le diuin office, comme l'on faisoit parauant en leur eglise de Nostre Dame de Lausanne.

CXVIII.

De la mort de Anthoine Tauel.

Le Samedy feste Sainct-Matthias, mourust à Orbe Anthoine Tauel, homme fort ancien, lequel auoit amassé beaucoup de biens qu'il estoit riche; mais, quand il fust en ses derniers jours et en sa vieillesse, il deuinst fort pauure et ce fut à l'occasion de deux enfans, dont l'un auoit nom François, qui fust executé par justice à Eschallens, et comme est dit cy-deuant en l'an 1534. L'autre eust nom Anthoine, lequel accheuast de dependre le reste du dit bien. La maison que à present tient par acchept noble Claude Fellin de Jougne souloit estre ès dits Tauels.

CXIX.

De Michel l'Escueil, brigand de bois.

Le Mardy 8 May, fust executé par Justice à Orbe vn pauure homme quérant son pain à l'hospital, lequel tenoit les bois, et fust mis sur la rouë comme meurtrier et brigand, et estoit jeune homme.

CXX.

Des premieres monstres faites à Yuerdon après la prise du pays.

Le Dimenche 10e jour de Juin, furent faites les monstres generales de tout le Ballifuage d'Yuerdon ; et furent estimez le nombre de deux-mille hommes, pour le moins, le tout en bon ordre ; et furent faites les dittes monstres soubs le Ballif Zumbach, premier Ballif du dit Yuerdon ; et fust remise la banniere de la ditte ville, par le dit Ballif, à honoré homme Willelme Josset, bourgeois du dit Yuerdon.

CXXI.

D'un prix d'arquebutte tiré à Orbe.

Le Dimenche 17e Septembre, fust joué et tiré vn prix d'arquebutte à Orbe, de drap, estimé en valleur de 80 florins, et fust fait par Blaise Champion, Hugues Bolliat et Blaise Cheurery, enfans de la ditte ville ; et se trouuerent aux prix des tirans en nombre de cent et onze arquebuttiers ; la mise fust par homme 8 florins.

CXXII.

De la mort de Jehan Verdonnet, alias de Baulme.

Le Jeudy 24 de May, mourust à Orbe Jehan Verdonnet alias dit de Baulme, de la mort duquel il en fust deuisé en beaucoup de sortes, toutesfois la commune opinion fust qu'il estoit mort des exces de trop boire. Et, tout incontinent apres, sa femme, nommée Marguerite de Giez, se remaria à vn mareschal, bourgeois du dit Orbe, nommé Reynaud de Venoge, lequel, apres l'auoir gardée certain tems, mourust aussi bien de trop boire; et puis apres elle se remaria, pour la tierce fois, à vn jeune fils d'Orbe nommé Jaques Brocard. Elle eust de son dit premier mary deux fils, l'un appellé Benoit et l'autre Anthoine.

CXXIII.

De la mort d'Anthoyne Chollet.

Le Jeudy feste Sainct-François, mourust à Orbe Anthoine Chollet, maistre aux arts de Paris, bourgeois et Gouuerneur de la ditte ville d'Orbe. Le dit maistre Anthoine, en son commencement, fust clerc et maistre d'eschole à Orbe, par long tems, et puis alla à Paris demeurer cinq ans, où il se passa maistre aux arts, et puis reuinst au dit Orbe où il regenta les escholes. Finalement il se maria et eust deux femmes, dont de la derniere il eust deux filles. Il fust aussi commissaire et gouuerna long tems les papiers de la justice. Il estoit homme sage, sauant, de conseil et de bonne conscience et aymoit fort le bien public. — Le dernier Decembre, furent esleus Gouuerneurs pour l'année suyuante honorable Jehan Matthey, maistre aux arts de Paris, et Jehan Caneuey, tous deux bourgeois de la ditte ville d'Orbe. — S'ensuit pour l'an 1538.

CXXIV.

(1538.)

De la mort de Guillaume Millet, d'Orbe.

Le 19e jour du mois de Januier, mourust à Orbe honorable Guillaume Millet, bourgeois et conseiller de la ditte ville d'Orbe, la mort duquel fust fort plainte, à cause qu'il estoit jeune et auoit vn beau commencement de bien faire.

CXXV.

De la mort d'un predicant lutherien tué par ceux de Romanel, petit village au Pays de Vaud.

Memoire que, en l'année precedente, qui est 1537, il y a au Pays-de-Vaud, nouuellement subject aux Seigneurs de Berne, vn village appellé Romanel, situé entre Cossonay et Morges, lequel est de la subjection du seigneur de Wuillerens, qui à present se dit Montfort. Or est ainsi, que les hommes du dit village, estans ensemble pour consulter des affaires de leur commune, de fortune ils virent passer par deuant eux vn predicant venant de Geneue. Eux le voyant et cognoissant estre predicant, prindrent propos de l'aller desaduancer pour le mettre à mort, lequel propos fust mis à exeqution par deux qui, pour tout le reste, eurent charge faire le dit homicide. Enuiron deux ou trois mois apres, le dit homicide vinst à notice aux Seigneurs de Berne, lesquels incontinent apres firent scauoir au dit seigneur de Wuillerens de non faire faute de punir les dits habitans du village de Romanel et coulpables du dit homicide. Apres le dit mandement, furent incontinent tous les hommes du dit village prins et menez au chasteau de Wuillerens, de dix et huict ans en dessus, et furent deffaits par justice; en telle maison furent prins et pendus le pere et le fils, que c'estoit grosse pitié de voir. Les deux qui firent l'homicide s'enfuirent et par ce moyen furent sauuez.

CXXVI.

Des nopces de François Vuarney.

Le Jeudy 11 feburier, furent faites à Orbe les nopces de discret François Wuarney, d'une part, et de noble Estiennaz Munod, de Romamostier, relaissée (veuve) de feu Pierre Cugnod, des Cléez. Le dit Wuarney n'eust nul enfant d'elle, mais parauant il en auoit eu vne de laquelle il eust plusieurs enfans. Entre autres il eust quatre fils dont l'un auoit nom Jehan, qui fust curé de Lignerolles et puis s'en alla à Paris où il profita en lettres; depuis s'en reuinst à la maison et chanta messe, puis se mist au seruice des seigneurs de chapistre de Geneue, soubs lesquels il obtinst beaucoup de bien et de grâces. Il fust aussi placé pour estre au nombre des seigneurs chanoines de Lausanne, cas aduenant que la chouse se pourroit remettre. Il eust vn autre fils nommé Pierre, homme scauant en l'art de commission; auoit bon bruit et bonne grace, tant enuers les seigneurs de Berne que ailleurs, et faisoit sa residence à Morges, sur les biens de sa femme, laquelle estoit femme impudique, en sorte qu'elle luy donna la maladie de laquelle il mourust, assauoir la *g*...., et mourust auant son dit pere, qui fust vn grand regret à luy et à ses freres. Le dit François Wuarney mourust d'ancienneté. Il auoit esté long tems en l'office de Chastelain, tenant le party de la messe et, quand vinst à faire le *plus,* il fust aussi bien de la part de ceux qui tenoyent le party de la messe. Mais tout ce n'estoit que mine qu'il faisoit, car, tout incontinent que l'on eust tout mis par terre, il fust des principaux lutheriens de la ville, dont il n'eust pas grand honneur, à cause que l'on le trouua si leger. Il eust encor deux autres fils, l'un nommé Jaques et l'autre Legier, tous deux se meslans de marchandise. Le dit François fust, long tems auant sa mort en grande misere, à cause d'une grauelle qui le tenoit fort; finalement il mourust le Dimenche 20 Septembre 1562. Les dits enfans vindrent puis apres en partage.

CXXVII.

Grande gelée tombée à Orbe.

Le Mardy 16e jour d'Apuril 1538, fust faite vne grande gelée, laquelle gasta toutes les vignes, qui fust vne grandissime perte.

CXXVIII.

Le predicans dechassez de Geneue.

Le jour de Pasques, ceux de Geneue dechasserent leurs predicans hors de leur ville, et la cause fust parce qu'ils auoyent presché et murmuré contre l'authorité et seigneurie de la ville; toutesfois ne tarda guerre qu'ils furent rappellez et remis en leur ministere, comme auparauant.

CXXIX.

De la mutination de ceux de Lausanne contre le Ballif.

Au mois de May, se mutinerent ceux de Lausanne contre le Ballif, commis et deputé pour la part des Seigneurs de Berne, lequel estoit nommé noble Sebastian Neguely, de sorte que iceux de Lausanne en partirent cent et dix personnes, tant du Conseil que du commun, pour aller au dit Berne articuler et faire plaintif contre le dit seigneur Ballif. — Le jour Sainct-François, mourust à Orbe vn predicant appellé Curand (ou Curaud), lequel estoit entierement enuielly et estoit homme scauant selon sa pratique.

CXXX.

Des nopces de Pierre Viret, predicant, d'Orbe.

Le Dimenche 6ᵉ jour d'Octobre, ont esté faites à Orbe les nopces de Pierre Viret, predicant de Lausanne, auec Elizabeth, fille de Pierre Turtaz; et les espousa Guillaume Pharel. Peu de tems apres, la ditte Elizabeth mourust au dit lieu de Lausanne, de laquelle mort fist le dit Viret son mary vn liure lequel fust imprimé, mais, pource qu'il y auoit tant de folies, en sorte que chascun se rioit d'iceluy, il fust deffendu, en sorte que le tout fust perdu. Dans le dit liure, entre autres estoit mis par escrit qu'elle voyait les cieux ouuerts et les chaires et places lesquelles estoyent prepareez pour Pharel et pour Viret son mary, et autres propos qui seroyent trop longs à reciter. Enuiron vn an apres la mort d'elle, le dit Viret se remaria et fist ses nopces à Lausanne.

CXXXI.

D'une nouuelle secte des antinomiens au pays d'Allemagne.

Ceste année, s'esleua la secte des antinomiens, c'est-à-dire contraire à la Loy, qui tenoyent que la penitence ne se doit enseigner par le Decalogue, et impugnoyent ceux qui disent l'Euangile ne se deuoir prescher, sinon que les esprits se voyent brisez et abattus par l'explication de la Loy. Car ils maintenoyent que, pour meschante et vilaine que soit la vie de l'homme, il ne laisse d'estre justifié, pourueu qu'il croye aux promesses de l'Euangile. Jehan Islebe Agricole estoit le porte-enseigne de ceux-cy : toutesfois le dit Islebe, par l'admonition d'un docteur catholique, fust accordant à l'union de l'Eglise, comme depuis il l'a tesmoigné par escrit public confessant sa faute. — Le dernier Decembre, furent esleus pour Gouuerneurs George Griuat et Pierre Bouchardet alias dit Rogepied. S'ensuit pour l'an 1539.

CXXXII.

(1539.)

Plusieurs affaires aduenus et faits tant au dit Orbe qu'au Pays de Vaud nouuellement conquis.

Le jour de Pasques, qui fust le 6ᵉ du mois d'Apvril, le predicant de la ditte ville d'Orbe nommé André Zebedée, homme roux et fort fiert, natif de Flandres, fist la cene au mode et à la maniere que dessus, et y eust beaucoup de gens. En ce jour, fust rompuë la lampe par les enfans lutheriens estant deuant *corpus Domini*. Item, plusieurs chouses ont esté faites dont en ce present liure n'est faite nulle mention, tant à cause d'euiter prolixité et fascheries, que aussi que les chouses ne valent pas l'escrire, à cause que leur esprit n'est induit fors à toutes chouses contreuenantes à la foy et reformation de l'Eglise Chrestienne. Et aussi au pays nouuellement gagné par les dits Seigneurs de Berne, comme est dit cy-dessus, ont esté faites plusieurs loix, status et ordonnances tant à cause de leur nouuelle Loy Lutherienne que d'autres, et aussi ont esté faites plusieurs congregations de predicans en plusieurs lieux, et c'est par le vouloir des dits Seigneurs de Berne. Item, partout les Ballifs auoyent cour et fait juges appellez les consistoires, pour discerner des causes de mariage et des causes spirituelles. Item, auoyent fait vn statut entre les predicans, qu'il falloit que tous les predicans se trouuassent en vn jour, tous les mois, en vn lieu où il estoit determiné, chascun soubs son Ballifuage, où ils faisoyent congregation et disputation de leur affaire. Item, pendant ce tems, depuis que les dits Seigneurs eurent pris le dit pays, se sont mis à reedifier plusieurs chasteaux et maisons de cure. Entre autres edifices qu'ils firent, ils mirent grand' peine à reedifier le chasteau de Morges, le chasteau d'Yuerdon, lequel estoit tout vague et enfondré, dont, pour la reparation du dit chasteau, furent menéez les pierres des autels de toutes les eglises du dit ballifuage; aussi furent les grandes pierres des sepultures, et icelles furent mises à la cour estant au milieu du dit chasteau. Aussi semblablement fust fait le chasteau de Morges, pour la reparation duquel furent aussi derochez plusieurs eglises, si comme le conuent de l'Eglise des freres de Sainct-

François (Cordeliers) du dit Morges, qui estoit moult bel. Le chasteau de Belmont fust derochez semblablement, qu'est aupres d'Yuerdon, l'eglise de nostre Dame des Vignes, l'eglise de Sainct-Thiébaut et plusieurs autres; aussi furent reffaits, au grand domage et prejudice des pauures paysans, car, de tous costez, ils estoient pressez d'aller faire charrois, amener marain, chaux, areine, pierres et autres journéez de bras qu'il falloit faire sans en donner rien. Tel y auoit qui estoit contraint d'aller deux personnes auec char et cheuaux, et auant qu'estre de retour en leur maison vuider toute leur besasse sans cela que, pour leur peine, il leur fust donné vn seul denier. Item, s'il estoit requis qu'il fallust quelque marain, comme cheurons et autres, les montagnards estoyent contrains les faire, à leurs coustes et missions, et les amener où il leur estoit commandé. Aussi fust faite la cure de Rances en ce tems.

CXXXIII.

Des enfans de la ville d'Orbe.

A plusieurs chouses honnestes se sont deduits les enfans de la ville d'Orbe, car, depuis cinq ans en çà, ont pourchassé, enuers la grace de nos redoutez seigneurs de Berne et de Fribourg, d'auoir deux pieces de futeine que les dits compagnons en faisoyent douze pourpoints, lesquels on tiroit à l'arquebuze, par douze Dimenches. Et se commençoit à tirer le premier Dimenche du mois de May, en continuant les douze Dimenches suyuans. Item, par les dits enfans, fust accheptée vne place qui souloit estre en gerdil, appartenant à Pierre Larquant, en laquelle fust edifiée vne loge à quatre collondes pour les dits compagnons et pour les garder de la pluye; et s'appelle le dit lieu le soubs Boudron. Item, ils firent vne cibe, laquelle fust plantée au lieu dit au Chasteau Manchet, et ce estoit pour tirer comme dessus est dit.

CXXXIV.

De l'estable qui fust fait au chasteau d'Orbe.

A ce mois d'apuril, fust fait l'estable qui est au chasteau de la ville d'Orbe, sis aupres de la premiere grand' porte, qui fust vne chouse fort conuenable et utile pour les Ballifs, quand ils venoyent en la ditte ville d'Orbe.

CXXXV.

De la halle de la ville d'Orbe.

En ceste mesme année, fust donné le tasche de faire le leué et rameure et couurir la maison de l'halle, et ce par les seigneurs du Conseil de la ville.

CXXXVI.

De la mort de Jaques Cheuallier, de Valeyres soubs Rances.

Le premier jour du mois de Juin, fust tué à Valeyres pres d'Orbe vn riche homme appellé Jaques Cheualley, du dit lieu de Valeyres. Et fust tué de la sorte que s'ensuit : c'est que, au dit village, y auoit vn homme appellé Pierre Bourgeois lequel, estant venu de la tauerne, battoit sa femme comme tout yure et la faisoit crier, en sorte que le dit Jaques voulust reuencher la ditte femme. Lors le dit Pierre Bourgeois prist vne mesure que nous disons vn bichet, et le rua contre la teste du dit Jaques Cheualley et le frappa pres de l'oreile en sorte que, dans cinq heures, il mourust, dont ce fust gros domage selon l'aduis du monde. Le dit Pierre Bourgeois s'enfuit et mourust hors du pays.

CXXXVII.

Ordonnance faite par les seigneurs de Berne publiée au Pays de Vaud pour faire dire aux prestres si la messe estait bonne ou non.

Au mois de Septembre, fust faite publication et ordonnance, par tout le Pays-de-Vaud appartenant aux seigneurs de Berne, que tous prestres, gens de religion et autres gens qui se disent d'eglise, doiuent estre citez personnellement à deuoir comparoistre aux presches au Dimenche suyuant, pour respondre aux petitions et demandes des predicans. Et aussi estoyent citez les Curials et Scribes, pour deuoir reduire par escrit les demandes et responses des demandans et respondans. Le Dimenche suyuant, que les dits prestres et gens d'eglise estoyent au dit sermon, le predicant, present le Ballif, ou Chastelain, ou autre officier, selon les lieux où il estoit, et presens tousjours les Curials, lors le predicant estant en chaire faisoit petition et demande à tous les dits prestres, aux vns apres les autres, s'ils estoyent à ce vouloir de tousjours viure à la reformation des Seigneurs de Berne, leurs superieurs. Item, que, de leur spontanée volonté, deussent dire et confesser deuant tous : assauoir si la messe est bonne ou non, dont les vns faisoyent responce qu'elle estoit bonne et ordonnée de Dieu et en icelle foy vouloyent viure et mourir. A ceux-là, estoit fait incontinent commandement de vuyder et estre bannis du dit pays des dits Seigneurs de Berne, leurs benefices confisquez et, quant à leurs biens paternels, iceux leur estoyent reseruez et, si, de fortune, vouloyent venir au pays pour faire visitacion de leurs biens, ils le pouuoyent faire comme passagers, mais non pas pour y demenrer. Les autres faisoyent responce et disoyent que la messe estoit de nulle valleur et contre Dieu ; à ceux-là, estoit permis de demeurer au dit pays, comme gens de bien, scauans et de grande cognoissance, les laissans jouissans de leurs benefices, si en auoyent. Les autres faisoyent responce, que eux ne scauroyent dire mal ni bien de la messe, et qu'iceluy interrogast estoit et appartenoit aux dits Seigneurs de Berne, qui estoyent leurs seigneurs et superieurs, et qu'ils auoyent puissance de scauoir enuers les grands docteurs la resolution de telle demande, non pas à eux, qu'estoyent pauures et simples prestres, nonobstant qu'ils estoyent tousjours à ce vouloir de viure à la reformation des dits seigneurs leurs superieurs. Et à ceux-cy l'on ne leur peust faire dire autrement, combien que, sur ce, ils fussent fort pressez de respondre autrement. Or, sur le tout, est à scauoir que l'auarice, qui est la racine de tout mal, offusqua tant les dits prestres, que quasi tous se condescendirent à la volonté des dits Seigneurs de Berne, tant pour crainte de non abandonner le pays, que aussi pour crainte de perdre leurs benefices. Entre autres, il fust vn abbé et religieux du Lac-de-joux et curé de la cure de Saint-Didier (Sainct-Loup), aupres de la Sarra; en son endroit, quand il fust interrogué comme les autres, deuant tous osa bien prononcer de sa bouche disant : que la messe estoit de nulle valleur et qu'elle auoit esté controuuée contre Dieu, et que en icelle il renonçoit. Pour laquelle parole si bien ditte au plaisir des seigneurs, il fust reintegré à la jouissance de ses benefices; et ce fust fait, au sermon à la ville d'Yuerdon, le Dimenche 21 Septembre; estoit ce vaillant abbé party de la maison de Bessonys de Romamostier. Icelny dit abbé fust depuis marié à vne religieuse que, par subtil moyen, il fist à sortir de son conuent de Mygette, de laquelle il eust vne fille. Les autres qui furent fermes et constans, comme les seigneurs de Chapistre de Lausanne et plusieurs autres, qui ne voulurent auancer leur parler si auant comme le susnommé venerable abbé, iceux furent bannis du pays et leurs benefices confisquez aus dits Seigneurs de Berne. Depuis, plusieurs des dits prestres demeurans et restans au pays se remarierent.

CXXXVIII.

De la grande abondance de vin qu'il y eust la ditte année au Pays de Vaud.

En cestuy an, les vignes furent tant belles que l'on ne scauoit où mettre la moitié des vins; les tonneaux que l'on souloit auoir pour 15 sols coustoyent cinq florins, et, pourtant que l'on ne pouuoit trouuer assez tonneaux et fustes, on estoit contraint emplir les grandes tines de vin. Le char se vendist sept florins jusques pres de vendanges, que l'on auoit fait si grand gasts du dit vin qu'il se vendist 30 florins.

CXXXIX.

De la mort du conte (comte) de Gruyère.

Sur la fin du mois de Nouembre, mourust en Gruyere noble et puissant seigneur Jean III, conte du dit Gruyere, lequel auant sa mort eust beaucoup de peine et fascherie, tant à cause du changement des seigneuries que aussi des changemens de Religion, comme est dit cy-dessus. Il laissa vn fils (Michel), qui depuis se gouuerna si bien qu'il luy fallust abandonner le pays pour debtes; il se retira au conté de Bourgogne et depuis en France, sur les biens de sa femme, et depuis la ditte conté et pays de Gruyere fust partie et diuisée entre les Seigneurs de Berne et de Fribourg. Il eust aussi vne fille qui fust mariée au seigneur de Villarzel près de Romont.

CXL.

Du feu qui prinst à Orbe.

Le jour de Noël, le feu se prinst à Orbe en la chariere qui est sur les fossez, de la part de la montagne, et brusla neuf maisons et quatre granges, sans autre dommage. Entre autres fust bruslée la maison de messire Blaise Floret, de Fabber, de Baron, de messire Hugues Preuost et autres. Ceux de Granson apporterent, le jour feste Sainct-Estienne, pour donner aux pauures bruslez huict escus pour ausmosne et ceux de la ville d'Orbe leur donnerent neuf-vingt florins. — Furent esleus pour Gouuerneurs Anthoine Griuat et maistre Marc Barbaz, chantre.

S'ensuit pour l'an 1540.

CXLI.

Pour l'an 1540.

Des nopces de François Malherbe.

Le Dimenche 18 Januier, furent faites les nopces à Orbe de François Malherbe, d'une part; et de Louyse Cugnod, de Morges, d'autre part, lesquelles furent faites auec vn beau rencontre fait par les compagnons, et furent espousez par le predicant Zebedée. Du dit Malherbe est assez parlé en l'an 1535 (§ 92).

CXLII.

Le commencement de crier le guet par la ville d'Orbe la nuict.

Le Dimenche 9e jour de Feburier, l'on commença à crier les heures de la nuict par le guet, laquelle chouse n'auoit parauant esté accoustumée, et furent les premiers guets et crieurs Pierre Barberaz et Gerod; et leur donnoit la ville, pour leurs peines pour un an 30 florins. Le dit guet fust fort bien aduisé et cause d'un grand bien, tant pour la garde des larrons qui vont de nuict, que d'autres maux et inconueniens qui peuuent seruir à l'occasion de la nuict.

CXLIII.

Desboënnement des seigneuries d'Orbe et de Chauornay.

Le 14 de May, furent mises et plantéez les boënnes partissant les seignories d'Orbe et de Chauornay, ainsi comme se conste par les dittes boënnes. En ceste presente année, les chemins et deuies furent aussi boënnéez de la ville et territoire d'Orbe.

CXLIV.

Seditions par plusieurs fois se sont renouuelléez à Geneue.

Au mois de Juin, se sont renouuelléez plusieurs seditions et discords à Geneue, car les vns vouloyent estre subjets aux Seigneurs de Berne, les autres au Roy de France, autres à l'Empereur, autres au Duc de Sauoye, et les autres ne vouloyent point auoir de seigneur, mais vouloyent estre seigneurs d'eux-mesmes, comme sont encore de present. Sur ce discord se mutinerent les vns contre les autres, de telle sorte, qu'il y en eust beaucoup de morts et de blessez. Et, sur ces differens, les Seigneurs de Berne pretendoyent auoir quelque tiltre de seigneurie sur la ditte ville de Geneue, tindrent vne journée à Lausanne, en laquelle n'y eust point d'accord, car la volonté de ceux de Geneue n'estait pas que ceux de Berne deussent auoir seigneurie sur eux. A l'occasion des dessus dits differens, fust pris et mené en prison et deffait par justice au dit lieu de Geneue Jehan Phillippe, homme fort scauant et de grande estime, le principal en authorité entre tous ceux de Geneue; il estoit fort riche, mais le dit Jehan Phillippe ne mourust pas que premierement les dits Seigneurs de Geneue n'eussent plusieurs requestes, et maximement des dits Seigneurs de Berne, mais tout ce ne seruist de rien que à la fin n'eust couppée la teste.

CXLV.

D'un prix d'arquebuze tiré à Orbe.

Le 3e jour du mois d'Octobre, a esté tiré vn prix d'arquebuze à Orbe, de valleur de treize-vingt florins, et fust mis le dit prix par Blaise Champion, par François Malherbe, par Hugues Bolliat et par Pierre Granet, tous du dit Orbe.

CXLVI.

Nouuelle entrée du Ballif d'Orbe.

Le 13e jour du mois d'Octobre, fist son entrée à Orbe Conrad Duby, bourgeois de Berne, et c'est pour possession du ballifuege, deputé des Seigneurs de Berne et Fribourg.

CXLVII.

Nouuelle inuention de chanter les sept pseaumes aux sermons des predicans auant leur presche.

Faut noter que les lutheriens d'Orbe, non scachans comme ils pourroyent plus se contenir, trouuerent nouuelle inuention et se mirent à chanter les pseaumes de Dauid faits en rime françoise par Clement Marot; et ce faisoyent au commencement de la predication; et aussi commencerent à sonner pour les morts quand on les alloit enterrer.

CXLVIII.

Commencement du collège de Lausanne.

En ce tems aussi l'on commença d'edifier colleges d'estudes tant Latin, Grec qu'Hebrieu en la ville de Lausanne, aux despends des Seigneurs de Berne; plus, estoyent entretenus au dit Lausanne douze escholiers aux despends des dits de Berne et s'appelloyent les dits jeunes escholiers *les enfans de messieurs*.

En ceste année, la secheresse a esté grosse : ce nonobstant, la prise fust fort belle tant en vin que en bleds, Le vin se vendit pour le commencement sept florins le char et vers la Sainct-Michel suyuante, auant vendanges, quarante florins. — Furent esleus Gouuerneurs François Warney et Pierre de la Combe.

S'ensuit pour l'an 1541.

CXLIX.

Pour l'an 1541.

Du predicant nommé (André) Zebedée. (§ 132 ci-devant).

Le predicant d'Orbe nommé André Zebedée, homme roux et cholere, bien superbe, par vn Dimenche de Caresme, estant apres disné à la predication, deuant l'eglise y auoit deux petites fillettes, dont l'une estoit fille à maistre Jehan Matthey, lesquelles s'esjouissoyent et passoyent le tems au jeu de pierrettes, comme ont de coustume les petits enfans, sans penser à aucun mal; le dit predicant, voyant icelles, sortit hors de chaire, chassant les dits deux enfans, leur disant paroles injurieuses, puis s'en torna à la chaire prescher. Apres auoir presché, le dit predicant, auec fureur, malicieusement alla outrager le dit maistre Jehan, pere de la ditte fille, en l'appellant meschant homme, traistre à Dieu et à Messieurs, et plusieurs autres paroles dit le predicant dont le dit maistre Jehan le fist à conuenir en justice, luy demandant reparation de son honneur et se desdire des paroles par luy dittes et proferéez. Finalement, apres auoir quelque peu procedé à la requeste du Ballif, qui estoit de Berne, fust appointé, le Lundy 2ᵉ jour de May l'an que dessus, en l'eglise de la ditte ville, assauoir que le dit predicant cria mercy, se demettant de sa parole. Et le dit Matthey luy pardonna, demandant lettre testimoniale, affin que reproche à luy ou aux siens ne fust fait. Le dit maistre Jehan estoit homme scauant aux lettres, maistre aux arts de Paris, et si estoit de bonne fame et renommée.

CL.

De la mort de sœur Philiberte d'Arney et de noble Michel (Mangerod), Baron de la Sarra.

Le 4ᵉ jour de Juin, mourust au conuent des sœurs de Saincte-Claire d'Orbe venerable religieuse sœur Philiberte, fille de noble Guillaume d'Arney. Au dit mois aussi mourust, en la ville de Sainct-Claude, an conté de Bourgogne; noble et puissant seigneur Michel Baron de la Sarra au Pays-de-Vaud, homme de grande stature, de bonne foy et conscience (§ 4) et qui ayma mieux perdre son bien et seigneurie que de prendre la reformation des Seigneurs de Berne, qui lui prindrent tout ce qu'il auoit, et bruslerent son chasteau comme est dit cy-deuant (§ 95). Il mourust banny et exilé de son pays et seigneurie, non pas par meffait qu'il eust commis, mais par la bonté et bonne foy qu'il auoit enuers Dieu et son prince le Duc de Sauoye. Il eust deux femmes : la premiere fust partie de Berne, de la maison de Diesbach ; la seconde estoit partie de la Bresse et s'appelloit Dame Claude de Dusillier, et mourust sans auoir enfans. La ditte Dame Claude, seconde femme du dit Baron, fust depuis remariée au Baron du Chastelard (François de Gingins). Aussi lui fust remise la seigneurie et Baronnie de la Sarra par les Seigneurs de Berne qui la tenoyent.

CLI.

Cas merueilleux aduenu en la terre de Valengin.

Vne chose digne de memoire aduinst en ce tems en la terre de Valengin, proche de Neufchastel en Suisse, c'est assauoir en vn village faisant des nopces d'une belle fille laquelle, auant ses nopces, elle auoit promis deux marys, dont par sentence fust ordonné de prendre le dernier mary promis. Quand vinst le jour des nopces et, apres disné, que l'on commença à danser et mener esbattement, le premier mary condamné, remply de courroux et d'ire à cause de sa femme perduë, estant conduit du mauuais Esprit, accompagné de certains complices tous mauuais garçons, arriuerent à l'assemblée des dances, faisans manieres joyeuses, voulans mener esbattement comme les autres. Le dit premier mary condamné prist l'espousée pour la danser, et ce fust du consentement du pere de la ditte espousée; et, apres auoir dansé deux ou trois tours de danse, tirast son poignard et fossa l'espousée par l'esthomach, d'outre en outre, dont elle tomba morte; et le dit mary qui auoit fait le coup mortel à l'espousée eust la teste fenduë jusqu'aux dents. Finalement, il mourust au dit combat jusques au nombre de vingt et deux personnes, et des blessez y en eust sans nombre.

CLII.

Du foudre qui cheut à Orbe.

Le Vendredy 18ᵉ de Juillet, cheust la foudre à Orbe en la maison de Chédel alias dit Valoton, laquelle tua vn jeune fils estant de la ditte maison.

CLIII.

Du second Balli. d'Yuerdon.

Le jour Sainct-Michel, fust deposé d'estre Ballif d'Yuerdon George Zombach, de Berne; et à son lieu fust mis et posé et prist possession du dit Ballifuage noble Jost de Diesbach, de Berne, qui est conté pour le second Ballif. — En ceste année, le pays d'Allemagne a esté fort persecuté de mortalité et de peste.

Ont esté esleus Gouuerneurs Jehan Canevey et Blaise Champion.

S'ensuit pour l'an 1542.

CLIV.

Pour l'an 1542.

D'un homme qui se pendist.

Le 20e jour du mois de Feburier, se pendist vn homme, au milieu de sa grange, et ce en vn village nommé la Caudraz, ballifuage de Romamostier; et ce fust par desespoir. La cause estoit que le dit homme auoit esté consentant que son frere tuast sa femme en vn bois et, craingnant qu'il ne fust prins par la justice, il se pendist.

CLV.

De la Matthia Combault qui se noya à Orbe.

Le Samedy 23ᵉ du dit mois de Feburier, vne femme, qui s'appelloit Matthia, femme de Claude Combault, d'Orbe, de sa propre volonté et sans scauoir raison pourquoy, à deux heures apres minuit, s'en alla mettre dedans la riuiere de l'Orbe, au lieu dit en la Caue au Saragin, et là fust trouuée noyée et morte, dont la justice l'alla leuer et la remist au dit Combault, lequel l'amena enterrer au cemetiere de Sainct-Germain. Sur ce, les Seigneurs de Berne et Fribourg en furent aduertis, et manderent que l'on la deusse oster et mettre hors du cimetiere et l'enterrer soûbs les fourches, ou au lieu où elle s'estoit noyée; ce qui fust fait. Et fust enterrée sur le bord de la ditte riuiere où elle s'estoit noyée.

CLVI.

Chose piteuse d'un enfant gasté.

En ce tems, à vn village appellé Moron (Morrens), près de Payerne, vne femme enceinte deliura d'enfant; apres estre deliurée, les femmes se prindrent à penser de la gisante, laissant le petit enfant au bercet sans en faire conte ni semblant; puis, apres auoir pensé de la ditte gisante, elles allerent pour voir l'enfant et elles trouuerent deux gros chats, deçà et delà de l'enfant, qui lui auoyent rongé le visage, qui estoit grosse pitié à le voir, et fust mort le dit enfant.

CLVII.

Du feu qui prinst à Corcelles.

En ce même tems, brusla le feu à Corselles aupres de Payerne huict maisons, ensemble vn enfant qui y demeura.

CLVIII.

Execution de justice faite à Cossonay de Jehan Fauey, du dit Cossonay.

Le Mardy 7 de Mars, fust exequuté par justice, à Cossoney, Jehan fils de feu Anthoine Fauey, et fust pendu ensemble vn jeune fils appellé Bachouz, de Granson. La cause de leur fin miserable fust que le dit Fauey estoit homme de fort grand esprit et grand aduocat, sans auoir aucune lettre, homme assez de jeune aage. Or, entre les autres, le dit Fauey entreprist de mener vne cause par-deuant le Chastelain de Cossonay, qui pour lors estoit nommé Sergeat, seigneur de Denisiez, pour le dit Bachouz. En laquelle cause, les dits Fauey et Bachouz prattiquerent d'auoir des faux tesmoins, moyennant lesquels ils gagnerent la ditte cause. Puis, apres peu de tems, les Seigneurs de Berne en furent aduertis, qui manderent à leur dit Chastelain qu'ils fussent prins, ce qui fust fait et depuis executez par justice, comme dit est. Touchant les tesmoins, ils s'en allerent hors du pays et, par ce moyen, ils furent sauués.

CLIX.

Du predicant d'Orbe nommé maistre Zebedée (André).

Le jour de Pasques flories, le Predicant nommé André Zebedée, duquel est cy-deuant (§§ 132 et 150) faite mention, alla à la messe perrochiale et, ainsi que le Vicaire estoit au prosne faisant les commandemens de l'Eglise, entre autres, se mist à faire remonstrances au peuple pour comparoistre et venir à la reception de son createur au jour de Pasques, dont le dit Predicant le dementist et, sur ce, eust grand bruit à l'eglise. Mais, pour l'heure presente, n'en fust fait autre chouse, combien que la ville en fist plaintif au Seigneur Ballif et qu'il meritoit bien d'auoir punition selon les ordonnances des dits Princes et Seigneurs, lesquelles estoyent reduites par escrit. Non content de ce, le dit Predicant, se sentant aduoué du Seigneur Ballif, lequel estoit de Berne, pensa mettre empeschement au seruice Diuin qui se faisoit ordinairement le jour du Vendredy sainct, assauoir qu'il se mist à sermonner son sermon, depuis sept heures jusques à onze; et tousjours eust sermonné si ne fust que le Gouuerneur de la ville le fist à descendre de la chaire, disant qu'il passoit l'heure ordonnée par les Seigneurs. Le Dimenche de Pasques et le Lundy suyuant, le dit Predicant et tous ses complices furent à vespres ; la raison, je ne la scay, mais il est bien à penser que ce n'estoit pas pour bien, car, apres les dittes vespres, cerchoyent tous moyens pour auoir question et different auec les Prestres, leur disans beaucoup d'injures, vsans tousjours de leurs façons coustumieres. De tous ces affaires cy-dessus escrits, en firent aduertir les Seigneurs de Fribourg, lesquels enuoyerent vne citation personnelle à comparoistre deuant leur seigneurie, assauoir le Ballif d'Orbe, nommé Conrad Duby, de Berne; et c'est à cause qu'il n'auoit voulu faire punition du dit Predicant selon le contenu des ordonnances des dits Seigneurs, lesquelles sont cy-deuant escrites au livre de l'an 1532 (§ 48). Aussi furent citez le Chastelain d'Orbe Warney, le dit Predicant, maistre Marc Barbaz, Claude Matthey et venerable homme messire Claude Guyot, vicaire du dit Orbe, lequel estoit instant et faisant partie contre les susnommez. Et fust le jour de la ditte citation le 20 May, auquel jour tous se trouuerent au dit Fribourg, en Conseil, et fist sa proposte le dit Vicaire premierement contre le Ballif, lequel fist negatiue de la ditte proposition, dont depuis le dit Vicaire prouua son dire, en sorte qu'il en fust condamné à vne amende qu'il pleust aux dits Seigneurs ordonner. Et, quant au Predicant Zebedée, c'est qu'il voulust faire quelque responce qui ne fust aggreable aux dits Seigneurs. Finalement, apres auoir ouy les propos du dit Vicaire et de luy, fust condamné d'estre mis en forte et estroitte prison, et y demeura vingt-quatre heures. Au sortir, il fist amende honorable, assauoir crier mercy à Dieu, à la Vierge Marie, à tous les saincts et sainctes de Paradis, et aussi semblablement aux dits Seigneurs de Fribourg, lesquels accepterent ainsi la ditte mercy, le bannissant de leurs terres et seigneuries, sur peine de la vie. Touchant Claude Matthey, lequel auoit vsé de paroles injurieuses contre le dit Vicaire, en l'appellant « meschant » ainsi que tous ceux qui vont et qui croyent à la messe. Dont, à cause des dittes injures, à la supplication des Seigneurs de Berne, le tout luy fust pardonné à ce qu'il criast mercy à la façon que Zebedée, Predicant, auoit fait. Et furent condamnez, les dittes parties, à deuoir payer les despends du dit Vicaire. Au reciproque, les Seigneurs de Berne donnerent citation personnelle à deuoir comparoistre par-ceuant eux le dit Vicaire et, apres plusieurs propos luy fust deffendu de non plus se mesler des affaires de la Cure, jusques à ce qu'il eust trouué grace enuers eux. Et ce estoit en reuenche du dit Predicant et dura la ditte deffence jusques à Noël que chascun fust remis en son office.

CLX.

De la mort de messire Pierre Borgeoty, prestre d'Orbe.

Le second jour de May, mourust à Orbe venerable messire Pierre Borgeoty, Prestre et altarien de la chapelle de Saincte-Catherine, fondée en l'eglise perrochiale d'Orbe appellée Sainct-Germain.

CLXI.

Des monstres (revues) faites à Orbe.

Le Dimenche 7 May, par le commandement des Seigneurs de Berne et Fribourg et du Seigneur Ballif, ont esté faites les monstres par les compagnons et enfans de la Ville d'Orbe. Le dit Ballif les eust fort aggreables, les remerciant et disant qu'il en feroit le rapport aux dits Seigneurs. Aus dittes monstres, y auoit six taborins et point d'enseigne.

CLXII.

De la mort de Pierre Ducie, d'Orbe.

Le Vendredy 12ᵉ May, Pierre Ducie, du dit Orbe, et certains autres compagnons, pourtant que la riuiere de l'Orbe estoit grande, voulurent coupper du bois pour le mettre sur la riuiere et, en le couppant, le dit Ducie tomba dans la ditte riuiere, en laquelle il fust noyé en vn lieu qu'on dit *au droit de la Pierriere de Montcherand,* et y demeura jusques au Jeudy 18 du dit mois ; et par ainsi il demeura en la ditte riuiere six jours. Le dit Ducie fust fort plaind à cause qu'il estoit jeune, bon compagnon et auoit des enfans.

CLXIII.

Commencement de prescher la Loy Lutherienne à Mets en Lorraine.

Lors aussi se preschoit la Lutherienne Loy à Mets en Lorraine, par vn ou deux Jacopins et, pource que la trouppe Sacerdotale leur vouloit grand mal, plusieurs citoyens supplioyent affectueusement le senat n'empescher les prescheurs, promettans au reste toute obeissance. Guillaume Pharel vinst là, qui commença à prescher dans la ville en particulier, puis dehors en vn chasteau. Mais suruindrent lettres de l'Empereur, par lesquelles il leur mandoit de non rien innouer de la Religion et de faire justice des coulpables; qui fust cause de faire deffence aux cytoyens de n'assister au sermon d'homme du monde s'il n'auoit licence de prescher, tant de l'Euesque que des treize Jurez.

CLXIV.

De la mort de maistre Jehan Matthey, d'Orbe.

Le 30e jour du mois de Juin, mourust à Orbe honorable personne Jehan Matthey, maistre aux arts de Paris, la mort duquel fust fort plainte, à cause qu'il estoit jeune, se faisant aymer à vn chascun à cause de sa preud'homie. Il estoit marchant de drap, de fer et de sel; il auoit acquis grand auoir. Il mourust d'hydropisie et de graisse, car il estoit trop gras. Le dit maistre Jehan laissa vne fille appellée Marie, laquelle fust depuis mariée à vn nommé Estienne Prelat, lequel, apres auoir eu des enfans d'elle, luy donna pour recompense la maladie que l'on appelle la g...., de laquelle maladie elle mourust en l'an 1565, le 18 d'Octobre. Iceluy maistre Jehan aussi laissa vn fils, nommé Estienne, lequel ne resta à sa mere cu'elle ne luy apprist sagesse, le mettant partout où elle scauoit auoir bonne doctrine. Finalement, elle le maria à Charlotte, fille à Amey Martines, seigneur de Coltibaz et Gentilhomme du bourg de Perroy, et furent faites les nopces au dit Orbe auec grande solennité. Et, pource que les membres de sa maison estoyent petits, il luy fust permis de rompre la halle, à laquelle luy fust fait vn poile; et pouuoit lon seruir aisement dès sa maison à la ditte halle, car le dit mur rompu estoit entre deux. Les dittes nopces se firent le Dimenche 13 Januier 1564. Les dittes nopces estans faites, leur mere les laissa et s'en torna à Fribourg, où elle faisoit sa residence des le tems que la ville d'Orbe eust fait le *Plus* et qu'elle fust mise du tout à la Loy Lutherienne, et elle, ne voulant ainsi viure, laissa la ditte ville d'Orbe et alla demeurer à Fribourg. Là elle acchepta maison et autres biens et se fist bourgeoise de la ditte ville, et acquist autant de bien depuis la mort de son dit mary que son mary luy en auoit laissé. Elle faisoit de grands biens, pour l'honneur de Dieu, tant aux religieux et religieuses que aux autres pauures qu'elle scauoit auoir indigence. Elle mourust au dit Fribourg de peste, le Mardy 7e jour d'Aoust l'an 1555. Elle estoit partie de Geneue, fille de François Faure et elle s'appeloit Françoise Faure, relicte du dit feu maistre Jehan Matthey. Les nopces du dit Estienne Prelat et de la ditte Marie Matthey furent faites le Dimenche 21 Feburier 1546, pendant lesquelles se firent de grandes partialitez entre les enfans de la ville, dont les principaux autheurs estoyent nommez Pierre fils de Pierrefleur, Gentilhomme d'Orbe, et l'autre estoit nommé Claude fils de Jehan Malherbe ; et vn chascun les suyuans pour leur maintenance, de quarante à cinquante compagnons. Toutesfois la querelle se pacifia, moyennant les seigneurs du Conseil qui s'en meslerent, et les fiston à boire ensemble par bonne amitié.

CLXV.

Vendition des benefices et biens d'eglise estant au Pays de Vaud nouuellement acquis des Seigneurs de Berne.

Au mois d'Octobre, furent enuoyez de Berne certains commis et ambassadeurs ayans charge de vendre tous benefices, comme Priorez, Cures, Chappelles, Terres, Vignes, Prez et autres possessions estans du bien des Eglises, quels qu'ils fussent, reseruez les diesmes et censes, qu'ils retenoyent à eux, au plus offrant et dernier encherissant.

Entre autres, fust vendu à Peter de Grafferrier, de Berne, pour lors Ballif de Romamostier, tous les biens et possessions, quels qu'ils soyent, appartenans et dependans du benefice de la Chamballerie de Romamostier, estans icelles possessions en la ville d'Orbe. Et fust faite la ditte vendition pour le prix de 2,800 florins, et depuis, le dit Grafferrier, à l'occasion des dits biens, acchepta la maison de noble Hugonin d'Arney, d'Orbe, comme est dit cy-dessus (§ 91). Aussi fust vendu à noble Jost de Diesbach, de Berne et Ballif d'Yuerdon, la Cure et toutes les appartenances, ensemble l'eglise de Sainct-Christofle estant aupres de Champuent. Depuis, le dit Diesbach bastist vn beau commencement de maison, au lieu où estoit la maison de la Cure, et fist vn four au lieu où estoit le temple de Sainct-Christofle. Entre les dits commis, il y en auoit vn nommé Auspourg, de Berne, lequel fist acchept de l'eglise de nostre Dame de Baulme en laquelle les moynes du dit Baulme faisoyent leur office, de laquelle il voulait faire vne grange pour mettre son bestail. Il fist aussi acchept des terres, prez et autres possessions appartenantes au Seigneur et Prieur de Baulme. Il fist acchept d'une grange size à la montagne, que l'on dit vne fruitiere, pour son bestail, lequel acchept le dit Auspourg tinst enuiron vn an et depuis le reuendit à noble Jehan Derbener. Hugues Bolliat et Claude

Graz, d'Orbe, firent acchept des biens, terres et possessions dependans de la cure de Ligneroles. Amey Mandrot fist acchept de tous les biens dependans de la cure de Rances, ensemble de tous les biens, terres, prez, vignes et autres possessions dependantes de toutes les chappelles estans en l'eglise de Champuent. Et generalement furent vendus tous les benefices estans riere le dit Pays-de-Vaud, desquels dits benefices ils receurent vn grand thrésor.

CLXVI.

Exequution de justice de Cleopas faite à Granson.

Le Jeudy 7ᵉ Decembre, à Granson, fust executé par justice, c'est assauoir pendu et estranglé, Pierre Petit-pied, autrement dit le Prince, natif du pays de Bourgogne, aupres de Mascon, lequel, apres auoir demeuré quelque tems auec sa femme au dit Mascon, trouua moyen de faire vn larcin comme d'accoustremens de velours de soye, d'or et d'argent et autres bagues et, auec tout cela, s'en vinst retirer au dit Granson quelque peu de tems, et se remaria au dit lieu et prinst encor vne autre femme, laquelle estoit fille de Jehan Quicquand, riche et bourgeois du dit Granson. Il disoit qu'il s'estoit retiré en ce pays à l'occasion de la Loy Lutherienne, autrement ditte de l'Euangile ; car, en ce Pays-de-Vaud, incontinent qu'il fust reduit à la subjection des Seigneurs de Berne et à la Loy Lutherienne, il y eust et vinst tant de françois, tant predicans que autres, que c'estoit chouse merueilleuse que de les voir, et tous disoyent qu'ils s'en estoyent fuis pour la ditte Loy, se disans tous estre de riche maison. La cause de leur fuitte estoit que le Roy auoit fait vn edit contre la ditte Loy, sur peine d'estre bruslé. Pour reuenir au dit Cleopas, il auoit vn frere qui auoit esté executé par justice et, pource que le maistre de la haute justice luy laissa vn bon haut-de-chausses de bon drap noir, aucuns l'arracherent tout par piece ; aussi son corps fust abattu des fourches, puis mangé et deuoré des chiens. Le dit Cleopas estoit bel homme, se disant estre de noble race et de grand' maison du pays de France ; ce qui se trouua autrement, car il estoit fils d'un maistre d'eschole et s'appelloit Pierre Petit-pied, mais, par l'admonition des predicans, se fist appeller Cleopas.

En ceste année, les biens de la terre ont esté fort tardifs et ne fust pas fort abondante, tant en bled que en vin. L'on vendangeoit au dit Orbe à la Sainct-Martin.

En Decembre, furent esleus Gouuerneurs George Griuat et Claude Darbonnier.

S'ensuit pour l'an 1543.

CLXVII.

Pour l'an 1543.

Du feu qui prinst en la ville d'Orbe.

Le Jeudy 11ᵉ de Januier, prinst le feu en la ville d'Orbe, en la grange de Michel Jenet, et brusla deux maisons, vne grange et vne estable, dont il fust dommage. Au dit jour, mourust à Orbe Jehan, fils de feu Claude Malherbe, duquel est desja cydeuant parlé en l'an 1535 (§ 93).

CLXVIII.

Apparition de trois soleils.

Le Dimenche 25 Feburier, enuiron trois heures apres midy, furent veus au ciel trois soleils, dont l'un se monstroit euidemment plus gros que les autres deux, qui auoyent droitte apparence de soleils, mais non pas si euidents que l'autre.

CLXIX.

Peste prinse en la ville d'Orbe.

En la ditte ville d'Orbe, au mois d'Apuril, peste se prist, laquelle parce que le plus se retirerent hors de la ville, par ce moyen elle fust affamée et ne porta pas grand dommage, car elle fust incontinent appaisée.

CLXX.

De la mort de Françoise Pugin, maistresse des filles d'Orbe.

Le 6ᵉ jour du mois d'Octobre, mourust à Orbe Françoise Pugin (§ 7), natifue du village de Baulme, laquelle estoit en son jeune aage vne pauure boiteuse, prenant comme il luy venoit et qu'on luy donnoit pour Dieu. Et ainsi estant, se accoinsta d'un prestre, homme de bien et son parent, du dit Orbe, nommé dom Jehan Morandin, qui la prinst en sa maison et luy apprinst à lire et à escrire. Et estant ainsi apprise, elle commença à prendre peine de demander et appeller les filles de bonne maison, et les apprenoit, et prenoit peine apres elles, en sorte qu'elle prist grand bruit et eust le nom d'estre appellée maistresse des filles. Elle tenoit ordinairement à sa table cinq ou six filles des Seigneurs Gentilshommes estans autour du dit Orbe, comme de Berne, de Fribourg, de Lausanne et d'autre part, qu'elle tenoit auec elle, et estoit en grand' reputation de les faire bien à profiter en toutes vertus, dont elle acquist honneur et grace; et pour ses vertus elle fust fort plainte.

En ceste année, ont esté les bleds si tres-tant raz que, en moissonnant, l'on ne trouuoit que la moitié de gerbes de l'an deuant; et encor ce peu que l'on trouuait estoit si tres-mal grené que c'estoit pitié, en sorte que le bled, qui parauant se vendoit quinze sols, se vendist trois florins.

En Decembre, furent esleus Gouuerneurs Pierre Turtaz et Pierre Rogepied, alias Bochardet.

S'ensuit pour l'an 1544.

CLXXI.

Pour l'an 1544.

Du Viconte de Sauoie.

Au mois d'Apuril, le Viconte de Sauoye s'en alla à Berne pour auoir certaines places qu'ils tenoyent, lesquelles estoyent enclauéez au Pays-de-Vaud que les dits Seigneurs de Berne tenoyent du Duc de Sauoye, lesquelles estoyent Viuay, Belmont (pres d'Yuerdon), Ternier et autres. A ce voyage il s'en torna sans rien faire. Toutesfois, il fist en sorte qu'il torna de rechef à Berne, où il les trouua de grace, et luy remirent les dittes places en ce que le dit Viconte en fist la fidelité aus dits Seigneurs comme souuerains; et fust faite la ditte remise en l'année 1547, et furent ses premiers recepueurs et admodiateurs noble François (Mayor), de Lustry, et Jaques Sergeat, de Moudon, lesquels eurent la charge de Viuay et de Belmont en laquelle ils firent grand profit.

CLXXII.

De la mort de messire Claude Caneuey et de Jehan Caneuey, frères.

Le Dimenche 23e jour du mois de Nouembre, mourust à Orbe messire Claude Caneuey, prestre de la venerable clergie d'Orbe, et le Lundy 25e jour du dit mois mourust son frere Jehan Caneuey, hommes riches. Le dit Jehan Caneuey fust marié à vne femme nommée Magdelaine Villette, laquelle, enuiron dix-huit ans auant sa mort, il repudia disant qu'elle estoit vne p....., et ne peust-on jamais trouuer moyen d'y mettre appointement. Ils plaiderent long tems, l'un contre l'autre, et impetra le dit Jehan Caneuey des Seigneurs de Berne vne lettre qu'il se pouuoit remarier, ce qu'il ne fist pas. Il laissa trois filles, dont l'une auoit nom Claude, qui fust religieuse du dit conuent d'Orbe. L'autre fust appellée Pernette, qui fust mariée à Pierre Bouchardet, alias Rongepied, et l'autre eust nom Jehanne, qui pareillement fust mariée à Marc Barbaz, chantre et bon musicien, tous natifs de la ditte ville d'Orbe. Ces deux icy furent nomméez les heritieres du dit Jehan Caneuey, par esgasle portion. Or, en estoit-il encore vne autre fille, laquelle le dit Jehan Caneuey ne voulust point recognoistre pour sa fille, laquelle fust mariée à Granson et, jaçoit que le dit Jehan l'eust repudiée par son testament, toutesfois à la fin elle eust sa part et portion comme les autres. Les susdits deux personnages estoyent gens fiers, orgueilleux, pleins de malice et grands mocqueurs, et maximement le dit Jehan. Touchant du Prestre, il estoit beau seruiteur d'eglise, qui estoit le principal bien que je scay en eux.

CLXXIII.

De la mort de Charlotte Darbonnier, femme de Blaise Champion.

Le 18e jour de Decembre, mourust à Orbe Charlotte, fille de feu George Darbonnier et femme d'honorable Blaise Champion, lequel Blaise, apres qu'il eust esté vef de sa femme quelque peu de tems, se remaria et prist à femme Jehanne, fille de feu noble Jehan Costable le vieux, de Wufflens, laquelle mourust le 8 de Juillet 1551. Et depuis le dit Blaise se remaria et prist à femme Françoise, vefue de Claude Bourgeois, alias Camu. — En ceste année, a esté vn gros cher tems, tant en toutes graines que en vin; la coppe de froment, mesure d'Orbe, se vendoit 32 sols, l'orge 20 sols, l'avoine 16 sols. Le pot de vin, mesure d'Orbe, 4 sols 6 deniers, à la grand' mesure se vendoit 6 sols.

Le dernier Decembre, furent esleus Gouuerneurs maistre Marc Barbaz, chantre, et Jehan Matthias alias dit le Prince. Et aussi furent mis du nombre des Seigneurs du Conseil: noble Claude d'Arney, Jehan Matthey et François Malherbe.

S'ensuit pour l'an 1545.

CLXXIV.

Pour l'an 1545.

De la peste qui se prinst à Orbe.

Au mois de May, se prinst la peste à Orbe, laquelle y dura jusques au mois d'Octobre, de laquelle peste il peust mourrir enuiron trois cents personnes, que grands que petits. Les plus apparents furent messire Blaise Floret, Pierre Malherbe, Anthoine Thomasset, sa femme, Hugues Bolliat et Clare Masset, sa femme. Le plus de la reste estoit quasi tous petits enfans.

CLXXV.

De l'auge fait de marbre qui est deuant la maison de l'halle de la ville d'Orbe.

Au mois d'Aoust, fust fait et accomply l'auge, fait de marbre, assis en la fontaine qui est deuant l'halle de la ville, lequel cousta par commune estimance deux-mille florins, compris les bornels de bois que l'on refist tous neufs, depuis la fontaine de Moncheran jusques au dit bornel. Pour satisfaire à tant de charge, l'on fust contraint *de faire un gist* de six sols par feu.

CLXXVI.

De l'halle de la ville d'Orbe.

La maison de l'halle de la ville d'Orbe (§ 135) fust premièrement acquise par noble Pierre de Pierrefleur, fils de noble Odet de Pierrefleur, comme Gouuerneur de la Ville, et a iceluy nom. Elle fust accheptée de noble Claude Munod, de Romamostier, et depuis y furent entretenus les chappuis et massons perseuerans à l'ouurage d'icelle, jusques en l'an 1548, qu'elle a esté mise à fin et accomplie de blanchir et faits les bancs de merciers, drapiers et autres.

CLXXVII.

Possession prise de trois Balliuages, assauoir Orbe, Yuerdon et Granson.

Le Dimenche apres feste Sainct-Michel, fust deposé du Ballifuage d'Yuerdon noble Yost de Diesbach; et à son lieu fust mis et prinst possession du dit Ballifuage Peter Grafferrier, de Berne, et conté pour le tiers Ballif. Item, à Orbe, fust deposé du dit Ballifuage Conrad Duby, de Berne, et à son lieu fust mis et constitué Cuoynchis, de Fribourg. A Granson fust deposé Zebourg, de Fribourg, et à son lieu fust mis noble Peter d'Erlach, de Berne.

CLXXVIII.

Desir de ceux du Pays-bas pour venir à la Loi Lutherienne.

Plusieurs estoyent fort conuoiteux au Pays-bas de cognoistre la nouuelle Religion, mais ils se tenoyent cois, à raison des edits de l'Empereur et des executions de la ville de Tournay, laquelle est la principale en ce quartier, là où Pierre Brussy, predicateur françois, fust mandé de Strasbourg, où il fust reçeu humainement de ceux qui l'auoyent fait venir. Il se prinst à les enseigner en particulier. Depuis là, il s'en alla à l'Isle en Flandres et depuis reuinst à Tournay, sur la fin d'octobre, mais il fust decelé et le cerchoyent par toute la ville, les portes ferméez. Et, pource qu'il estoit en extrême danger, ses amis le descendirent auec vne corde par les murailles de la ville de nuict. Comme il estoit desja à terre, se baissa de la muraille vn de ceux qui l'auoyent descendu, pour tout bas luy dire à Dieu. Et, comme il estoit ainsi appuyé, il poussa dauantage vne pierre qui estoit mal cimentée, laquelle, en tombant, rompist la cuisse du dit Brussy qui estoit à terre. Iceluy, tant pour la douleur du coup que pour la grande froidure, commença à se plaindre, ce qu'oyant le guet, et se doutant du fait, accourust à l'instant et le mist en prison. Le bruit en estant venu en Allemagne, le Senat de Strasbourg pria pour luy par lettres, ce que firent aussi les ambassades des Protestans qui lors estoyent à Wormes. Mais ce fust vn peu trop tard, car, deuant que les lettres vinssent, lesquelles estoyent escrites au nom du Duc de Saxe et du Landgraue, il estoit desja executé.

CLXXIX.

Description de l'année présente 1545.

En la presente année, la prise a esté fort rare et petite, en sorte que la couppe de froment se vendoit, mesure d'Orbe, quatre florins, et le pot de vin, mesure du dit Orbe, se vendoit cinq sols six deniers. Le dit cher tems auoit desja duré toute l'année precedente, dont plusieurs en tomberent en grosse necessité et indigence de pauureté. Item, en la presente année, a esté presque generale la peste par tout le Pays-de-Vaud, et maximement en la ville d'Orbe où sont morts grands gens, mais le plus estoit des enfans. Le marron pour gouuerner et enterrer les dits pestiferez estoit Jehan Peclet.

En Decembre, furent faits Gouuerneurs Anthoine Griuat et François Malherbe.

Fin de l'année 1545.

CLXXX.

Pour l'an 1546.

De la mort de Martin Luther.

Pendant que le Concile de Trente se tenoit, le 18e jour de Feburier, en la ville Isleben, ville de la Seigneurie des Contes de Mansfeld, mourust Martin Luther, lequel lieu estoit le lieu de sa natifuité; et depuis fust porté à Wittemberg. Il estoit aagé de 63 ans quand il mourut.

CLXXXI.

Des monstres et election de gens faite par le Pays de Vaud au nom des seigneurs de Berne.

Pource que le bruit estoit grand de la guerre que l'Empereur vouloit faire aux Allemans protestans, et craingnant qu'ils ne participassent au malheur, à icelle raison firent faire monstres generalement par tout leur Pays-de-Vaud; et furent esleus et ordonnez par vne chascune Chastelanie le nombre des gens qu'il falloit. Dont sur ce est à scauoir qu'il fust ordonné que, à Eschallens et en toute la terre, on leuerait 60 hommes, item à Orbe 40 hommes, ausquels esleus fust ordonné et enjoint d'estre prests aux mandemens des dits Seigneurs de Berne et Fribourg. Et estoit ordonné que les villes deuoyent donner et fournir de toutes munitions les dits esleus, cas aduenant qu'ils partissent pour aller sur les champs.

CLXXXII.

Procez fait et demené à Orbe par les seigneurs conseillers encoutre Jehan fils de feu Georges Griuat, d'Orbe.

Au mois de Juillet, à raison de certains propos et paroles proferéez par Jehan fils de George Griuat contre le droit honneur des seigneurs conseillers de la ville, fust appellé le dit Jehan Griuat en justice, luy demandant se demettre de telles paroles. Le dit Jehan Griuat, remply d'un grand cœur, accepta le proces et se mist à se deffendre, demandant en premier auoir autres juges et jurez à la justice que ceux qui y estoyent, car il les tenoit tous pour suspects, dont, en vertu de ce, fust la justice, assauoir : le lieutenant d'Eschallens et les jurez d'Eschallens, ordonnez de venir toutes les sepmaines au dit Orbe pour la decision de la ditte cause, ce que parauant jamais n'auoit esté fait à Orbe. La ditte cause fust au grand prejudice du dit Jehan Griuat, et luy cousta bon, car il perdist sa cause tant à Orbe, deuant le Ballif, que aussi à Berne. Il fust condamné à toutes coustes et missions, ensemble reparation d'honneur, ce qu'il luy fallust faire.

CLXXXIII.

De la prise de l'année 1546.

Soit mis en memoire que, au commencement de ceste année, la couppe de froment se vendoit à Orbe 20 sols et, apres moissons, se vendist 5 et 6 sols. Le pot de vin aussi se vendoit, auant vendanges, mesure d'Orbe, 3 sols, apres vendanges six et sept deniers.

Le dernier Decembre, furent esleus pour Gouuerneurs Blaise Champion et Pierre Combaz.

Fin de l'année 1546.

CLXXXIV.

Pour l'an 1547.

De la mort du seigneur d'Orsens.

Le Jeudy 10e jour de Novembre, à Fribourg fust fait, commis et perpetré homicide en la personne du Seigneur d'Orsens et fust tué par vn Commissaire nommé . . . . de Fribourg. Et fust ce fait en vne maison appellée l'Abbaye des

Merciers. Le dit Commissaire, après auoir fait le dit homicide, se retira au conuent des Cordeliers de Fribourg, et là il se tinst par vn long temps, en franchise par le Doyen, et attendant le droit, qui fust contre luy. Finalement, il se sauua et fust liberé, nonobstant que les parens du dit Seigneur fissent grosse diligence et poursuyte apres luy.

CLXXXV.

De la prise de l'année 1547.

En la presente année, la prise n'a pas esté si abondante que l'année passée, de tous biens, pour la moitié. Mais l'abondance du bled et du vin vieux qui redondoyent partout a fait maintenir le bled et le vin à bon marché toute l'année.

Le dernier Decembre, ont esté esleus Gouuerneurs à Orbe noble Guillaume de Pierrefleur et honoré Claude Darbonnier.

Fin de l'année 1547.

CLXXXVI.

Pour l'an 1548.

Du feu qui brusla à Rances.

Le second jour du mois de Feburier, fust bruslé tout le village de Rances, excepté 19 maisons, l'eglise et la cure, dont ce fust gros dommage et grosse pitié. Il demeura au dit feu trois petits enfans appartenans à vn appellé Claude Caillachon alias Bonjour, et fust dit que le dit Claude auoit esté cause du dit inconuenient par infortune. Et aussi demeura au feu plusieurs bestes et autres biens, qui fust grosse pitié et dommage, car au village il y auoit bien quatre-vingts maisons. Ceux de la ville d'Orbe donnerent au dit village douze escus.

CLXXXVII.

De l'impost que les seigneurs de Fribourg firent sur leurs subjets du Pays de Vaud.

En ce tems, furent jetez tous les biens d'un chascun particulierement, par estimance, et à la taxe de deux hommes, de tous les subjets estans des places et villes que les Seigneurs de Fribourg auoyent prins et tenoyent nouuellement au Pays-de-Vaud. Et estoit ordonné de donner aus dits Seigneurs, pour vn chascun mesnage, c'est assauoir sur cent florins *vn*. Et estoyent les dittes villes Romont, Ruë, Estauayer et d'autres.

CLXXXVIII.

De la peur que ceux de Geneue eurent.

Au mois de Januier an que dessus, ceux de Geneue furent en grande crainte d'auoir assault de gendarmes, en sorte que, pour fortifier leur ville, de neuf portes qu'il y auoit, ils les firent toutes à clorre et murer excepté deux. Ils firent vn cry, à son de trompe, que tous ceux qui auroyent cloison des possessions autour Geneue, et aussi pareillement arbre, foin, paille et autre fourrage, que le toutage se deusse porter dedans la ville, dans trois jours; et ce, sous peine de confiscation des dits biens apres les trois jours.

CLXXXIX.

De la mort de Jehan Costabloz.

Le 27ᵉ jour de Feburier mourust à Wufflens-la-Ville, pres de Cossonay, noble Jehan Costabloz, lequel, presque tout son tems, auoit tenu et exercé l'office de Juge et Lieutenant de Ballif en la cité de Lausanne. Il auoit esté grand justicier des malfaiteurs, commes larrons, heretiques et d'autres. Apres luy, succeda son fils appellé Hugues, lequel auoit espousé vne damoiselle des Diesbach de Berne. Le dit Hugues vendist vne maison qu'il auoit à Orbe aux enfans de Pierre Malherbe, pour le prix de quatorze-cents florins. Et fust faite la ditte vendition, le dernier jour de Decembre, et fust l'acchepteur Claude Malherbe, comme tuteur des enfans de feu Pierre Malherbe.

CXC.

De la neige et mauuais temps qui suruinst au mois d'Apuril.

Au commencement de ce mois d'Apuril, cheust de la neige et fist très-grande froideur, qui porta grand prejudice aus montagnes, tant à cause de ce que les montagnards ne pouuoyent semer, que aussi à cause qu'ils n'auoyent de pasture. Ils estoyent contrains de venir au pays bas querir foin et paille pour nourrir leurs bestes, qui leur cousterent bon, car au dit pays on ne les pouuoit bonnement assortir, tant venoyent à grosses trouppes; si bien que le Piageur de Ligneroles a rendu conte de deux-mille et cinq chars et plus, tant de foin que de paille.

CXCI.

Different esmeu entre les predicans lutheriens.

Au mois de May, fust esmeu different entre Pierre Viret, d'Orbe, predicant de Lausanne, d'une part, et André Zebedée, recteur d'eschole du dit Lausanne, d'autre part; le dit Zebedée estoit natif de

Flandres. Leur different fust à cause du sacrement de la Cene, dont il y eust grand scandale entr'eux, qui dura jusques au mois de Mars l'an 1549, auquel mois furent citez à comparoistre personnellement à Berne tous les predicans estans de tout le pays, ensemble les maîtres d'eschole, qui estoyent tous la pluspart Diacres. Et ne fust rien fait entre eux, fors qu'ils tindrent leur synode qu'ils appellent Congregation. Et estoyent en nombre de tout seize-vingts. Et leur firent present les dits Seigneurs de Berne, pour satisfaire à leurs despends, de cent liures; et demeurerent au dit Berne quatre jours.

CXCII.

De la messe abolie en Angleterre.

En ce tems, fust la messe abolie en Angleterre par decret public, et tost apres fust prins Estienne de Vincestre, Euesque, qui soustenoit que les decrets qui se firent, en ce bas aagé du Roy, estoyent de nulle valleur. L'an precedent, commandement luy auoit esté fait de se tenir en sa maison et ne se trouuer en public. Et, naguerres estant lasché, lors qu'on estimoit qu'il auoit changé d'opinion, il prescha deuant le Roy et les grands Seigneurs et, apres auoir là expliqué sa fantaisie, il fust mis en prison.

CXCIII.

La desesperation de Spiera, italien.

De ce tems, aduinst vne merueilleuse chouse par Italie. Il y a au territoire de Padouë vne ville, de la seigneurie de Venise, nommée Citadelle, dont François Spiera, aduocat et jurisconsulte, bon pratticien, estoit issu. Iceluy embrassa la Loy Lutherienne, d'une ferueur incroyable, et profitant journellement, exposoit hardiment à tous ce qu'il sentoit de ditte Loy. Toutesfois, il se reuolta et fust transporté tout entierement de l'entendement, tellement qu'il disoit incessamment qu'il estoit damné; et fust en telle pensée jusques à la mort, et mourust du tout en ceste resuerie.

CXCIV.

De la mort de messire Jehan Griuat.

Le Samedy 27e jour du mois de Decembre, mourust à Orbe venerable messire Jehan Griuat, prestre de la venerable clergé d'Orbe, lequel auoit vn frere nommé Anthoine, auec lequel il estoit tous les jours apres pour partir auec luy, et le dit Anthoine luy faisoit tous les jours seruice, pensant le reduire; ce nonobstant, il mourust en telle obstination, dont il ne fust pas fort plaind.

CXCV.

D'un plaid demené entre le Roy de France et le Conte (comte Michel) de Gruyere par-deuant les cantons de Suisse à Bades (Baden).

En la presente année, a esté demené vn plaid par-deuant les cantons Suisses, en la ville de Bade, pendant le dit proces entre le conte de Gruyere (Michel), comme acteur, d'une part, et le roy de France, rée, de l'autre part. Le different estoit que le conte de Gruyere demandoit au roy le payement qui luy estoit deu à l'occasion de la charge qu'il auoit euë, au temps que la bataille de Cerisoles se fist, en laquelle mourust le Seigneur de Cugy, son Lieutenant-général de la ditte armée. Pour le dit conte, aussi y estoyent morts les principaux capitaines de sa bande, de laquelle guerre et bataille en est desja faite assez ample mention en l'an 1544. Finalement, apres long procez et journéez tenuës, tant à Bades que ailleurs, qui toujours durerent jusques au mois de Juin 1550, que allors l'appointement fust fait en la ville de Payerne. Et ce fust, moyennant vne quantité de mille escus qui furent deliurez par le dit Roy, ou par ses commis et ambassadeurs, au conte de Gruyere. Depuis, le dit conte se trouua tres-tant redeuable par les cantons, que finalement luy fallust habandonner son pays. Et retirerent la ditte Conté les Seigneurs de Berne et de Fribourg, et la partirent par ensemble esgallement, par certaines limites. Dont, pour satisfaire ès grandes sommes d'argent qu'il deuoit, firent les dits Seigneurs de Berne et de Fribourg de grands imposts, tant sur eux-mesmes que sur leurs subjets. La partie aduenuë aux Seigneurs de Berne, il fallust qu'elle fust mise à la Loy Lutherienne, au plaisir des dits Seigneurs de Berne. L'autre partie, appartenante aux Seigneurs de Fribourg, fust permanente en sa religion, comme elle estoit au parauant. Le dit Seigneur Conte se retira en Bourgogne, où il demeura quelque terme de tems, et depuis se retira en France, au lieu d'où sa femme estoit partie.

CXCVI.

De la prise de la presente année.

En la presente année, se conste auoir esté assez abondance de tous biens; les vignes ont esté en aucun lieu endommagéez du tems, et se vendoit le char de vin six escus; la pinte, mesure d'Orbe, vn sol; le muits de froment, mesure d'Orbe, treize florins; le muits d'orge six florins; le muits d'auoine cinq florins, et ainsi se maintinst toute l'année.

CXCVII.

Premiers ambassadeurs enuoyez de par Charles, duc de Sauoye, à Berne.

Sur la fin de l'année presente, furent enuoyez ambassadeurs, au nom et pour la part du Duc de Sauoye, à Berne et à Fribourg, pretendant et demandant la restitution de son Pays-de-Vaud. Apres longue demeure, comme de deux à trois mois, auec grande sollicitation, furent contraints s'en retorner en leur pays sans auoir rien fait.

Le dernier Decembre, furent esleus Gouuerneurs assauoir Pierre Turtaz et Pierre Bochardet, alias dit Rogepied.

Fin de l'année 1548.

CXCVIII.

Pour l'an 1549.

Reception de sœur Bernardine Gauthey, alias Masson, au conuent de Saincte-Claire à Orbe.

Le Dimenche 14e jour de Feburier, qui fust feste Sainct-Matthias, fust rendue Religieuse au conuent d'Orbe Bernardine, fille de discret Pierre Gauthey, bourgeois et curial d'Orbe; et pouuoit estre de l'aage la ditte sœur, en sa reception, de quatorze ans. Depuis, la ditte sœur se retira auec les autres en la ville d'Euian, à cause de la Lutherie qui vinst au dit Orbe, comme sera dit cy-apres.

CXCIX.

De la mort de noble Bernard d'Aubonne, de Morges.

Au dit mois de Feburier, mourust à Morges noble Bernard d'Aubonne, Conseigneur de Goumoëns, residant à Morges, qui estoit homme de grande reputation.

CC.

Des nopces de Germain Millet.

La Dimenche grasse, qui fust le 13e de Mars, furent faites les nopces de Germain Millet et de Louyse, fille de Marc Barbaz, tous deux bourgeois d'Orbe. Depuis, le dit Germain Millet fust du Conseil.

CCI.

D'une farce jouée au village de Beaulmes.

Le Dimenche 2 de Juin, a esté jouée vne moralité au dit lieu, à treize personnages, et s'appelloit la ditte farce : *Chrestienté qui estoit malade*. Elle fust jouée à la faveur des Lutheriens.

CCII.

De la grande tempeste generale.

Le Samedy 15ᵉ jour de Juin, enuiron trois ou quatre heures apres midy, cheust si grande tempeste et gresle par tout le Pays-de-Vaud, comprenant Berne, Fribourg, Lausanne, Geneue, tant du long que du large, laquelle fust vne perde inestimable, tant aux bleds qu'aux vignes et aussi à plusieurs maisons. Je croys qu'il ne fust jamais parlé d'une si horrible tempeste, qui fust ainsi generale partout, ne qui portast tant de dommage pour vne fois. Il fust dit qu'il estoit tombé telle pierre qui pesait vne liure, d'autres comme vn salignon de sel, d'autres comme vn œuf. Et cecy est vray, comme l'ont rapporté plusieurs gens dignes de foy, disans l'auoir veu veritablement. Aussi, en ceste presente année, tant à l'occasion de la ditte tempeste, que aussi des grandes pluyes froides qui suruindrent à la Sainct-Jehan, tout le pays est presque demeuré infertile et fust bien peu de graines. Et, si n'eust esté le secours du bled d'Allemagne, je croys qu'une partie du monde fust morte de faim. La couppe du froment, mesure d'Orbe, se vendoit 33 florins, la couppe d'orge 24 florins. Par ce merueilleux tems dessus dit, l'on dressoit la ramure de la maison du Seigneur de Cugy, au dit Cugy; laquelle par la force du vent et de la tempeste fust derochée et brisée, dont la perte en fust grande. Ce nonobstant, le Recepueur, qui estoit de Bresse, ne perdist, pour ce, courage, mais prist peine et diligence, de sorte qu'elle se refist plus belle qu'elle n'estoit au parauant, de la sorte qu'elle est encore de present.

CCIII.

De la farce et moralité jouée à Romamostier.

Le Dimenche 16 du dit mois de Juin, a esté jouée à Romamostier vne moralité appellée *l'histoire de Daniel et son fils*, ensemble *le mariage de Sara*, laquelle fust bien et magnifiquement jouée; et dura le dit jeu, depuis dix heures de matin jusques à quatre heures apres midy.

CCIV.

De l'arriuée du Duc de Ferrare à Orbe.

Le Samedy 20 de Juillet, arriua à Orbe le Duc de Ferrare, enuiron cinq heures apres midy, et fust logé en la maison de noble Marie de Gleresse, femme de noble Claude d'Arney. En la compagnie du dit Duc, y auoit 80 cheuaux, 14 mulets et 2 chars chargés de coffres et de bagage. Le dit Duc venoit de Bruxelles et de Flandres, de la cour de l'Empereur. Et depuis passa des autres gentilshommes et grands maistres, qui depuis furent retenus au passage des Cléez et Ligneroles, et depuis là menez à Yuerdun et là detenus aux arrests, d'aucuns huit jours, autres quinze jours, attendans le bon vouloir des Seigneurs de Berne.

CCV.

Possession prise du Ballifuage d'Yuerdon.

Le Dimenche feste Sainct-Michel, fust deposé du Ballifuage d'Yuerdun Peter Grafferrier, de Berne, et, en son lieu, fust mis et posé au dit Ballifuage vn gentilhomme de Berne nommé Albert d'Erlach, qui est conté pour le quatriesme Ballif.

CCVI.

Du moulin de Cossonay gasté et rompu.

Le 13e jour d'Octobre, le musnier de Cossonay nommé Pierre Callie auoit vn moulin lequel, en moulant du bled, la pierre du dit moulin se fendist par le milieu, dont, de l'impetuosité du tornement de la ditte pierre, c'est qu'elle acconceust le fils du dit musnier nommé Matthieu, et le brisa par le milieu du corps, dont il mourust subitement, et domagea aussi d'autres qui estoyent autour du dit moulin.

CCVII.

Alliance de Suisses auec le Roy (de France).

Par plusieurs mois, le roy Henri II pourchassoit jà les Suisses pour renouueler l'alliance qu'ils auoyent auec le feu Roy son frere; et jaçoit que l'Empereur les en retirast par lettres et messagers, toutesfois ils s'y accorderent, estimans que la chose reuenoit à leur profit. En premier lieu ceux de Valay et les Grisons s'y accorderent. Et apres, ceux de Basle et de Schaffuse, qui firent estonnez beaucoup de gens pour les exequutions et edits cy-dessus recitez. Car l'aduis de plusieurs estoit, qu'on ne debuoit faire auscune alliance auec celuy qui persecutoit si mortellement la Religion et condamnoit nommement leurs docteurs et leurs Eglises. Ceux de Berne et de Zurich, suyuans les aduertissemens de Zuingle, refuserent ceste alliance.

CCVIII.

De la fontaine qui est auprès de la religion (conuent) de la ville d'Orbe.

En la presente année, fust commencée et aussi accheuée de faire l'auge de pierre qui est aupres de la religion de Saincte-Claire d'Orbe. Et le fist vn maistre nommé Jaques . . . . . . de Payerne. Et fust amenée la pierre du dit auge de la Molleyre, aupres du dit Payerne. La derniere sepmaine de May, furent mises et poséez les ansches (goulots) en la ditte fontaine, lesquelles sont de letton, faites de fondue, et furent apportéez de Fribourg, et couterent, les dittes ansches, onze-vingts florins.

Le dernier Decembre, ont esté esleus Gouuerneurs Anthoine Griuat et Jehan Matthey, autrement dit le Prince.

Nota ad annum 1475.

In vno registro Hugonini de Vileta (Villeta), de Orba notarii, apparet scripto quod, die tertia mensis mayi anno 1475, Bernenses, Friburgenses, Solodorenses, Lucernenses et Basilienses ceperunt villam Orbam cum castro et interfecerunt quinquaginta homines turpi morte, inter quos erant tam milites quam nobiles viri fere triginta, qui fuerunt sepulti in cemeterio Sancti Martini prope Orbam, excepto nobili milite Nicolardo de Joux, Domino de Castro-Villano, qui sepultus est in ecclesia Sanctæ Claræ de Orba.

CCIX.

Pour l'an 1550.

Du feu qui brusla Panthereaz.

Le Mercredy apres Pasques, qui fust le 9 Apuril, le feu prinst à Panthereaz, qui leur porta grand dommage, car il brusla huict maisons. Les Seigneurs de Berne et de Fribourg leur donnerent, pour ausmosne, cent florins et dix muits de froment.

CCX.

Publication faite par les seigneurs de Berne, au Pays de Vaud, pour taxer chascun son bien.

Au mois de May, fust faite publication, au Pays-de Vaud, par les Seigneurs de Berne, que tous et vn chascun leurs subjets deusse taxer son bien et aussi déclairer leurs debtes, et, sur la ditte taxe, estoit ordonné qu'il falloit donner par cent florins vn florin. Et celuy qui n'auoit nul bien estoit quitte pour six sols, qu'il falloit donner pour le focage. Et aussi estoit ordonné que tous et vn chascun donnast six sols, pour la ditte taxe. Dont, à icelle raison, furent partout mandez et publiez les dits mandemens, dont le contenu estoit comme s'ensuit :

« Le Chastelain de Cossonay, à vous noble Guil-
» laume de Pierrefleur, bourgeois d'Orbe, salut !
» En vertu d'un mandement à moy fait par ma-
» gnifique Anthoine Wirman, moderne Ballif de
» Morges, de la part de mes magnifiques et sou-
» uerains Princes et Seigneurs de Berne, occasion
» de la taille que mes dits Seigneurs imposent sur
» leur pays nouuellement conquis, je vous aduer-
» tis, et par ces presentes vous fays scauoir, que
» deuez reduire en escrit, dans vn roole, au plus
» pres de vostre conscience, la valleur de tous les
» biens que vous pouuez auoir et qui vous appar-
» tiennent, existans rière le Ballifuage du dit Mor-
» ges, sans rien y laisser ni obmettre, et déclarer
» la valleur de toutes debtes que pouuez deuoir et
» sus et occasion des dits biens; et que cela soit
» fait en bonne conscience, sans fraude ni barat,
» sus peine de confiscation de vos dits biens. Vous
» mandans et commandans que doyiez comparoir,
» icy à Cossonay, au Vendredy 9 de May, à heure

» de dix heures de matin, pour deuoir monstrer
» et exhiber le dit roole, affin de le presenter au
» dit Seigneur Ballif pour en faire ce que par mes
» dits Seigneurs a esté ordonné, lesquelles je vous
» notifie par mon officier porteur des presentes,
» ainsi qu'en tel cas est requis. Vous disant à Dieu.
» De Cossonay, le 8 de May 1550.
   » Aussi signé par le scribe *de Lussingis*. »

CCXI.

Rencontre de deux hommes attendant vn autre pour l'endommager et battre sur les champs.

En ce temps, fust prins et mené en prison vn compagnon demeurant à Orbe, nommé Benoit Berger, mary d'une femme nommée Glaudaz Marmerez, faiseur de toile. La cause de sa prise fust pource que luy, accompagné d'un appellé Jaques Frenezy, natif du dit Orbe, estoyent allez sur les champs, au lieu dit en la *Vauuullie*, riere Orbe, pour attendre et rencontrer vn compagnon et deux femmes, lesquels furent par les dits Benoit et Jaques bien battus et vulnerez. De sorte qu'ils furent contrains s'en torner en la ville fort et grandement naurez. Et firent plaintif au Chastelain, qui fit à tenir la justice, dont, par cognoissance d'icelle, fust que le dit Benoit et Jaques estoyent adjugez au bamp. Item qu'ils deuoyent estre detenus et incarcerez et aussi adjugez à l'indignation de nos souverains Seigneurs. Sur laquelle cognoissance, le dit Benoit fust detenu; les parens de sa femme allerent supplier la grace des Seigneurs à Berne, laquelle leur fust ottroyée, en payant cinquante florins au Seigneur, auant que partir, et payer les despends. Et demeura en prison le dit Benoit quinze jours. Depuis, les amis du dit Benoit retournerent à Berne et apporterent quittance de tout. Depuis, le dit Benoit fust accusé de quelque larcin dont il fust prins et detenu prisonnier, par terme de temps, auec martire qu'il endura; ce nonobstant ne voulust confesser, fust tiré hors de prison et banny des terres des deux seignories Berne et Fribourg. Et, quant à Jaques Frenesy, c'est qu'il se retira en Bourgogne, où il fust, par terme de temps, euitant la fureur de la justice, pendant lequel temps il procura sa paix.

CCXII.

Des religieuses d'Estauayer.

En la presente année, les religieuses d'Estauayer furent fort troubléez et scandaliséez, à cause qu'une religieuse du dit conuent fust enceinte et fist vn enfant, qui leur torna à grand reproche. Dont, entre les autres, y en eust vne qui s'appelloit sœur Françoise de la Balme, qui, le jour de feste Dieu, qui fust le cinquiesme de Juin, s'en sortist furtiuement de la religion, causant les scandales, et s'enfuit à Payerne vers les predicans de la Loy Lutherienne; auquel lieu ses freres la vindrent querre et l'emmenerent en la maison de leur pere, auquel lieu elle demeura par aucun temps, sans toutesfois jamais vouloir laisser l'habit. Finalement l'on pratiqua en sorte qu'elle fust ramenée à son dit conuent d'Estauayer et reintegrée en son premier estat; la sœur du conte de Gruyere estoit pour lors la mere Abesse. Depuis, la ditte sœur Françoise de la Balme, pour vn regret et fascherie que l'Abesse luy fist, sortist hors de son conuent et se retira au dit Payerne, renonçant entierement à sa profession qu'elle auait faite par cy-deuant. Elle est à present tousjours au dit Payerne, enseignant les filles du dit lieu; et se fist son departement de la ditte religion l'an 1565.

CCXIII.

De la mort du Prieur de Granson.

Au mois de Juin mourust, à Besançon, au Conté de Bourgogne, venerable Seigneur Monsieur Nicolas de Diesbach, natif de la ville de Berne, Prieur du conuent de Sainct-Jehan de Granson, du conuent de Vaucluse et autres grands benefices qu'il auoit; lequel Seigneur auoit fait grand amas de thresors et aussi auoit acquis de grands biens, lesquels ses freres eurent depuis comme ses heritiers. Au lieu du dit Seigneur prieur, fust fait et constitué prieur du dit Granson, venerable homme frere Blaise, fils de feu George Griuat, bourgeois d'Orbe; il fust fait et constitué Prieur par les Seigneurs de Berne et Fribourg, Seigneurs du dit Granson. Et est à noter que plusieurs furent esbahis d'un tel aduancement à vn tel homme, qui estoit sans science, n'estant que de petits parens, n'ayant grande vertu en luy, fors qu'il estoit grand chasseur de cailles et de perdrix auec le chien et l'oyseau, ce qu'il auoit appris des qu'il estoit jeune religieux en son conuent. Depuis, le dit Prieur mourust à Granson, apres auoir laissé grands biens, qui fust cause que, entre ses freres et parens, eust de grands differens. Il fust enterré au dit Granson, en la Loy Lutherienne, par les predicans, l'an 1564.

CCXIV.

Des sœurs de Saincte-Claire de Veuay.

Le Jeudy 27e jour de Juin, les bonnes Meres et Religieuses de Veuay lesquelles, causant la Loy Lutherienne (§ 108), s'estoyent retiréez en refuge en la ville d'Euian, considerant qu'elles estoyent au dit lieu sans auoir le moyen de pouuoir obseruer le contenu de leur reigle et mode de viure; considerant aussi qu'elles auoyent demeuré au dit Euian, l'espace de quatorze ans, tousjours soubs esperance de retourner en leur premier lieu, ce qui n'auoit point eu d'effet et ne pouuoyent plus endurer, manderent à leur Prelat, c'est assauoir au Pere Ministre et au Pere Visiteur, supplications qu'il les vousist oster du dit lieu, et les enuoyer et mettre en lieu où elles peussent viure à leur commodité, laquelle supplication faite fust obtenuë. Y fust present le Pere Ministre, et furent separéez les sœurs en trois, qui toutes partirent en vn jour de la ville d'Euian, à leur grand regret et au desplaisir que la ditte ville auoit de leur departement. Des dittes religieuses, on en enuoya au conuent de Saincte-Claire d'Orbe six, lesquelles arriuerent en la ditte ville le Jeudy 26 de Juin, an que dessus. Item, il en alla à Nicy (Annecy), pays de Sauoye, trois, et à Chambery deux. Et ces trois parties partirent tous leurs meubles en trois. La mere Abbesse fust logée à Orbe et, en lieu d'Abbesse, fust depuis nommée mere *Antique*. Le departement des dittes sœurs ne fust sans grande angoisse qu'elles auoyent, se voyans separéez les vnes d'auec les autres, chouse fort piteuse à voir.

CCXV.

D'un grand dragon qui passa par sus la ville d'Orbe.

Le Vendredy 18 de Juin, entre cinq et six heures de matin, passa par sur la ville d'Orbe, tirant contre les montagnes de Bourgogne, vn dragon de merueilleuse grandeur et grosseur, comme d'un grand cheual, dont l'ombre d'iceluy surpassoit la largeur d'une grande maison, et estoit quasi comme tout sus couleur de feu.

CCXVI.

De la mort de maistre Pierre Warney.

Le 14e jour d'Aoust, mourust à Fribourg venerable messire Pierre Warney, natif de la ville d'Orbe, lequel parauant auoit esté maistre des enfans de chœur de nostre Dame de Lausanne et depuis chanoine de la ditte eglise. Et pour cause de la Loy Lutherienne qui pour lors regnoit, tant en la ditte eglise que au pays circonuoisin, se retira en la ville de Fribourg comme en lieu de refuge, estant au seruice de la grande eglise faite en l'honneur de Sainct-Nicolas.

CCXVII.

De la mort de messire Nicolas Jordan.

Le Mardy 20e jour du mois d'Aoust, mourust à Orbe venerable homme messire Nicolas Jordan, alias Tauel, chapelain de la Clergie du dit Orbe et aussi chapelain de la chapelle de Sainct-Jaques, fondée en l'eglise de Sainct-Germain. Et, après sa mort, fust constitué en son lieu, en la ditte chapelle, messire Claude Saget, nonobstant qu'il en eust desja vne autre.

CCXVIII.

De la possession prinse par Luriscot, de Berne, du ballifuage d'Orbe.

Le Jeudy 6ᵉ jour de Nouembre, prist possession à Orbe du Ballifuage honoré Seigneur Luriscot, natif et hoste de l'enseigne du Faulcon en la ville de Berne.

CCXIX.

De la mort du Seigneur de Lullins, gouuerneur du Pays de Vaud par le duc de Sauoye.

En la presente année, est mort le Gouuerneur de Vaud soubs le Duc de Sauoye nommé Aymé de Geneue, Seigneur de Lullins ; et est mort en Allemagne estant au seruice du Prince de Sauoye, qui estoit pour lors auec l'Empereur, et fust sepulturé en la Strasbourg en laquelle il repose. Il estoit Gouuerneur de Vaud en Sauoye, au tems que les Seigneurs de Berne prindrent le dit pays appartenant au Duc de Sauoye.

CCXX.

De la recolte de la presente année et de la peste qui fust en icelle.

La presente année a esté assez chere de bled, et c'est à cause des blez qui defaillirent à porter, tant à cause de la grand' tempeste qui fust presque partout generale, laquelle tomba le Samedy 15 de Juin en l'an 1549, que aussi de bruynes, niolles et froidures qui furent à la Sainct-Jehan, en sorte que l'on ne trouuoit que bien peu de graines. Et n'estoyent remplis les marchez, tant d'Orbe que d'Yuerdon, que de bled d'Allemagne. La coppe de froment, mesure d'Orbe, coustoit argent contant 40 sols, et à credit 4 florins; l'orge coustoit 28 sols, l'auoine 15 sols, et dura le dit cher temps jusques en l'an 1552. Le vin fust assez cher, car on payoit du pot à Orbe vn sol. Elle a esté aussi assez pestilencieuse par les villes d'Allemagne, comme à Berne, à Fribourg, Auanche, auquel lieu mourust George, fils de feu Claude Griuat, alias Calley, d'Orbe (§ 17). Le dit George estoit predicant en la Loy Lutherienne, en la ditte ville d'Auanche, et auoit esté nourry à Lausanne enfant de chœur de la ditte eglise; il estoit fort bon chantre et musicien, dont fust dommage qu'il deuinst Lutherien pour la mere qui l'auoit nourry et si bien appris à l'eglise.

Le dernier Decembre, ont esté esleus Gouuerneurs Marc Barbaz et Pierre de Comba.

Fin de l'année 1550.

CCXXI.

Pour l'an 1551.

D'un homme qui par desespoir se pendit à Baulme.

Le second jour de Januier, au village de Baulme, se trouua vn homme du dit lieu appellé le françois Jordanne, pendu rasibus de la couuerture de sa maison, en laquelle il faisoit sa residence. Il demeura ainsi pendu vn jour, finalement il fust despendu par le bourreau et traisné vers le gibet, auquel lieu il fust sepulturé.

CCXXII.

Des nopces de Jehan fils d'Antoine Griuat.

Le Dimenche 16 Januier, ont esté faites à Orbe les nopces de Jehan fils d'Anthoine Griuat et de Barbille, fille de feu Pierre Brunet; et furent espousez par le vicaire d'Orbe. Depuis, la ditte Barbille, apres auoir eu vn fils de son mary, s'en alla hors du pays comme femme esgarée. Le dit jour, furent aussi espousez au dit Orbe, par le predicant, Jaques fils de feu George Griuat et de Barbara, fille de feu Anthoine La Guiat, masson souuerain en l'art de massonnerie; c'est celuy qui a fait et vousté l'eglise de nostre Dame en la ville d'Orbe. Aussi, en ce temps, ont esté faites les nopces de Bernard Legier, d'une part, et Esmaz, fille de noble Jehan Islens, demeurant à Lausanne. Item, à Cheyre, du Seigneur du dit Cheyre et de Marguerite, fille de noble Claude de Gleresse, Seigneur de Rueyre, d'Estauayer. Laquelle ditte Marguerite, estant vefue de son mary, se remaria à noble Claude, fils de noble François (Mayor) de Lustry, mayor du dit lieu. Item, à Blonay, ont esté faites les nopces des deux Seigneurs du dit Blonay et des deux filles de noble Jehan Geoffrey.

CCXXIII.

De la mort de Anne Ducie.

Le Dimenche 14e jour de Feburier, mourust à Orbe, de mort subite et de nuict, Anne fille de feu Gerard Ducie, et femme de Pierre Cadet, pour lors fournier d'Orbe; laquelle, toute la journée fust fort joyeuse et deliberée jusques à cinq heures de nuict, qu'elle tomba morte au pied de ses degrez où elle faisoit sa residence.

CCXXIV.

Inuention de nouuelle Religion.

En ce temps, André Osiander, qui estoit allé en Prusse, forgea et proposa vne nouuelle doctrine; car il disoit que l'homme n'estoit justifié par foy, ains par la justice de Christ habitant en nous, et disoit que Luther auoit esté de son opinion. Mais les autres Theologiens, ses compagnons, s'opposoyent fort et ferme, et disoyent que ce qu'il maintenoit de Luther estoit faux, et la chouse fust asprement debattuë. Le dit Osiander feignoit tousjours que Luther auoit esté de son aduis. La dispute se faisoit deuant le Prince Albert, lequel desiroit, au commencement, que la chouse fust assopie par moyenneurs; mais, estant persuadé par le dit Osiander apres longue dispute, il se rangea de son opinion et commanda que ceux qui estoyent contraires vuidassent de son pays.

CCXXV.

Les questeurs de Sainct-Bernard.

Le jour feste Assomption nostre Seigneur, qui fust 7 de May, fist sa queste le questeur de Sainct-Bernard, et c'est à la maniere et façon accoustumée; et portoit les clochettes Michel Berger. Et ce, je mets volontiers, à cause de ce que, depuis le commencement de la Lutherie, l'on n'a jamais veu questant en la ville d'Orbe. Messeigneurs luy auoyent permis d'aller par leur pays, pour les grandes ausmosnes faites aux passans qui passoyent par l'hospital de Sainct-Bernard.

CCXXVI.

De la mort de Pierre Bourgeois, officier de Montagny, et de plusieurs autres.

Le premier de May, fust tué et mis à mort Pierre Bourgeois, habitant et mestral de Montagny. La cause de sa mort fust ainsi que vn riche paysant, nommé Jehan d'Yuerdon, demeurant à Valeyre, pres du dit Montagny, lequel auoit vn fils, eux trois par ensemble s'en tornoyent de Champuent à Montagny et, en deuisant, le dit d'Yuerdon se prinst en question auec son fils, et le fils voulust injurier le pere. Lors le dit Pierre Bourgeois le reprist, disant qu'il n'estoit fait d'un bon fils de parler ainsi à son pere; et lors le fils, qui eust despit de la remonstrance, frappa d'une hache qu'il portoit le dit Pierre Bourgeois, et luy donna si grand coup sur la teste, qu'il mourut iceluy jour; dont il fust fort plaind à cause qu'il estoit homme de bien.

Le Vendredy 7 Juillet, mourust à Orbe Anthoine Agasse, natif de Bauois, lequel auoit tenu l'office de Chastelain du dit Orbe le terme de vingt ans, auec bonne estimation, et ce auant la Lutherie.

Le 7 d'Octobre est mort à Orbe, de peste, Claude fils de feu George Griuat. Le dit Griuat auoit espousé Jaquemaz, fille des nobles de Ryda, laquelle, apres ce qu'elle eust esté vefue, se remaria à Jaques Guyot, officier d'Orbe.

Le Dimenche 10 d'Octobre, mourust à Orbe, de peste, Hugonin Bolliat.

CCXXVII.

Du pont de bois de la ville d'Orbe.

En ce temps, fust fait et accomply de faire le pont de bois estant sus la riuiere de l'Orbe, aupres de la maison qui souloit estre des nobles d'Arney, lequel fust fait par vn chappuis appellé Jehan Massondy, natif de Wistebœuf. Le dit pont fust de grand costange, car toutes les pointes des paux qui sont mis et posez, à mode de cheuallet, pour soustenir la charge et pesanteur du dit pont, cousterent vn escu chacune pointe; et sont les dits paux autant dans terre que dehors, mis et posez auec grand'peine et industrie.

CCXXVIII.

De la mort de la sœur Andréaz de Pierrefleur.

Le Jeudy 5 de Nouembre, mourust à Orbe venerable religieuse Andreaz de Pierrefleur. La ditte religieuse auoit long-temps exercé l'office de portiere; depuis, elle fust despenciere et, pource que maladie la surprit, long-temps auant sa mort, elle fust exemptée de tous les dits offices.

CCXXIX.

Des Suisses qui sont passez par ce Pays de Vaud.

Enuiron ce mois de Nouembre, sont passez par ce Pays-de-Vaud, assauoir par Lausanne, Moudon et par Orbe et ailleurs, grand nombre de Suisses allans au seruice du Roy de France, le dit Roy se preparant à faire la guerre à l'Empereur.

En ceste année presente, le froment s'est vendu, mesure d'Orbe, tant deuant que apres moisson, 24 florins. Le pot du vin 9 deniers.

Le dernier Decembre ont esté esleus, comme de coustume, pour Gouuerneurs pour l'année suyuante : Blaise Champion et Claude Malherbe.
Fin de l'an 1552.

CCXXX.

Pour l'année 1553.

Ordonnance faite de par Messieurs pour les pauures.

Pource que le blé estoit fort cher, de sorte que les pauures alloyent par troupes aux bonnes maisons demandans l'ausmosne; par celle raison, les commis des Seigneurs de Berne furent enuoyez par tous leurs Ballifuages. Le Samedy 14 de Januier, furent assemblez à Yuerdon tous les Chastelains, Officiers, Gouuerneurs et tous les pauures du Ballifuage, dont, à icelle raison, se trouua grande multitude de peuple. Lors, les dits Seigneurs demanderent à scauoir le reuenu de toutes les communautez; puis firent commandement que vne chascune paroisse deust nourrir ses pauures, et ceux que l'on trouuerait querant en estrange paroisse, iceux fussent pris et menez en prison auec bonne remonstrance. Ceste ordonnance fust de petite valleur, car elle ne fust rien obseruée.

CCXXXI.

De la mort de François Chedel, d'Yuerdon.

La premiere sepmaine de Mars, mourust à Yuerdon François Chedel, commissaire et Curial du dit Yuerdon, et pouuoit auoir d'aage vingt ans et estoit grand processeur. En fin mena vn procez contre la Ville et Conseil d'Yuerdon et fist en sorte qu'il fust ordonné par les Seigneurs de Berne, que ceux que l'on mettroit Gouuerneurs de la Ville d'Yuerdon, il falloit qu'ils donnassent fiancement ; et ceux aussi qui prendroyent l'hospital, ce qui n'auoit esté fait parauant. Et fust le premier qui donna fiancement vn nommé maistre Jaques Perrin, serrurier, lequel fust mis hospitalier au dit Yuerdon.

CCXXXII.

De la belle-mere du dit François Chedel.

Du grand regret et tristesse que la belle-mere du dit Chedel eust de sa mort, elle en tombast en vn si grand desespoir que, le Samedy 19ᵉ jour du dit mois de Mars, elle se pendist sus la traleyson de la maison du dit Chedel. La ditte femme estoit de Morat, en fin elle fust enterrée au lieu où l'on enterre les ladres et gens morts de peste.

CCXXXIII.

De la Lutherie de ceux d'Oulens.

Le 10ᵉ jour de May, ont esté enuoyez à ceux du village d'Oulens, terre d'Eschallens, les Ambassadeurs de Berne et Fribourg, deux d'une chascune ville, et aussi au village de Sainct-Mauris, terre de Granson. La cause de leur venuë fust pource que ces deux paroisses avoyent donné à entendre aus dits Seigneurs qu'il y auoit plus de Lutheriens que de Papistes, dont, pour ce, ils demandoyent faire le *plus*. Mais, quand se vinst à faire le dit *plus*, il se trouua plus du party de la messe que du party du presche, ce qui fust cause que les dits Seigneurs s'en tornerent chascun en son pays, laissans chascun en son estre, au mode comme il estoit au parauant. Touchant le dit *plus*, qui en voudra scauoir dauantage se voyse cercher, au commencement de ce liure, au chapistre parlant de l'appointement fait entre les deux villes Berne et Fribourg sur le different de la Religion pour leurs subjets (§ 3).

CCXXXIV.

Le plus faict à Oulens.

Le lundy apres le Dimenche de *Lœtare*, qui fust le 5 de Mars l'an 1553, les Seigneurs Commis Ambassadeurs des deux villes Berne et Fribourg, perseuerans au *plus*, vindrent à Oulens, où ils firent le dit *plus*. De la part de la messe se trouua 15 personnes et de la part du presche 24 personnes. Estre cela fait, ils ne dirent autre chouse, mais chascun s'en torna d'où il estoit venu, laissant les affaires en tel ordre.

Le Dimenche de Pasques flories, qui fust le 26e jour du mois de Mars l'an predit 1553, le Curé de la Paroisse du dit Oulens fist au matin, aux heures accoustuméez, la benediction de l'eau benite et des rameaux. Et puis, porterent la procession autour du mottier et, ainsi comme ils voulurent rentrer dans la ditte eglise, ils trouuerent le Ballif d'Orbe residant à Eschallens, lequel estoit de Berne, nommé Zeinder, dans la ditte eglise, qui mist par terre tous les ornemens de l'autel, si comme mantis, corporaux, et prist le calice, lequel, pource qu'il estoit d'argent, il emporta. Le curé voyant cela dit au Ballif pourquoy il ne luy laissoit faire et accheuer son office ? Le Ballif luy respondit que le vouloir de Messieurs estoit ainsi, et qu'il falloit vser de patience, luy faisant deffence de non plus y chanter messe ; sur laquelle deffence le Curé se despouilla de ses habits, bien triste et dolent ; aussi furent les bons Chrestiens lesquels desiroyent demeurer perpetuellement au seruice de nostre Seigneur, et par ainsi chascun se retira en sa maison. Le dit Curé estoit natif d'Orbe et s'appelloit messire Pierre Reuilliod, et estoit de la Clergé du dit Orbe, bien scauant en lettres et ayant bonne grace de prescher au prosne, les Dimenches, l'Euangile. Quand le Curé du dit Oulens, son antecesseur, fust mort, les perrochiens, tous d'un accord, le demanderent aux Seigneurs de Berne et de Fribourg, ce qui leur fust ottroyé, ce nonobstant quelque donnation qu'on luy eust fait on ne laissa pourtant que les dits Seigneurs, apres la ditte ruine, ne le missent hors de sa cure. Il fust contraint s'en torner au dit Orbe, où il fust bien-venu de ses freres de la Clergé, et y demeura jusques à ce qu'il pleust à Dieu l'appeller, ce qui fust le Dimenche 24 Decembre l'an 1553 ; il fust sepulturé en l'eglise de Sainct-Germain. Le predit Reuilliod mourust ayant en luy vne grande consolation, à cause que Dieu luy auoit fait grace d'estre sorty d'iceluy lieu de desolation pour

venir mourrir auec ses freres, estant armé et muny
des armes de nostre Seigneur, assauoir ayant reçeu
les Saincts Sacremens, comme il disoit.

CCXXXV.

Resjouissement de nos Lutheriens d'Orbe.

La ruine et succombation de ceux d'Oulens
donna vn grand resjouissement et grand espoir à
nos Lutheriens d'Orbe, esperans auoir en brief le
plus et voir la succombation du seruice diuin de
nostre Seigneur. Et, au contraire, cecy donna vne
grande crainte aux bons Chrestiens d'Orbe, lesquels
auoyent tousjours eu bon espoir en Dieu et
aux Seigneurs de Fribourg, lesquels ils tenoyent
pour estre deffenseurs de la saincte foy catholique,
selon le mode et stile de nostre Mere Saincte-Eglise.
Mais à present les Chrestiens ont esté estonnez de
la soufferte des dits de Fribourg, car le dit *plus*
ne se scauroit faire à leur honneur ni aduantage
de leur seigneurie. Le dit Dimenche des Rameaux,
fust portée la procession par ceux du dit Orbe à
Sainct-Germain, laquelle fust belle et magnifique,
au grand regret et desplaisir de nos Lutheriens
d'Orbe.

CCXXXVI.

Des sœurs de Saincte-Claire d'Orbe.

Le bruit que nos Lutheriens faisoyent pour la joie de la ruine de ceux d'Oulens, comme est dit cy-dessus; et la crainte au contraire que les Chrestiens auoyent estoit grande, car le bruit estoit que les dits Seigneurs deuoyent venir incontinent pour le tout mettre en ruine; qui causa que les pauures religieuses enuoyerent à Messieurs de Fribourg, comme vrays protecteurs de la vraye foy de Jesus-Christ, comme l'on disoit; lesquels Seigneurs, apres auoir entendu le contenu de leur supplication, donnant d'entendre qu'elles ne debuoyent auoir crainte telle en laquelle elles estoyent, les dits Seigneurs leur enuoyerent sur ce lettres de consolation dont la teneur s'ensuit :

« L'Aduoyer et Conseil de la ville de Fribourg,
» nostre amiable salutation!

» Deuottes, tres-cheres et feales orateresses,
» nous auons reçeu vne lettre que, causant ceux
» de Oulens, vos voysins, nous auez escrite et aussi
» ce que, pour iceluy effect, vous craingnez. Dont,
» à ceste cause, nous vous mandons que tousjours
» veuilliez perseuerer en la vraye saincte foy an-

» cienne catholique, comme cy-deuant auez fait, et
» ne vous ennuyer ni trembler pour chouse qu'il
» aduienne, car en tel endroit se prouue et se de-
» claire la coustume de la personne. Ce faisant,
» nous ferez singulier plaisir et nous donnerez oc-
» casion de vous faire ayde et soulas et tant mieux
» vous contenir en nostre protection, aydant nostre
» Sauueur, auquel prions vous donner perseue-
» rance en vos bonnes œuures et constance contre
» vos persecuteurs. Ce 3 Apuril 1553. » Et, au-
dessus de la ditte lettre, estoit escrit : « Aux reli-
» gieuses et deuottes nos tres-cheres et feales ora-
» teresses les Dames du conuent d'Orbe. » Et à
tant je fais fin de suyure le contenu du vouloir de
nos Lutheriens d'Orbe jusques en l'an 1553 que
allors je poursuyurai plus auant leur matiere.

CCXXXVII.

De la reception de sœur Claudine de Pierrefleur au conuent d'Orbe.

Le jour feste Assomption nostre Seigneur, fust
reçeuë en la religion et conuent d'Orbe, pour estre
religieuse, Claudine, fille de noble Guillaume de
Pierrefleur et de Anne fille de feu Benoit de Glanne,
Seigneur de Cugy ; et fust faite la ditte reception

en grande solennité, tant de chantres que d'autres. Et estoit pour lors Abbesse du dit conuent sœur Anne Husson, natifue du pays de Lorraine, et estoit portiere sœur Bernardine Gauthey. Le Pere confesseur estoit nommé frere Jehan de Freneto, lequel estoit fort contraire à la ditte reception, mais, ce nonobstant, on ne laissa pour cela qu'elle n'y entrasse ; et je prie à Dieu qu'il luy doint grace, etc. Et, le jour feste Saincte-Claire, qui est le 22 Aoust 1553, fust faite la ditte sœur Claudine professe de son ordre, et pour la cause des turbations qui estoyent, tant en la ville d'Orbe que au dit conuent, à cause de la Lutherie en laquelle elle estoit succombée, comme le tout sera plus amplement cy apres declairé, en l'an 1553, au chapistre parlant du *plus* fait en la ville d'Orbe.

CCXXXVIII.

Des encloses du moulin d'Orbe qui par l'impetuosité d'eau furent gastéez.

Le jour feste de Pentecoste, qui fust le 5e jour de Juin, la riuiere de l'Orbe, par force des grandes pluyes, vinst fort-grande, en telle sorte qu'elle desracina vn grand et gros publoz, à l'occasion de l'impetuosité de la ditte riuiere, lequel arbre estoit en vn lieu appellé *Praz Geneuey*. Le publoz, causant l'impetuosité de la riuiere, s'en vinst frapper impetueusement contre les littes encloses, les rompist et gasta par la moitié; qui fust chose terrible, et ne peust-on croire que en cela n'y eust ouurage diabolique, veu le grand effort qui y fust fait. Le dit publoz estoit à vn homme appellé maistre Marc Barbaz, du dit Orbe. Ceste ruine fust cause d'une grand' perte et costange pour la ville, en sorte que l'on l'estimoit plus de trois-mille florins; car, tout premierement les dits moulins cesserent de moudre par l'espace de six semaines, cerchans partout ouuriers pour refaire autres encloses à la legere et faire à moudre les moulins; ce qui fust fait. Fust maistre du dit ouurage vn nommé Anthoine Petite de Bourgogne. Et apres, la ville prist sollicitude d'amasser force marrin, pour les refaire comme elles estoyent au parauant. Et, pour soustenir les fraiz, qui estoyent gros, il fallust que la ville empruntast deux-cents escus à Berne, au cinq pour cent. Finalement, furent refaites les dittes encloses, au mode et forme qu'elles estoyent parauant, et comme elles sont encor de present, par vn maistre que l'on fist à venir de Berne; et fust le totage refait à journée de ville. Les premières encloses, faites à la legere, furent faites et accheuéez le 8 Juillet, et les autres furent accheuéez enuiron la Sainct-Michel 1553.

CCXXXIX.

Possession du Ballif de Romamostier.

Le 9 Octobre, Chrystofle de Diesbach, Gentilhomme de Berne, fist son entrée à Romamostier pour estre Ballif, dont luy fust fait grand honneur.

CCXL.

De la premiere justice tenue à Orbe.

Le Jeudy 3 Nouembre, fust tenue la premiere justice en la ville d'Orbe, laquelle se souloit tenir auparauant le Lundy, qui est le jour du marché, ce qui n'estoit conuenable ; mais, par l'authorité du Prince, fust remise au Jeudy ; et aussi, en iceluy jour, fust mis et posé pour Curial Jehan fils de Claude Griuat, dit Caley, lequel demeura au dit office jusques le 10 d'octobre 1554 qu'il mourut, apres qu'il fust ouuré par le Maistre du mal de la grauelle, dont parauant il auoist esté tourmenté grandement. La mort du dit fust fort plainte, tant à cause de sa jeunesse et qu'il estoit bon conseil et réel, sans point de flatterie, aussi estoit-il secretaire du conseil.

En ceste année, le bled a esté fort cher, car, pour le commencement de l'année, se vendoit 25 sols et, sur la fin, après moisson, se vendoit 12 sols.

Le dernier jour de Decembre, ont esté esleus Gouuerneurs, pour gouuerner l'année suyuante, Pierre Turtaz et Pierre Bouchardet, alias Rogepied.

S'ensuit pour l'an 1553.

CCXLI.

Pour l'année 1553.

De la mort de François Bourgeois, de Granson.

Le Mardy dernier Januier, mourut à Granson honorable François Bourgeois, qui estoit Lieutenant du Ballif à Granson, homme vieux, de bon nom et bonne fame et honorable conuersation. En lieu duquel fust mis son nepueu nommé Claude Bourgeois, homme de bonne reputation et honorable.

CCXLII.

Des nopces de Jaques Chastelet et de Marguerite Sergeat (Cerjat) alias Denysy (de Dénezy).

Le Dimenche 16 Apuril, furent faites à Orbe les nopces de Jaques Chastelet, alias Langin, et Marguerite Sergeat, sœur du Seigneur de Denisy, de Moudon, et relaissée de François Jacotet d'Yuerdon; et leur fust faite par les enfants de la ditte ville vne belle bienuenuë. Or, est assauoir que le dit Langin vinst demeurer premierement au dit Orbe, pauure gauot, apprenant son mestier de cordonnier auec vn appellé Brunet. Et depuis, par le moyen d'un sien oncle demeurant à Lausanne nommé Rochey, homme riche, lequel mourust sans enfans, dont le dit Langin fust heritier en plus, ce qui l'aduança grandement. Le dit Rochey estoit l'un des grands thresoriers qui fust pour lors à Lausanne. Le dit Jaques Langin mourut à Orbe le Dimenche 12 May 1566.

CCXLIII.

Des ostardes (outardes) qui vindrent à Orbe.

En l'année precedente 1552, sur la fin du mois de Decembre, arriuerent en ce Pays-de-Vaud certains oyseaux lesquels ne sont accoustumez guerres voir en ce Pays-de-Vaud, lesquels se nomment ostardes, et en vindrent quantité, lesquels oyseaux, comme l'on dit, presagent vn grand hiuer, ce qui a esté bien vray, car l'hiuer a esté fort fascheux auec grandes neiges fort durables jusques au mois de May.

CCXLIV.

De la premiere foire de la Saincte-Croix.

Le lundy 21e jour d'Aoust, fut commencée et tenue la premiere foire que l'on tinst jamais au village de Saincte-Croix, auquel village on n'auoit jamais tenu foire ni marché; et pour le commencement d'icelle fust cheuauché par la ditte foire vn bœuf gras, et fut chevauché par Rodolph Mercier et estoit iceluy à nommé Jehan Tosset, d'Yuerdon.

CCXLV.

Des Lutheriens d'Orbe.

Comme auez veu cy-deuant (§ 234) marqué, en l'an 1552, de la ruine de ceux d'Oulens, iceux ayans esperance de paruenir au dit *plus* à Orbe, se sont voulu efforcer à gagner et à amener à leur sorte les pauures et simples gens; et, pour mieux paruenir à leur malheureuse intention, ont esté enuoyez par plusieurs fois *Blaise Champion*, Lutherien, qui bienfort s'est aydé à mener la prattique, *Pierre Turtaz* et *Pierre Combe*. Item auec eux *Pierre Viret*, qui pour lors estoit Predicant à Lausanne, lequel ne cessoit ordinairement estre apprès ce piteux ouurage, tant envers nostre Ballif, qui estoit de Berne, que enuers Messieurs. En telle sorte se demenerent les affaires que, par leur conseil, il fust determiné et conclud que l'on inuoqueroit tous les chefs d'hostel Lutheriens et que l'on les feroit à jurer à tenir bon et non jamais y contreuenir, affin que, si les seigneurs venaient pour faire le dit *plus*, ils fussent entièrement seurs de leurs gens. Fust la ditte conclusion faite et determinée le jour feste Sainct-André, Apostre, au lieu d'Echallens, par le conseil du Ballif. Le Samedi suyuant, le Dimenche et le Lundy, ne cesserent mander querir de leurs gens, assauoir Lutheriens, par leurs maisons, chau 8. 10. 6. 9., comme ils se trouuoyent, et les faisoyent aller à la maison du Predicant, auquel lieu ils rendoyent asseurance de leur foy et, apres l'asseurance estre donnée, ils estoyent mis en escrit. Pour obuier à leurs entreprises, furent commis pour aller à Fribourg en aduertir les seigneurs, dont, pour la part des venerables seigneurs de la Clergé, fust commis messire *Claude Saget;* et pour la part des Chrestiens, fut enuoyé noble *Guillaume de Pierrefleur,* lesquels par ensemble se transporterent au dit Fribourg pour donner à entendre le tout aus dits Seigneurs, esperans auoir grand' ayde de leurs seigneurs, ausquels ils firent presentation d'une supplication telle :

Supplication.

« Très-redouttez Seigneurs et Princes, toute hum-
» ble salutation premise à vous très-humblement
» presentée de par vos très-humbles subjets les sei-
» gneurs de la Clergé, ensemble les fidèles Chres-
» tiens qui desirent viure et mourir en la foy de
» nostre Mere Saincte-Eglise, lesquels nous ont icy
» enuoyez pour vous aduertir des preparations et
» approches que nos aduersaires font; lesquels, de-
» puis la ruine de ceux d'Oulens, auec vne grande
» esperance, n'ont cessé journellement d'amener et
» gagner les pauures et simples gens à leur sorte,

» tellement que nous estimons qu'ils soyent le plus.
» Or est ainsi, que nous presumons que, Vendredi
» passé, ils furent à Eschallens pour parler et tra-
» fiquer de cest affaire auec le Ballif. Eux estant de
» retour, n'ont cessé d'enuoyer querir gens en leurs
» maisons, assauoir en la maison du Predicant, les
» appellans, chau 10. 8. 6. (sic) et pour faire à faire
» declaration de leur foy et à tenir bon au besoin;
» et ce faisoient affin que, si vos seigneuries veniez
» au dit Orbe pour faire le plus, que iceux fussent
» bien asseurez de toutes leurs gens. Le Lundy, ils
» tornerent à Eschallens, pour tousiours mieux par-
» uenir à leur intention et conclurre. Sur ce, très-
» redouttez Seigneurs, voyans le bruit qui court,
» sommes enuoyez par-deuant vos Excellences pour
» auoir aduis auec vous et vous aduertir du total;
» affin de contreuenir à leur vouloir et intention,
» et aussi pour vous faire declaration que ce n'est
» la ville vrayement qui fait cecy, et aussi ne fust
» jamais parlé ni tenu propos au Conseil de vostre
» ville d'Orbe. Par quoy, tres-humblement vous
» supplions, en tant qu'estes nos Princes et deffen-
» seurs de la vraye foy de Jesus-Christ, que vostre
» bon plaisir soit de nous maintenir et nous laisser
» viure au bon mode de viure que nous auez donné,
» lequel auons bien tenu et obserué. Tres-redouttés
» Seigneurs, nostre confiance et espoir est du tout
» en vous et, sans vous et vos forces, nous ne

» pouuons rien. Par quoy, nous tous tres-humble-
» ment nous recommandons à vous, prians Dieu
» de bien bon cœur que, de jour en jour, il aug-
» mente vos seignories et magnificences ! »

La ditte supplication fust presentée par les dits commis au Conseil de Fribourg, le Jeudy 7 Decembre, an que dessus, en la presence des 24 Seigneurs du Conseil et des deux-cents. Apres l'auoir leué, fust ordonné que l'on escriroit au Chastelain ; ce qui fust fait, mais le dit Chastelain ne le manifesta jamais, ce qui fust cause auec d'autres choses qu'il fust suspect de tenir le party des Lutheriens, nonobstant que toujours et ordinairement il alloit à la messe et au seruice diuin, comme les autres Chrestiens. Les dits commis estans de retour à Orbe, ils firent tout bon rapport, disans que l'on ne deust auoir crainte aucune, car Messieurs ne vouloyent point plus permettre de *plus*, ce qui donna grande consolation aux bons Chrestiens catholiques, nonobstant que les dits de Fribourg auoyent dit particulierement qu'il y auoit bien à faire à reuocquer vne chouse « quand elle estoit faite. »

CCXLVI.

D'un comete qui passa par sus la ville d'Orbe.

Le mercredy 6ᵉ jour de Decembre, à quatre heures apres midy, passa vn Comete par sus la ditte ville, lequel estoit en façon d'une grosse colonde ou vn gros cheuron tout embrasé de feu, et tomboit de grosses estincelles, comme il sembloit. Le dit comete alloit contre orient et sembloit à ceux d'Orbe qu'il allast tomber au lac d'Yuerdon.

CCXLVII.

Execution de justice faite à Yuerdon de Marie Verdonnet, de Beaulme.

Le mardy 19 Decembre, fust executée par justice Marie Perusset, femme de Jehan Verdonnet, de Baulme. La cause fust pource qu'elle fust accusée d'estre *vaudoise,* dont, à icelle raison, elle fust bruslée.

En ceste année 1553, le blé s'est vendu communement : le froment, mesure d'Orbe, douze sols;

l'auoine sept sols; le char de vin quatre escus; le pot neuf deniers.

Le dernier Decembre, ont esté esleus Gouverneurs en la ville d'Orbe noble Guillaume de Pierrefleur et Claude Darbonnier.

S'ensuit pour l'an 1554.

CCXLVIII.

Pour l'an 1554.

Execution de justice faite à Orbe en la personne de Benoite Marchand.

Le 21 Mars, qui estoit le Mercredy sainct auant Pasques, fust executée par justice à Orbe Benoite, fille de Jehan Marchand, de Boflens, et seruante de François Fessys. La cause de son execution fust pource qu'elle auoit fait vn enfant en la caue du seillier de son maistre, lequel elle meurtrit en luy laissant le petit boyelet ouvert sans le lui attacher et puis l'enterra en la ditte caue, comme il fust trouué; dont elle en prinst mort et, par grace que Messieurs luy firent, fust noyée en la riuiere de l'Orbe, aupres du pont de bois, et puis fust illec enterrée. La ditte Benoite accusa vne femme ancienne, nommée Crestoblaz, seruante de Anthoine Secrestain, disant que par son conseil elle auoit tué son enfant, et en icelle constance elle persista. Enuiron quinze jours apres, la ditte Crestoblaz mourut par justice au dit Orbe, à la maniere et forme que dessus, comme la ditte Benoite.

CCXLIX.

De la mort de Junette Greybet.

Le Dimenche de Quasimodo, mourut à Orbe Junette, vefue de Jehan Grebet, femme de Guillaume Garin. La ditte Junette mourut fort Lutheriane : elle ordonna à son mary de donner trois escus pour acchepter du sel pour donner aux pauvres Lutheriens et deffendit expressement de non en donner aux autres.

CCL.

Violence faite à Estauayer à noble Sergeast (Cerjat) de Moudon, Seigneur de Denysy.

Enuiron la mi-May, Zebourg de Praroman, Gentilhomme de Fribourg, officier à Estauayer, pour la part des Seigneurs de Fribourg, homme fier et malicieux, luy estant aduerty comme noble . . . . Sergeat, de Moudon, Seigneur de Denisy, estoit au dit Estauayer au porchaz pour auoir femme en mariage; qui estoit au grand regret et desplaisir de ceux d'Estauayer et d'autres ses parens et amis. Aduint que le dit Zebourg auec certains autres du dit Estauayer, entrerent de nuit en l'estable de la Dame d'Estauayer, prindrent les cheuaux du dit Sergeat et les laisserent aller à leur volonté par la ville. Les selles furent portéez au masel (la boucherie); l'estrille, les sangles et autres garnisons furent portéez au banc des merciers, les brides furent jettéez aux priués de la ville; pour lequel affaire le dit de Denezy, marry de la ditte violence, tout dès incontinent en alla faire plainte au Conseil de Fribourg, pour lequel plaintif les dits seigneurs de Fribourg enuoyerent querir le dit Zebourg et ses complices. Lequel estre arriué, par le vouloir des dits seigneurs, fust pris et tenu prisonnier le terme de huit jours, puis, au sortir, fust priué de son office, auec vne somme pecuniaire, et banny des terres de Fribourg pour le terme d'un an. Les autres, ses complices, furent aussi condamnez à estre bannis, le terme d'un an, et aussi, auant que torner, donner vne somme pecuniaire.

CCLI.

Des Suisses qui passerent par ce Pays de Vaud.

Au mois de May, passa par ce Pays-de-Vaud grand nombre de Suisses allans au seruice du Roy de France encontre l'Empereur; vne partie alloit au Piedmont, les autres en Picardie; ceux de Picardie y demeurerent jusques au mois de Septembre, qu'ils reuindrent. Lesquels de retour firent le rapport de grands maux faits par les gens du Roy, le dit Roy present, faits, sur le pays de l'Empereur, tant en Picardie que en Flandres; si comme brusler, piller, mettre le feu partout. Il fust prins cinq grosses villes, comme de Dina, Mariembourg, lesquelles ne furent destruites, mais furent renforcéez de garnisons, de munitions et autres fortifications à ce requises. La ditte ville de Mariembourg auoit esté nouuellement édifiée par Dame Marie, sœur de l'Empereur. Ils firent aussi rapport d'une escarmouche faite par les gens de cheuaux, tant d'un costé que d'autre, à laquelle il demeura grand nombre de gens d'un costé et d'autre. Finalement le Roy eust l'honneur et puis chascun se retira et fust rompu le camp.

CCLII.

Du Curé de Montagny deuenu Lutherien.

Le Dimenche 8e jour de Juillet, venerable messire Michel de Coppet, Curé de Montagny, chanta au matin sa derniere messe perrochiale; et, apres auoir chanté et accheué son office, il dit que la messe estoit de nulle valleur et lors la renonça et puis, estre ce fait, alla fiancer vne femme, qui parauant auoit esté amenée en ce pays par vn Jacopin nommé maistre Jehan Balbus qui depuis, luy estant par deçà en ce Pays-de-Vaud, deuinst predicant Lutherien et entretinst la ditte femme par vn long temps, puis mourut à Champuent. Les susdits deux personnages estoyent venus du pays d'Ardène. Apres la mort d'iceluy, le dit Coppet fiança la ditte femme. Le dit messire Michel Coppet estoit homme qui auoit peu de scauoir et jamais ne fust qu'il tinsse guerres bon train. Pour toute conclusion, il ne valust jamais guerres et, des-lors, le diuin office cessa en la ditte eglise de Montagny.

CCLIII.

Du Plus fait au dit Montagny.

Le 12e jour du mois d'Aoust, les Commis et Ambassadeurs des deux villes Berne et Fribourg furent à Montagny pour faire le *plus*, et, pource qu'il se trouua plus des Lutheriens que des Papistes, le diuin office cessa entierement en l'eglise de Montagny; et fust deffendu de la part des Seigneurs de Berne de non y chanter plus messe.

CCLIV.

Des Lutheriens d'Orbe.

Pource que nos Lutheriens d'Orbe estoyent et pressoyent toujours à leur mauvais vouloir, en practiquans auec le Ballif, et les Chrestiens craingnans estre surprins, partit d'Orbe pour aller à Fribourg aduertir les Seigneurs du total, assauoir le Pere Confesseur des sœurs de Saincte-Claire, frere Jehan de Freneto, accompagné d'un Prestre de la Clergé; et partirent le 2ᵉ jour de Juin. Et dauantage, pour auoir aduis auec les dits seigneurs, auxquels les Chrestiens tenans l'ancienne Religion auoyent grand espoir, pour voir comme l'on pourroit faire pour contreuenir au dit *plus;* item que, si le cas aduenoit que l'on fist le dit *plus,* et que le plus se trouuast de la part des Lutheriens, que allors l'on pourroit faire des sœurs; et autres informations. Sur ce, les Seigneurs de Fribourg renuoyerent les commis auec grand espoir de consolation; toutesfois ils ne peurent guerres parlementer ensemble, d'autant qu'allors il y auoit journée d'assemblée de tous les Cantons au dit Fribourg, causant le different du Conte de Gruyere, dont les dits Seigneurs de Fribourg y estoyent bien empeschez, à cause des grandes sommes de deniers qu'il deuoit à tous les Cantons. Nonobstant quelque rapport que les commis enuoyez à Fribourg fissent des dits Seigneurs, à cause de l'oppressement que les Lutheriens faisoyent encore, de rechef l'on renuoye autres Commis, assauoir Claude Griuat, dit Caley, auquel fust donné pour adjoint messire Pierre d'Oppens, de la Venerable Clergé d'Orbe, lesquels partirent le mardy 11 Juin et entrerent en Conseil deuant les dits Seigneurs, leur donnant à entendre le toutage et grand' menée que nos Lutheriens faisoyent. Par ce que les dits seigneurs dirent, ils donnerent à entendre qu'il n'y auoit nul remede que le dit *plus* ne se fist et, sur ce, fust aduisé quelque bon moyen. Apres plusieurs disputes, fust ordonné en plein Conseil d'enuoyer à Berne le seigneur List, homme de grande authorité, pour referir le tout aus Seigneurs de Berne et aussi pensant les appaiser que le dit *plus* ne se fist. Par le rapport des dits commis venus de Fribourg, le bruit se donna de telle sorte que journellement l'on attendoit les Commis de Berne et Fribourg pour deuoir faire le dit *plus,* et on n'auoit plus nulle esperance, fors en Dieu, auquel l'on faisoit prier les garder et preseruer de telle malediction; les paures Chrestiens estoyent en grand marrissement. Les Lutheriens, au contraire, en tant plus grande resjouissance, esperans estre paruenus aux fins de leurs mauuaises ententes. Ainsi la chose fust permanente en tel estat jusqu'au Dimenche 21 Juin que arriuerent au dit Orbe, pour faire ce piteux ouurage du *plus,* assauoir : le Seigneur Ballif du dit Orbe et vn commis de Berne nommé le Banderet Tribolet; et demeurerent au dit Orbe jusqu'au Lundy enuiron trois heures en attendant les autres Commis qui deuoyent venir de Berne et de Fribourg. Mais, sur ces entrefaites, arriua vn messager au dit Seigneur Ballif que chascun s'en deuoit retourner et que, sus les dits affaires et differens, les Seigneurs de Berne et Fribourg n'estoyent pas d'accord et auoyent pris journée d'assignation à Bade, par-deuant les Cantons, sur le dit *plus*. Et, sur ce, furent contrains chascun s'en torner, et par ainsi furent entrelaissez les dits affaires au grand regret de nos Lutheriens et, d'autre costé, au grand resjouissement des Chrestiens desirans viure et demeurer en leur ancienne Religion. Les dittes deux villes Berne et Fribourg, pour le dit *plus,* se prindrent par justice, par certaines journéez tant à Bade que au Pont de la Singinaz, ce qui les entretinst en telle sorte jusques au mois de Juillet que les dittes deux villes prindrent conclusion venir à Orbe faire le dit *plus*.

CCLV.

Du Plus fait en la ville d'Orbe.

De la part de la ville de Berne, vinst au dit Orbe noble Jost de Diesbach et le Banderet Tribolet; de la part de la ville de Fribourg, furent commis et enuoyez le seigneur Anze Reyf et le seigneur Jehan Cuynchis, lesquels seigneurs Ambassadeurs arriuerent au dit Orbe le Dimenche 19 Juillet. Eux estre arriuez firent commandement à tous chefs d'hostel qu'ils se trouvassent au Lundy suyuant, qui fust vigile Sainct-Germain, qui pour lors estoit le patron de la Ville. A cinq heures du matin, fust sonnée et chantée la messe du Sainct-Esprit, à laquelle assisterent les susnommez Seigneurs Ambassadeurs de Fribourg, joints aussi tous les bons Chrestiens fideles. Estre accheuée, l'on sonna le sermon, auquel assisterent les Seigneurs Ambassadeurs de Berne, joints aussi les Lutheriens. Estre accheué le dit sermon, chascun entra en l'eglise; lors les dits Seigneurs Ambassadeurs, tant d'un costé que d'autre, firent chascun vne harangue, tendant tous à vne fin de la cause pour laquelle ils estoyent venus. Les Ambassadeurs de Berne estoyent gens coleres et chauds, tendans à auoir le meilleur. Les Ambassadeurs de Fribourg, d'autre costé, gens doux, non contredisans à tout ce que les dits Seigneurs de Berne vouloyent, qui bien fust cause de nostre ruine. Apres les harangues accheuéez, les dits Seigneurs firent commandement que ceux de la messe se deussent mettre d'un costé et ceux du sermon de l'autre. Et puis furent tous nommez les vns apres les autres, sur lequel nombre se trouua *plus* au nombre des Lutheriens que de la part de la messe, assauoir 18 personnes. Estre cela fait, chascun s'en alla disner, lequel disné pour les vns fust fort triste, et disoyent les bons Chrestiens iceluy estre nommé *le jour de desolation*. Et fust le tout en telle sorte jusques à trois heures apres midy que l'on voulust sonner solennellement vespres, à cause de la solennité du patron; lors, les dits Seigneurs Ambassadeurs de Berne allerent vers les sonneurs et leur firent deffence de non plus sonner, et aux Prestres leur fust deffendu de chanter. Telle deffence fust faite aux sœurs de Saincte-Claire. D'autre part, l'officier qui fait les cries par la ville, au pourchas des dits Seigneurs Ambassadeurs de Berne, fist crie publique par la ville, faisant inhibition et deffence, au nom et pour la part des Seigneurs de Berne, de non plus chanter messe ni vespres en la ville d'Orbe; et estoyent presens les Ambassadeurs de Fribourg sans faire auscune opposition aus dittes cries et deffences. Laquelle deffence ainsi faite tombast en vn regret indicible aux Chrestiens tenans l'ancienne style et mode de viure. Le dernier jour du dit mois, qui estoit feste Sainct-Germain, patron de la ville d'Orbe, estoit iceluy jour pitié d'aller par la ville : l'on n'oyoit sinon pleurer et lamenter crians helas ! Tant de lamentations que c'est chose incredible, et crois que, si la ditte ville eust esté prise d'assaut en guerre et pillée, qu'elle n'eusse sceu tomber en plus grande desolation. Les affaires si piteux furent faits ès jours et an que dessus, au grand resjouissement de nos Lutheriens et au grand regret des Chrestiens tenans la Loy ancienne.

CCLVI.

Ambassadeurs de ceux d'Orbe enuoyez à Fribourg.

Le mercredy suyuant, au matin, partirent d'Orbe pour aller à Fribourg Venerable messire Henry Fessys et honoré Mairoz Bourgeois, et c'est tant pour la part des Seigneurs de la Clergé que aussi de ceux qui desiroyent viure comme nos peres; et c'est pour faire scauoir aus dits Seigneurs de Fribourg s'ils estoyent consentans à vne si horrible et maudite sentence; car les dits bons fideles les tenoyent pour leurs protecteurs et deffenseurs. Et aussi, d'autre part, partit du dit Orbe le Pere confesseur, lesquels firent rapport que les dits Seigneurs laissoyent le tout en surçoyance jusques aux prochains contes du Seigneur Ballif, qui se deuoyent rendre dans trois sepmaines apres.

CCLVII.

Les autels abattus et mis par terre à Orbe.

Le mardy 7ᵉ jour d'Aoust, arriua à Orbe le Lieutenant du Ballif d'Orbe, apportant vn mandement enuoyé de la part des Seigneurs de Berne, lequel mandement contenoit ainsi : que, incontinent apres auoir veu le dit mandement, il ne deust faillir à se transporter au dit Orbe et, pource que le *plus* auoit esté fait en leur faueur, que ils deussent faire abattre les autels et images. Lequel mandement nos Lutheriens eurent mis incontinent en pleniere execution, car tous furent fournis de leurs instrumens, comme de fossoirs, piches, pauferts, palanches et perches et autres choses seruans à tel affaire, et alloyent d'un cœur qu'eussiez pensé qu'ils alloyent à la guerre ou qu'ils auoyent peur que les autels ne se rebellassent. Item, y auoit dedans ce mandement qu'ils deussent inuentorizer tous les biens et ornemens de l'eglise, ce que les Seigneurs de la Clergé refuserent, disans que, quand le Seigneur Ballif feroit paroistre du mandement des deux villes, ils obeiroyent, mais autrement non; par quoy ils les laisserent sans les presser plus outre. Cela estant ainsi passé auec les seigneurs de la Clergé, les dits commis s'en vont torner au conuent de Saincte-Claire vers les sœurs, ausquelles ils dirent le contenu de la charge qu'ils auoyent, leur monstrant le dit mandement des seigneurs de Berne. A ce, les pauures sœurs, bien troubléez, firent responce que, pour obeir au dit mandement, elles mettroyent par terre les autels; et incontinent les firent abattre par vn seruiteur qui estoit à elles. Item, les images furent cachéez en une chambre close, la librairie fust aussi close, les serrures scelléez auec cire et sceau. Et, quant aux ornemens de l'eglise, les dittes sœurs firent requeste d'attendre et vser de patience jusques à plus ample declaration des seigneurs et qu'elles enuoyeroyent aux dits seigneurs de Fribourg homme propre, pour suyure leur bon vouloir. A ce les dits commis accepterent, et ainsi se passerent les affaires jusques le mercredy suyuant, que les susdits commis presserent tant les dits seigneurs de la Clergé que aussi les sœurs, que tous les dits ornemens, tant d'un costé que d'autre, furent reduits et mis en inuentaire.

CCLVIII.

Guillaume de Pierrefleur enuoyé à Berne et à Fribourg.

Le Mercredy 8e jour d'Aoust, partit d'Orbe pour aller à Fribourg noble Guillaume de Pierrefleur, lequel eust audience en plein Conseil au dit Fribourg, en presence des Deux-cents et des Soixante, par-deuant lesquels il fust desclairé, se donnant admiration de ce que les Seigneurs auoyent laissé le tout des affaires en surçoyance et en tel estre jusques aux prochains contes du Seigneur Ballif, lesquels se deuoyent rendre en brief et, depuis tel arrêt, auoit esté apporté mandement de la part des Seigneurs de Berne pour faire à derocher les autels, ce que l'on auoit fait, et scellé les portes de la religion de Saincte-Claire, et autres propos dits par le dit Pierrefleur. Pour lequel rapport furent commis deux des Seigneurs de Fribourg pour aller à Berne et scauoir leur vouloir. Pour quelle cause ils faisoyent ces innouations? Et d'autre part partist de Fribourg vn herault pour aller citer le Ballif pour dire les raisons qui luy faisoyent cela faire; à laquelle citation ne comparust le dit Ballif, causant qu'il estoit malade, mais enuoya homme expres pour porter et faire ses excuses. Cecy estre ainsi fait et passé au dit Fribourg, le dit de Pierrefleur prinst chemin pour aller à Berne et, le 10e jour du dit mois, fust appellé deuant la grace du Conseil de Berne auquel fist presentation d'une supplication, au nom et pour la part des sœurs de Saincte-Claire, par laquelle elles prioyent d'auoir sauf-conduit pour s'en aller par sus leur pays à seureté, elles et leurs bagues sauues, et aussi auoir puissance de pouuoir vendre la maison des Conuerses, tant pour payer beaucoup de deniers qu'elles deuoyent, que aussi pour satisfaire à de si grosses missions qu'il leur falloit supporter pour mener et conduire vn si gros mesnage. Sur laquelle supplication, les dits Seigneurs de Berne donnerent vn sauf-conduit pour les sœurs, adressans au Ballif d'Yuerdon. Item, donnerent vn autre mandement pour donner au Ballif d'Orbe et, dans le dit mandement, estoit ployée la supplication que l'on leur auoit presentée pour en auoir aduis et se scauoir guider aux prochains contes, qui se deuoyent tenir le Lundy 20e jour d'Aoust, lesquels furent remis jusques au Lundy 11 de Septembre.

CCLIX.

Arriuée des ambassadeurs de Berne et de Fribourg à Orbe.

Le Jeudy 23e jour d'Aoust, arriuerent au dit Orbe deux Ambassadeurs de Berne et deux de Fribourg et sesjournerent trois jours, faisans visitation des ornemens des eglises et estimans et calculans, par le menu, tout le reuenu de la Clergé, des chapelles et generalement de toutes les eglises. Et firent rapport aux sœurs de Saincte-Claire que les Seigneurs de Berne et Fribourg leur donnoyent leur sauf-conduit pour s'en aller où il leur plairoit, auec toutes leurs bagues et biens meubles; qu'elles pouuoyent les emmener, et terme de s'en aller jusques à la Sainct-Gal prochaine ; et le totage de la reste fust remis jusqu'au jour que le Ballif rendroit ses contes à Fribourg, qui fust le Lundy 8e jour d'Octobre.

CCLX.

Des contes rendus à Fribourg par le Ballif et de ceux qui y furent enuoyez.

Pour aller aus dits contes, furent esleus de la part de la ville d'Orbe assauoir : noble Guillaume de Pierrefleur et Pierre Turte. Ils eurent charge : premierement, d'aller à Berne et depuis Berne à Fribourg, et ce estoit pour faire requeste aux dits Seigneurs, declarans et disans que, puisque ainsi estoit que, par le vouloir de Dieu, tous les benefices d'eglise estoyent tombez en leur puissance en vertu du *plus* qui auoit esté fait en leur ville, que leur bon plaisir fust les remettre à l'hospital d'Orbe. A laquelle supplication fust respondu que leurs commis viendroyent à Orbe et que allors ils feroyent responce. La semblable requeste fust faite par les Seigneurs de la Clergé, aussi leurs fust faite telle responce. Le Pere confesseur des sœurs religieuses y fust pour auoir puissance de vendre la maison, grange et curtil des Conuerses, ce qui luy fust ottroyé et aussi eust terme de demeurer jusques à Pasques. Laquelle maison et grange fust venduë et deliurée à Claude Bresset, de Colombier pres de Morges, pour lors seruiteur de la Dame

Françoise Matthey, pour le prix de 500 florins, dont le Père confesseur des dittes sœurs, nommé frere Jehan de Freneto, homme fier et remply d'un mauuais vouloir, en fist vn tres-mauuais, lasche et meschant tour aus dits de Pierrefleur, leurs voisins plus proches; car jamais il ne la leur voulust ottroyer pour le prix de 700 florins, de quoy ils la vouloyent acchepter, à cause qu'elle leur estoit bien propice. Il l'ayma mieux donner au dit Bresset pour le prix de 550 florins que au dit de Pierrefleur pour 700 florins. Le predit Pere confesseur ne faisoit pas cela tant seulement, mais les sœurs estoyent de sa qualité. Memoire que icy faut noter que, de la maison des dits de Pierrefleur, il en est sorty *cinq* religieuses, assauoir trois à Orbe et deux à Nicy, dont l'une fust mere Abbesse du dit conuent de Nicy. Et estoyent iceux dits de Pierrefleur les plus prochains voisins de leur conuent d'Orbe, tousjours prets à leur faire seruice, ayans le debuoir comme l'on doit auoir l'un à l'autre, tant à cause de l'alliance des dittes religieuses qu'estoyent sorties de la maison, que aussi à raison qu'ils estoyent les plus prochains voisins. Mais, sur ce, est à entendre que les dittes sœurs auoyent certains à leurs collations, mais jamais les dits de Pierrefleur ne peurent obtenir aucune grace, ni auoir accez enuers elles, nonobstant qu'on leur en fist plusieurs requestes. Je me deporte d'autres petits tours qui n'estoyent de voysin et renonce à les mettre par escrit, ce nonobstant que, pour conclusion, sont dangereuses gens que gens de Religion et, tant que vous vous en pourrez passer, si les laissez passer par le menu, ni trop pres ni trop loin. Par ce petit nota, ne veux entendre que, en Religion, il n'y aye des gens de bien et d'honneur, remplis de grande devotion, mais le plus passe par deuers Sainct-Pol. Icy, veux retorner à la ditte maison venduë à Claude Bresset, comme est dit cy dessus, laquelle fust remise par vendition à Dame Françoise Matthey pour le prix de 550 florins, et, apres l'auoir gardée quelque temps, elle fust remise par acchept à Michel Richard, de Lausanne, pour le prix d'enuiron 900 florins, le dit acchept fait en l'an 1564. Le dit Michel Richard fust pire voysin que tous les autres, car, tandis qu'il estoit locataire de maison, il alloit sautant de l'une maison à l'autre ; mais, je ne trouvay jamais personne qui eust aucun contentement de luy, et à tant je me passe. Le curtil fust vendu à la Dame Françoise Matthey 300 florins. Et est à scauoir que les dittes venditions estoyent faites à rente, car les sommes n'estoyent pas si grosses du deliuré, comme il estoit contenu en l'escrit.

CCLXI.

Du plus fait à Granson.

Le Dimenche 25e jour de Nouembre, arriverent à Granson les Commis et Ambassadeurs, assauoir deux de Berne et deux de Fribourg, et c'est pour faire le *plus* au dit Granson, qui fust fait le Lundy suyuant, à la grande desolation des bons Chrestiens et à la grande resjouissance des Lutheriens, comme leur coustume porte se resjouir plustost du mal que du bien, lesquels emporterent le dit *plus*. A icelle cause, cessa le diuin office et toutes ceremonies ecclesiastiques, dont ce fust pitié.

CCLXII.

Arriuée des Ambassadeurs des deux villes à Orbe.

Le Mardy suyuant, arriuerent les susdits Ambassadeurs à Orbe et, le mercredy suyuant, les dits Ambassadeurs tindrent leur Conseil en la maison de noble Marie de Gleresse, femme de noble Claude d'Arney; auquel Conseil furent inuoqués par les dits Seigneurs les Prestres et Seigneurs d'eglise, ausquels fust demandé s'ils vouloyent prendre la reformation, viure à la Loy de l'Euangile et aller au presche. Lesquels firent responce qu'ils estoyent tous vnis, voulans viure et mourir en la Loy de nostre Mere Saincte-Eglise et selon les ordonnances d'icelle. La responce ainsi faite, les dits seigneurs leur dirent et firent deffence de non plus habiter ni demeurer riere leur seigneurie. Ils pouuoyent bien aller et venir à la ville, comme estrangers, et gouuerner leurs biens, mais non pas pour y faire residence, et se firent apporter tous les tiltres de la ditte Clergé. Aussi firent euoquer tous les beaux du conuent, ausquels ils firent telle demande comme aux prestres; leur fust aussi demandé s'il y auoit point des sœurs et religieuses qui voulust prendre la ditte reformation, mais leur Pere confesseur leur fist responce, tant pour eux que pour les sœurs, au mode et forme comme les Prestres. Lors les dits Seigneurs leur donnerent vn terme d'un mois à vuyder, elles et leur conuent, et, cela fait, ils firent venir deuant eux toutes manieres de gens qui pretendoyent demander ou auoir action sur les biens d'eglise, soit sur chapelle, ou possession, ou autrement; qu'un chascun se deust aduancer et à vn chascun l'on feroit responce; ce qui fust fait et mis par escrit. Et, cecy estre fait, ils laisserent certaines ordonnances pour les deuoir publier à leur sermon, lesquelles furent donnéez au Predicant nommé *Robert Louat*, du pays de France, lequel les publia le Dimenche second jour de Decembre, dont cy appres s'en-suyuent les dits articles :

CCLXIII.

Articles de reformation.

« 1. Premierement, que nul ne se mesle d'an-
» noncer la Parole de Dieu qu'il ne soit esleu et
» ordonné selon le contenu des nouuelles ordon-
» nances par Messeigneurs des deux villes faites.

» 2. Item, que iceux Ministres annoncent la Pa-
» role de Dieu et ne mettent en auant, par leur
» doctrine, ni n'enseignent autre chose sinon ce
» qu'ils peuuent prouuer par la Saincte-Escriture
» du Viel et du Nouueau-Testament, et c'est suy-
» uant la dispute tenuë à Berne et à Lausanne.

» 3. Item, puisqu'en la Saincte-Escriture ne se
» trouuent fondez ni instituez que deux sacremens,
» assauoir la Cene de nostre Seigneur et le Bap-
» tesme; doiuent iceux seulement estre tenus et
» obseruez en l'Eglise cinq fois l'année, assauoir :
» à Pasques flories, le Jeudy apres Pasques flories,
» à Pasques, à la Pentecoste et à Noël, toutesfois

» l'estat de mariage obserué comme Dieu l'a or-
» donné, et à la forme imprimée en vn petit liure.

» 4. Touchant le baptesme, est ordonné que tous
» les jours on puisse baptizer les enfans : toutes-
» fois, serait conuenable qu'en vne chascune pa-
» roisse les enfans fussent baptizez le Dimenche
» apres le sermon, et c'est selon la forme contenue
» au dit petit liure.

» 5. Concernant les gens qu'on appelle d'eglise,
» est ordonné que tous ceux et celles qui voudront
» viure selon Dieu, à la forme de la reformation,
» leur vie durant puissent et doiuent gaudir leurs
» benefices et prebendes, toutesfois les pensions et
» absences deneguéez.

» 6. Pour tant que le mariage des gens d'eglise
» est, par tradition papale, deffendu, est raisonna-
» ble qu'iceluy soit à toute personne apte et idoine
» ottroyé et permis, pour euiter paillardise.

» 7. Quant aux viandes, puisqu'icelles sont ot-
» troyéez de manger en tout temps auec actions
» de grace et sans scandale, ordonnons que cela soit,
» comme dit est, à vn chascun et en tout temps
» libre.

» 8. Item, à cause que gourmandise est vn tres-
» grand vice, est ordonné que tous ceux qui man-
» geront ou boiront plus que ne pourront porter,
» doiuent donner deux florins; pareillement ceux

» qui inuiteront les autres à boire d'autant, qu'un
» chascun donne trente sols ; les predicans et offi-
» ciers estre privez de leur office.

» 9. Touchant les festes, est ordonné que les Di-
» menches doiuent estre obseruéez, adjoint le jour
» de la Natiuité nostre Seigneur, la Circoncision,
» l'Annonciation nostre Dame et l'Ascension nostre
» Seigneur.

» 10. Il est estably que, quand vous ferez sacre-
» mens, que le faciez par le nom de Dieu sans
» nommer les saincts.

» 11. Il est ordonné que chacun se doive deporter
» d'aller à la messe et autres ceremonies papales,
» sous le bamp, l'homme de dix florins, et la
» femme de cinq florins.

» 12. Il est ordonné que tous publics adulteres
» se remettent à honnesteté, delaissans leur mau-
» vaise vie, en tant qu'ils desirent euiter les puni-
» tions suyuantes :

» Premierement, les adulteres qui auront commis
» adultere, homme et femme, qui sera manifeste
» par procreation d'enfans ou par tesmoignages,
» ceux et celles doiuent estre mis en prison et de-
» tenus cinq jours et cinq nuicts, à pain et eau, et
» du potage. A ceux qui portent office, estre priuez
» et dauantage estre detenus trois jours, les predi-
» cans estre privez de leurs offices et ministere et

» aussi estre punis par prison comme dessus et,
» s'ils retournent à leur péché, ils seront tousjours
» punis au double jusques à la quarte fois, qu'ils
» seront bannis.

» Personnes non mariéez commettans paillardise
» doiuent estre admonestez de se deporter et, apres
» l'admonestement, s'ils y perseuerent, doiuent
» estre punis par bannissement et en autre sorte.

» Les p...... vagantes ne doiuent loger en vn lo-
» gis plus d'une nuit et, si l'hoste ne les fait vuyder,
» doit perdre son hostellerie.

» *Touchant les macquereaux et macquerelles* des
» gens mariez, est ordonné qu'iceux et celles doi-
» uent estre mis au collier et donner dix florins et,
» s'ils retournent outre, les bannir, et ceux et celles
» qui feront maquerelage aux gens non mariez, ils
» doiuent estre admonestez. Pour tenir la main sur
» le tout, seront deputez gens par Messieurs des
» deux villes.

» 13. *Touchant les blasphemes,* est ordonné que
» tous blasphemateurs prenans le nom de Dieu en
» vain et autres, doiuent estre admonestez de baiser
» terre et, s'ils font refus, doyuent estre mis en
» prison et payer trente sols de bamp. Le gros blas-
» pheme sera puny plus rigoureusement.

» 14. *Touchant les jeux,* ordonnons que tous
» jeux et gageures ausquelles on peut gagner ou
» perdre argent, soyent deffendus, sur le bamp de

» trente sols et perdre la gageure ; et c'est pour
» toutes les fois que cecy aduiendra.

» 15. *Touchant les habits*, il est ordonné que
» tous, hommes et femmes, se doiuent vestir hon-
» nestement selon leur estat, et deffendons de non
» faire plus *chausses*, ni autre habillement decouppé,
» soubs le bamp de trente sols et perdition des ha-
» billemens ; toutesfois, ceux qui, par cy-deuant,
» sont faits permettons les vser.

» 16. *Touchant les vogues*, il est ordonné que
» toutes benissons, vogues, soyent ostéez et anul-
» lies et que nul ne soit si hardy d'aller en icelles,
» soubs la peine l'homme de dix florins et la femme
» de cinq florins.

» 18. Il est aussi deffendu de ne plus porter des
» patenostres, sus le bamp, l'homme de trente sols
» et la femme de cinq sols.

» 19. Nous sommes tous certains que nul soit
» d'opinion que l'on doiue adorer sinon vn seul
» Dieu ; à ceste cause, l'on ne doit dire l'*Ave Maria*
» en lieu de priere.

» 20. Le *sonnement des cloches* contre le temps
» et pour les trespassez est chose vaine, et, pour
» tant, cela est aboly et deffendu.

» 21. Les *danses* aussi sont deffendues, sur le
» bamp de trois florins.

» 22. Et, affin que les enfans soyent mieux ins-
» truits en la Loy de Dieu et à apprendre à prier,

» à ceste cause ordonnons que les predicans vsent
» du liure appellé le *Catechisme* imprimé à Berne.»
Les dittes ordonnances ont esté publiéez l'an et jour que dessus (2 Decembre 1554).

CCLXIV.

Deploration du predit Banderet.

Si par le passé j'ay eu des tristesses et tribulations, ceste cy, qui s'appelle la *grande desolation* de ces pauures gens d'Orbe, surpasse toutes les autres. C'est que sorty hors du presché, le pauure peuple ayant ouy la publication des susdits articles faits et ordonnez de la part des Seigneurs de Berne, joints aussi nommement les Seigneurs de Fribourg enuers lesquels auoyent si grande esperance, fust marri de les voir consentir à nous faire à viure à la Loy des Seigneurs de Berne, laquelle est du tout contraire à celle qu'ils tiennent, laquelle est selon les ordonnances anciennes de nostre mere Saincte-Eglise ; et à present font ordonnance qui est contreuenante à leur conscience. Hélas ! je m'esmerveille d'un tel consentement ni jamais n'eussions pensé auoir tant petit de cœur qu'ils fussent venus jusques à ce ; car, combien que la lettre auoit esté entre eux faite du *plus*, ce nonobstant elle ne disoit pas que l'on ne deusse aller ailleurs ouyr messe et obseruer les ordonnances de l'Eglise; ce que à present, en vertu des dittes ordonnances, ne pouuons faire. Si jamais telles ordonnances n'eussent esté faites, criéez et publiéez du consentement des Seigneurs de Fribourg et laisser leurs subjets en tel estat, assauoir se contenter du *plus*, leurs dits subjets se passoyent à tant, et ne les destournait gueres; car, tous les Dimenches et autres festes, ils alloyent ouyr messe à Goumoëns, à Panthereaz et autre part où auoyent deuotion. Et pouuoyent estre en nombre sortans de la ville pour aller ouyr messe, à vne lieue ou à deux lieues, enuiron 120 personnes, ce que maintenant, en vertu des dittes ordonnances faites de Berne et Fribourg, leur est deffendu. Et c'est icy les propos que le bon peuple d'Orbe disoit apres auoir ouy telle publication. Et moy, voyant et oyant telles ou semblables desolations, j'en plorois et leuois les yeux vers le ciel, priant Dieu qu'il veuille mettre fin aux grands discords de son Eglise. Amen!

CCLXV.

Des sœurs de Saincte-Claire d'Orbe.

Voyans les sœurs qu'elles ne scauoyent quelle part aller et que leur terme estoit brief pour departir, si que d'un mois, firent supplication aux seigneurs de Fribourg pour auoir plus long terme et leur donner lieu propre, riere leurs terres, pour demeurer ; demandans expressement la ville d'Estauayer, qui est terre du dit Fribourg. Pour porter la ditte supplication, fust commis leur Pere confesseur ; lesquels seigneurs ayans ouy la ditte supplication donnerent terme aux sœurs jusques à Mardy gras et, quant au lieu d'Estauayer qu'elles demandoyent, il leur estoit ottroyé en partie et en partie non. Apres cela le dit Pere confesseur s'en torna, esperant auoir ce qu'il auoit demandé, mais il fust bien loin de son cuider, car, enuiron quinze jours auant Mardy-gras, le dit Pere confesseur torna au dit Fribourg pour auoir entiere responce de son petitoire, il fust entierement refusé et lui fust dit que leur terme estoit accheué à Mardy-gras ; pour quoy elles en fissent pour le mieux, comme elles cognoistroyent. Voyant le dit Pere confesseur estre du tout frustré du vouloir des dits seigneurs ausquels elles auoyent entierement leurs esperances, s'en torna au dit Orbe, bien marri et fasché, et proposa d'enuoyer à Soleure pour les prier d'enuoyer lettres de requeste aux seigneurs de Berne pour allonger leur terme qui s'en alloit expiré; ce qui fust fait, et leur accorderent le dit terme jusques à la my-caresme. Les dittes sœurs, voyans estre ainsi frustréez et mises hors de toute esperance et maximement des seigneurs de Fribourg, ausquels tousjours auoyent eu si grande esperance, ne sceurent que faire, sinon auoir leur recours à nostre Seigneur et auoir autres maints pensemens où elles se pourroyent retirer et à qui elles pourroyent auoir recours. Car le cœur leur faisoit grand mal de laisser leur maison; si, se vont aduiser le vouloir de Dieu, qui les inspira à ce et enuoyerent à Sion, au Pays de Vallay, leur declairant la contrainte en laquelle elles estoyent, assauoir de sortir hors de leur conuent, à cause des *erreurs* qui estoyent seméez en la ditte ville d'Orbe. Pour icelles euiter et fuir, estoyent contraintes sortir hors de leur dit conuent, les prians, pour toute resolution, entant qu'ils estoyent amateurs de la Saincte religion ancienne, les receuoir pour l'honneur de Dieu en leur ville d'Euian. Les dits seigneurs Vallesiens ayans ouy la supplication de ces pauures sœurs, le cœur leur fist à tous grand mal et leur en prinst pitié, leur ottroyans le contenu de leur petitoire, assauoir la ville d'Euian pour estre leur refuge, dont elles en rendirent graces au Seigneur.

CCLXVI.

De la mort de Bertold Pilliuuit.

Le Dimenche suyuant, qui fust le 5 Aoust, mourut à Orbe Berthold Pilliuuit. Il laissa vne fille, nommée Catherine, qui fust seule heritiere, dont à icelle raison elle eust beaucoup de requises. Finalement, elle fust mariée à vn nommé Amey fils de Guillaume d'Anthan, alias Geogi, marchant de Lausanne.

CCLXVII.

Departement de Dame Françoise relicte de feu maistre Jehan-Matthey, d'Orbe.

La Dame Françoise Matthey, causant que la ditte ville estoit succombée à la Loy Lutherienne, comme est dit cy-dessus, se retira et alla demeurer à Fribourg, à la location d'une maison, et c'est pour viure à sa consolation jouxte les ordonnances de Dieu et de nostre mere Saincte-Eglise, laquelle chose estoit deffenduë au dit Orbe. De la ditte Françoise, de sa vie et de sa mort, il en est assez parlé plus à plein cy-deuant, en l'an 1542, au chapistre parlant de la mort de maistre Jehan Matthey d'Orbe.

CCLXVIII.

De la mort de Dame Rose de Cossonay.

Sur la fin du mois de Septembre mourust à Cossonnay noble Rose de Cossonnay, vefue de feu noble Guillaume de Burnens, homme fort riche ; le chasteau de Senarclens, près du dit Cossonnay, estoit à elle. Elle auoit espousé Guillaume de Burnens, homme riche et de grand reuenu ; ils moururent sans auoir eu aucune generation. Elle fist à faire testament à son mary à son plaisir et luy fist à donner son bien à gens qui ne deuoyent rien auoir, laissant et faisant frustrer la sœur de luy et ses enfans, à qui le bien deuoit demeurer et appartenir. Mais, de tout ce ne demeura impunie, selon le juste jugement de Dieu, car, auant que mourrir, elle tomba en si grande indigence qu'elle fust priuée du tout de ses biens. Un homme party de Gap en Prouence (Dauphiné), nommé Pharel, fist accheipt de son chasteau de Senarclens, et puis, appres auoir esté quelque temps en pauureté, elle mourust au dit-Cossonnay.

CCLXIX.

Possession prise du Ballifuage d'Yuerdon.

Le Jeudy 11e jour d'Octobre fust deposé d'estre Ballif d'Yuerdon noble Albert d'Erlach, de Berne; et en son lieu fust mis et posé Jacob Vis, de Berne, qui est conté pour le cinquiesme Ballif. A sa bienvenuë furent congregez et faits à venir tout le ressort du Ballifuage, tant nobles que paysans, et fust le nombre de l'amas des gens qui furent au rencontre, par conte fait, assauoir : deux-mille sept-cents hommes, le tout en bon equipage de guerre, dont les Seigneurs eurent grand contentement.

CCLXX.

Des bancs qui furent faits en l'halle de la ville d'Orbe pour tenir justice.

Au mois d'Octobre ont esté acheuez de faire les bancs qui sont en l'halle, lesquels sont pour y tenir la justice, car parauant il n'y en auoit point, et y fust tenuë la premiere justice le Jeudy 25e jour d'Octobre, et estoit pour lors Chastelain François Vuarney, d'Orbe.

CCLXXI.

De trois religieuses qui sortirent du conuent d'Orbe.

Le Dimenche 9e jour de Novembre sortirent hors de la religion et conuent d'Orbe trois religieuses, lesquelles furent conduytes par le Pere Confesseur Jehan de Freneto et vn autre, son compagnon, et vn Prestre, nommé messire Pierre d'Oppem, jusques au lieu de Polligny où elles furent receuës.

CCLXXII.

Des sœurs de Saincte-Claire d'Orbe.

Pource que les Seigneurs de Berne et Fribourg auoyent donné le terme d'un mois aux sœurs à vuyder dehors de leur conuent et se retirer, qui estoit dans Noël prochain, à ceste cause partit le Pere Confesseur d'Orbe et s'en alla à Fribourg, faisant supplication de allonger le terme, considerant que le terme estoit brief, aussi que le dit temps estoit le plus mal gracieux de toute l'année, ce qui estoit fort mal propice pour les malades, dont il y avait assez. Dauantage supplia le dit Confesseur auoir pour refuge aux dittes sœurs le conuent des sœurs religieuses d'Estauayer. Les dits Seigneurs firent response par lettres adressantes aus dittes sœurs à la forme que s'ensuit :

« L'Aduoyer, Petit et Grand Conseil de la ville de
» Fribourg, nostre amiable salutation premise.
» Devottes, chères et bien ayméez en Dieu; ayant
» entendu le rapport de nos chers et bien aymez
» frères et Conseillers Hanns Reyf et Hanns Cuyn-
» chiz, tant en ce qui concerne vos personnes que
» aussi d'autres affaires par delà, et vostre requeste
» que nous avez faite, et à present par vostre Père

» Confesseur, nous vous auons bien, sur ce, voulu
» rescrire nostre responce. C'est que sommes gran-
» dement desplaisans de l'aduersité qui vous conuie
» de partir du lieu, et maximement du terme si brief
» prescrit. Pour prolongation d'iceluy en auons es-
» cript à nos Combourgeois de Berne, lesquels, à
» nostre requeste, l'ont prolongé jusques à *Caresme-*
» *prenant* prochain. Et, extant que desirez venir à
» nostre monastère d'Estauayer, nous vous asseu-
» rons que nous vous voudrions, en chose de plus
» grande importance, volontiers gratifier. Mais, pour
» certaines raisons, non necessaires à vous rescrire,
» vous asseurons que cela bonnement ne pouuons
» admettre. Neanmoins, d'autant que aucunes de
» vous estes natifues de nos terres et Seignories, et
» maximement au lieu d'Orbe, nous avons bien
» voulu à icelles grattifier et ottroyer le dit monas-
» tère d'Estauayer, desirant que icelles natifues en
» nos terres, qui n'auraient eu leurs biens pater-
» nels et maternels, de le deuoir encor repetir, affin
» que d'iceux biens elles ayent le moyen de viure
» honnestement au seruice de Dieu, auquel nous
» vous recommandons, le prians par sa saincte
» grace et infinie bonté vous consoler et à vous et
» à nous donner sa gloire. Donné ce 6e Decembre
» 1554. »

CCLXXIII.

De la prise de l'année presente.

L'année presente, quant à la prise, elle a esté esgale, tant en bled qu'en vin, comme l'année precedente, dont pour ce me deporte d'en plus escrire pour le present.

Le dernier jour de Decembre furent esleus gouuerneurs Anthoine Griuat et Jehan Matthey.

S'ensuit pour l'année 1555.

CCLXXIV.

Pour l'an 1555.

Procez demené en la justice d'Orbe entre Christophe Hollard et Pierrequin Violet.

Une cause pendante par deuant le Chastelain d'Orbe entre Christofle Hollard, acteur, et Pierrequin Violet, rée. Et c'est à cause que le dit Christofle se vouloit faire reparer son honneur de ce que le dit Pierrequin l'auoit appellé *larre*. Pour justification et approbation de sa demande, il appella pour tesmoins

Claude Bardel, du dit Orbe ; le dit Christofle recusa
le dit Bardel, disant qu'il n'en deuoit pas temoigner,
à cause que le père du dit Bardel et le dit Christofle
auoyent eu, par le passé, procez ; et aussi que le
dit Bardel estoit Papiste et que contre luy ne deuait
dire. Le dit Violet, au contraire, dit et deffendit
qu'il ne disoit chose pour quoy le dit Bardel ne fust
examiné ; et sur le tout demanda cognoissance, laquelle
se rapporta que le plus des Jurez disoyent
que le dit Bardel, ni tous les autres Papistes n'en
deuoyent pas dire. De ceste cognoissance, le dit
Violet en appella par deuant leurs Excellences de
Fribourg, laquelle appellation fust par deuant leurs
Excellences, le Jeudy auant Noël. Mais, quand les
dits Seigneurs de Fribourg, en leur plein Conseil,
ouyrent le contenu du dit procez, que nuls des Papistes
ne deuoyent rien dire, ni estre examinez, iceux
Seigneurs, grandement courroucez et irritez, renuoyerent
la ditte cause au Lundy après les Rois.
Auquel jour furent citez à comparoistre au dit Fricourg
tous les Jurez du dit Orbe qui auoyent cognu
de la ditte cause. Aussi fust cité personnellement
le Seigneur Ballif qui aucit ratifié la ditte cognoissance.
Auquel jour, le dit Seigneur Ballif, ensemble
les dits Jurez, comparurent au dit Fribourg et y
sejournèrent neuf jours, pendant lesquels ils furent
mis au Jaquemar au dit Fribourg, et, au sortir, ils
furent demis et deposez d'assister en la justice et

aussi du Conseil. Le nom des dits Jurez estoit : Pierre Turte, Pierre Bochardet, Pierre Combe, Blaise Champion, Jehan Matthey, Claude Malherbe, Claude Matthey et Louys Barbaz. La ditte cause en fin tomba par-deuant la grâce des Seigneurs de Berne et de Fribourg ès contes qui se tenoyent pour lors à Berne, ausquels contes fust appointé le procez par les dits Seigneurs, non-obstant que le dit Pierrequin amena et produisit beaucoup de tesmoins contre le dit Christofle. Finalement fust cognu concordablement par la justice du dit Orbe que le dit Hollard estoit *larron* et que l'autre l'auoit peu appeller *larre*.

CCLXXV.

Des prisons faites en la ville d'Orbe.

En ce temps furent faites et accomplies deux prisons de bois de chesne, lesquelles furent poséez en la tour carrée du chasteau, l'une sur l'autre. Et coustèrent de façon deux-cents florins ; et les fist un maistre menuisier nommé des Huguets de Mourans à Romond. Item les serruriers de Fribourg vindrent au dit Orbe pour faire et mettre la ferrure des dittes prisons.

CCLXXVI.

Ordonnances faites par les Seigneurs de Berne en leur Pays de Vaud.

En ce temps fust le Pays-de-Vaud tout esmeu à cause que les Seigneurs de Berne firent mandement à toutes les Chastelanies d'estre prests, chacun selon sa puissance ; c'est assauoir : de l'une des Chastelanies six hommes, de l'autre trois ou quatre, et falloit que chascun fust prest et garny d'argent et munitions, aux despends des villes et villages.

CCLXXVII.

De la mort de noble Claude d'Arney.

Le Jeudy 7e jour de Mars mourust à Orbe noble Claude d'Arney et fust son corps mis en sepulture, le Vendredy suyuant, en l'Eglise de Saincte-Claire, où ses predecesseurs estoyent ensepuelis. Le dit noble auoit espousé noble Marie fille de feu noble Pierre de Gleresse, du dit Orbe, laquelle succeda, comme dit a esté, à la moitié des biens de ses feu père et mère, partissant avec vne autre sœur. Le dit noble Claude auoit esté instruit aux etudes, tant à Poitiers que à Paris, au moyen de quoy il estoit homme scauant et eloquent. Il estoit homme cholère. Pour son commencement de mesnage, il allait ordinairement à deux ou trois chevaux, et puis à vn. Finalement il falloit aller à pied. Il se laissa combler en debtes, en sorte qu'il deuinst si très triste que, selon l'opinion de plusieurs, il mourust de regret. Il fust vn homme fort plaind, tant à cause qu'il estoit grand ausmonier que pour les autres vertus dont il estoit orné. Il laissa à sa femme deux fils et trois filles. La première auoit nom Amie, laquelle depuis fust mariée à Joigne, Conté de Bourgogne, en la maison des nobles Ferlins. Les autres se nommoyent Françoise et Batizarde. Les deux fils estoyent nommez François et Pierre ; et pouuoit auoir d'aage le dit noble Claude, quand il mourust, quarante ans.

CCLXXVIII.

Des Suisses qni allerent au seruice du Roy de France.

Au mois de Mars sont passez grand nombre de Suisses par le Pays-de-Vaud pour aller au seruice du Roy de France, et allerent en Piedmont.

CCLXXIX.

Departement des sœurs religieuses du conuent d'Orbe.

Le Mercredy 20ᵉ jour de Mars partirent du dit conuent d'Orbe, à quatre heures du matin, sept religieuses et allerent tant seulement à Bauois, où elles furent honorablement receuës tant du Seigneur que de la Dame du dit Bauois. Le Jeudy suyant partirent tout le reste de dittes sœurs, qui estoyent en nombre douze, qui est en tout dix-neuf, et allerent au dit Bauois vers les autres qui les attendoyent. Elles sejournerent cette nuit et, le Vendredy suyuant, partirent toutes du dit lieu et furent montéez sur des chars qui les conduisirent jusques à Riue du lac de Lausanne (Ouchy), auquel lieu elles disnerent et trouuerent trois nefs qui les conduisirent et menerent jusques à Euian, où elles furent honorablement receues l'an et jour que dessus. Les dittes religieuses partirent, ainsi que dessus, de leur dit conuent, au grand regret des bons catholiques et gens de bien habitans de la ville d'Orbe, et, au contraire, au grand resjouissement des aduersaires, assauoir des Lutheriens du dit lieu. Tous les Prestres de la Clergé de la ditte ville se retirerent à Fribourg, où ils furent reçeus et mis au nombre de leur Eglise; et furent à ce contrains, ou autrement il les falloit viure à la Loy Lutherienne. Et est icy à notter qu'il n'y eust aucun prestre, ni moine, ni aussi religieuses, ni conuerses qui estoyent en la ditte ville d'Orbe qui voulust renoncer à sa religion, quelque party que les dits Seigneurs de Berne leur presentassent. Ce qui n'a esté fait par tout leur pays : car là où la ditte religion est, tous ou la pluspart des gens d'Eglise ont renoncé à leur Loy premiere, comme plus à plein vous auez entendu par cy-deuant.

CCLXXX.

Du plus fait à Sainct-Mauris terre de Granson.

Le Dimenche de Quasimodo, les commis et ambassadeurs de Berne et Fribourg furent à Sainct-Mauris, terre de Granson, auquel lieu ils firent le *plus*. Et pource qu'il se trouva davantage de Lutheriens que de Catholiques, à icelle raison toutes ceremonies ecclesiastiques cesserent et tout fut mis par terre. Et puis vindrent les dits ambassadeurs à Grandson pour partager et emporter les biens des Eglises.

CCLXXXI.

Des biens des eglises de la ville de Granson partagez entre les deux villes Berne et Fribourg.

Le Lundy et Mardy suyuants, les dits commis furent au dit Granson, auquel lieu ils partagerent tout esgaslement tous les biens des Eglises, si comme : calices, ciboires, croix, chappes, chassubles, aubes, tuniques, et generalement tous autres biens meubles mouuants de l'Eglise, tant des moines noirs et prioré du dit Granson que aussi du conuent des Cordeliers. Et quant aux biens et reuenus d'icelles Eglises, beaucoup de gens pretendoyent en auoir, car les vns demandoyent aus dits Seigneurs Ambassadeurs les chappelles par leurs predecesseurs fondéez. Les autres demandoyent des légats. Mais les Seigneurs Commis les remirent tous aux prochains contes du Ballif du dit Grandson, et laisserent ainsi toutes les choses, reserué qu'ils accorderent auec messire Blaise Griuat, d'Orbe, religieux et prieur du dit conuent de moines noirs, auquel ils donnerent par accord, pour luy et les siens, en le mettant hors de son benefice, assauoir mille escus. Item, sa vie durant, la jouissance d'un grand pré et vne grande vigne. Item plus, le diesme de Chamblon qui, par communes annéez, vaut vingt muits, et le toutage il le pouuoit despendre où il luy plaisoit. Car le dit prieur, comme homme de bien, ne voulust renoncer son ordre, mais s'en alla demeurer en la ville d'Estauayer, subjette de Messieurs de Fribourg. Item plus, les dits Ambassadeurs firent pacte et conuention auec vn moine du dit prioré, nommé messire Anzeman, natif de Fribourg ; pource qu'il auoit renoncé à son ordre, les dits Seigneurs luy donnerent de pension, tous les ans vingt escus, deux chars de vin et trois muits de blé ; et cela fait s'en partirent.

CCLXXXII.

Des ambassadeurs arriuez à Orbe.

Depuis Grandson, les susdits Seigneurs Commis vindrent à Orbe et y sejournerent enuiron cinq jours, pendant lequel temps ils partagerent les biens de l'Eglise au mode et forme que dessus est dit de ceux de Grandson. Et est à notter que, quant au partage de l'argenterie, comme calices, ciboires et autres choses qui estoient d'argent, le tout se partageoit à belle balance par les dits Ambassadeurs. Les dits affaires estre ainsi faits et demenez, s'en partirent les dits Seigneurs et s'en tornerent en leur pays en emmenant les biens meubles de nos Eglises. Et voilà le bien et le profit dont nos Lutheriens sont cause !

CCLXXXIII.

Esmotion faite en la ville de Granson.

En ce temps auoit grosse dissention en la ville de Grandson, causant que leur Predicant, nommé maistre Gaspard, auoit dit publiquement que ceux du dit Grandson ne tenoyent conte des mandemens des Seigneurs de Berne et de Fribourg. A icelle cause, la ville insta, par justice, tant à Grandson que à Berne, contre le dit Predicant, qui finalement fust condamné à deuoir crier mercy à la ville de Grandson et se desdire publiquement, ce qu'il fist, et aussi fust deposé hors de son office ; et en son lieu fust mis vn nommé maistre Tristam.

CCLXXXIV.

Des troubles en la ville de Geneue.

Si ceux d'Orbe et de Grandson auoyent des differents et troubles, ceux de Geneue n'en auoyent pas moins ; et c'est à cause des François qui estoyent là arriuez à grande foule, riches et puissans, lesquels taschoyent estre bourgeois et citoyens de la ditte ville. Les principaux Geneuaisans et bourgeois condescendoyent à les receuoir pour tels ; mais le Commun à ce contredisait. Sur ce y eust grosse mutination les vns contre les autres, en sorte que plusieurs en perdirent la vie. A d'autres il leur fallust abandonner la ville, dont le principal estoit nommé *Amy Perrin,* qui pour lors estoit Capitaine de la ditte ville, et beaucoup d'autres. En ces entrefaites, au nom et pour la part des dits bannis, prindrent grand'peine les Seigneurs de Berne de faire l'appointement, mais le tout fust en vain ; car ceux de Geneue n'y voulurent jamais entendre, dont y eust de grands dissentions et quasi toutes alliances rompues entre les dits Seigneurs de Berne et de Geneue. Finalement furent les dittes alliances reconfirméez en l'an 1557. Ce nonobstant, ceux de Geneue ne voulurent jamais permettre que les dits bannis r'entrassent en la ville.

CCLXXXV.

Des jurez de la justice d'Orbe.

Sur la fin du mois d'Apuril, comme il est dit au chapistre cy-deuant, où il est parlé du procès de Christofle Hollard et Pierrequin Violet, parlant des Jurez deposez, et pource que en la justice furent remis d'autres Jurez, assauoir : Claude Griuat, alias Caley, Bertold Griuat, Claude Gauthey, Nicolas Péry, Pierre Matthey et François Fessys, ceux-ci, après auoir assisté en la justice et desirans auoir et participer à la dignité du Conseil, vont machiner entre eux moyen d'y paruenir. Entre autres, qui estoit principal autheur et conduiseur de l'affaire, estoit le predit Calley, lequel, après avoir gagné beaucoup de la pluspart de la ville, s'en alla à Fribourg, luy quatriesme, exposant aux Seigneurs beaucoup de choses contre les dits Jurez demis et deposez, disant que qui n'est digne d'estre des Jurez n'est digne aussi d'estre du Conseil. Car les susdits Jurez, nonobstant la deposition de la justice, toutesfois estoyent tousjours du Conseil jusques à ce que les susdits exposans furent de retour, lesquels apporterent vn mandement au Seigneur Ballif, concernant la deposition des dits Seigneurs du Conseil; il fust publié, et les dits du Conseil deposez le Mercredy 22 de May, an que dessus, qui estoit veille Assomption nostre Seigneur. Et depuis les dits seigneurs deposez allerent à Fribourg, où ils sesjournerent huit jours et firent leurs excuses aus Seigneurs, en sorte qu'ils furent remis en leur premier estat et office, par l'ordonnance des Seigneurs de Fribourg. Ils furent remis le 11 Juin, au poile de l'hospital, en presence des Seigneurs du Conseil de la ville d'Orbe, tant douze que vingt et quatre.

CCLXXXVI.

Possession prise du Ballif d'Orbe.

Au mois d'Octobre, Anze fils de feu Walter Heydoz, de la ville de Fribourg, fist son premier entrage en la ville d'Orbe pour prendre sa possession et estre Ballif en la ditte ville, et c'est au nom et pour la part des Seigneurs de Berne et de Fribourg.

CCLXXXVII.

Des nopces de Blaise Griuat.

Le Dimenche après Noël, qui fust le 29e Decembre, furent faites les nopces de Blaise fils d'Anthoine Griuat, et de Anne Besson, de Romamostier.

Le dernier Decembre ont esté esleus Gouuerneurs Pierre Combe et Pierre Matthey.

S'ensuit pour l'an 1556.

CCLXXXVIII.

Pour l'an 1556.

De la mort de Jehan Sleidan.

Jehan Sleidan, licencié en droit, homme de toute louange, tant à cause de son esprit bien enrichy de toutes graces que de sa grande doctrine, mourut à Strasbourg, le dernier jour d'Octobre, et là fust enterré, en tres grande compagnie de gens qui tous regrettoyent sa vertu.

CCLXXXIX.

Deffence de ne plus tenir cheures à Orbe.

Le Dimenche 25ᵉ jour d'Apuril 1556, sur le soir, fust faite vne crie par la ville d'Orbe, de par les Seigneurs de Berne et de Fribourg, que nulle personne n'eust à garder cheure, passé la Sainct-Martin en hyuer, soubs bamp et peine de cinq florins.

CCXC.

Arriuement des Seigneurs de Berne et de Fribourg à Orbe et à Granson.

Le Dimenche des Rogations, qui fust le 10 de May, les Seigneurs de Berne et de Fribourg, deux de chasque ville, assauoir de Berne le seigneur Tiller et le seigneur Tribolet, et de Fribourg le seigneur List et le seigneur Viellard, tous quatre commis pour partager et ordonner des biens d'eglise et rendre tous legats et donations donnez aux eglises dès la tierce generation. Et sejournerent à Granson pour le dit affaire jusques à la Dimenche suyuant, qui fust le 17ᵉ jour du dit mois, que les dits ambassadeurs arriuerent au dit Orbe pour faire comme ils auoyent fait à Granson, assauoir rendre les legats donnez aux eglises dès la tierce generation, à la sorte que s'ensuit. Premierement, falloit prouuer la ditte tierce generation, tant par gens que par lettres. Item, falloit donner promptement, d'une chascune rehemption aus dits seigneurs, assauoir vn sol par liure; de cent florins qu'on rendoit, falloit donner promptement cinq florins. Item, fust allors vendu le conuent des sœurs et des cordeliers, ensemble les curtils; le tout fust vendu à la ville d'Orbe pour le prix de quatre-cents escus, et vingt escus qu'il fallust donner promptement aus dits seigneurs et dix escus au Ballif d'Orbe. L'eglise du dit conuent fust reseruée pour y prescher. Ils firent aussi vendition des maisons dependantes des eglises et chappelles. Et premierement les seigneurs de Berne firent donation à la ville de la maison de la cure laquelle estoit auprés de l'eglise, de la part du chasteau. Les Seigneurs de Fribourg s'y accorderent, par condition tant qu'il leur plairoit. La cure dessoubs fust ordonnée pour demeurer aux seigneurs des deux villes, et depuis elle fust venduë à Nicolas Galliard, alias dit Mangon. La maison ditte de la Croix fust reseruée pour le Predicant. La maison ditte de Sainct-Paul fust ordonnée pour le Diacre. La maison ditte de Sainct-Jaques fust venduë à Pierre Warney. La maison ditte de Sainct-

Anthoine fust venduë à Jehan, fils de George Griuat. Et est assauoir qu'il fust vendu allors aux gens pour plus de cinq-mille florins que le bien de l'eglise fust diminué. Item, estoit dit qu'il falloit payer, à la Sainct-Martin en hyver, la cense entiere des dittes rehemptions et, depuis là, non plus.

CCXCI.

De la mort de noble Pierre de Pierrefleur.

Le Samedy 24ᵉ jour de Juillet, mourut à Orbe noble *Pierre de Pierrefleur,* luy pouuant estre en l'aage de 37 ans, et mourut sans auoir enfans; il laissa sa femme, nommée noble *Claudine Ferlin,* de Jogne, laquelle, apres la mort de son mary, s'en torna au dit Jogne et emporta tous les biens meubles de son mary, qui furent estimez à la valleur de 500 florins, et depuis elle fust mariée à *Jehan Caffod,* du dit Jogne.

CCXCII.

Prise de l'année 1556.

La presente année a esté grandement pleine de challeur et sans pluye, que bien peu, de sorte que, quant à la recolte des bleds et du foin, ne fust rien plus que de la tierce partie de l'année precedente. Et, quant aux vins, les verdanges furent faites au mois d'Aoust auec suffisance et abondance de vin ; de sorte que le vin, qui parauant se vendoit le char dix escus, l'on l'eust pour trois escus. Le bled qui parauant se vendoit 13 sols, se vendit apres 28 et 30 sols.

CCXCIII.

Derochement d'une maison à Orbe.

Au mois d'Octobre, est tombée par terre vne partie des murailles et de la maison jadis appartenante à vn nommé d'Argillie, depuis à Louys Barbaz, lequel la vendit à Ottonin Vermod. En iceluy derochement, furent morts deux enfans appartenans à Germain Saget. La ditte maison a esté depuis reuenduë par le dit Vermod à Estienne Prelat, demeurant à Orbe.

Le dernier jour du mois de Decembre, selon la coutume, furent esleus Gouuerneurs Blaise Champion et Anthoine Secrestain.

S'ensuit pour l'an 1557.

CCXCIV.

Pour l'an 1557.

Arriuée des Seigneurs ambassadeurs de Berne et de Fribourg en leurs villes d'Orbe et de Granson.

Le Dimenche 28e jour de Mars, les Seigneurs ambassadeurs de Berne et de Fribourg arriuerent à Granson, assauoir : de la part de Berne, le seigneur Tiller et le seigneur Tribolet ; pour la part de ceux de Fribourg le seigneur List et le seigneur Veyllard. Iceux susnommez ont sesjourné au dit Granson dix jours, pendant lequel temps ils se sont mis à vendre les possessions consistants en vignes, prés, curtils, terres et autres dependans du bien de l'eglise, reseruant à eux les censes et les diesmes. Et est à scauoir qu'ils vendoyent les dittes pièces ès conditions suyuantes, assauoir aux honneurs et charges. Il falloit que tous acchepteurs donnassent aus Seigneurs ambassadeurs promptement, pour vn chascun cent florins, cinq florins, lesquels cinq florins n'estoyent comprins en la lettre de l'acchept. Item, il falloit payer le dit accheipt le premier jour de May prochain, assauoir la tierce part, restans les autres deux parties, lesquelles se devoyent payer perpetuellement à cense, assauoir à cinq pour cent, par condition que, en rendant cinq florins, on deschargeoit la cense de cinq florins. Les dits Seigneurs, apres auoir demeuré dix jours à Granson, vindrent à Orbe, auquel lieu ils sejournerent quatre jours en vendant, comme dessus est dit. Et se sont montéez et vendues les dittes possessions à toute extremité, de telle sorte que le vin des dits seigneurs s'est bien monté pour vn chascun seigneur, qui estoyent quatre, et le Balif adjoint, assauoir à 120 escus.

CCXCV.

D'une maladie appelée Coqueluche.

Au mois d'Aoust et Septembre, a couru vne maladie appellée la *coqueluche* generalement par tout le monde. Et peu de gens ont esté qui ne s'en soyent sentis, et en estoyent les vns plus malades que les autres. La ditte maladie ne duroit que trois ou quatre jours, ou huit jours pour le plus. Et, quand quelcun l'auoit, on n'en faisoit que rire, à cause que nul ou peu de gens en mourroyent.

CCXCVI.

Du premier qui vinst demeurer au conuent d'Orbe après le partement des sœurs.

Le Lundy 14 Octobre, vinst demeurer au conuent des sœurs d'Orbe, appres leur partement, vn maistre d'eschole françois nommé maistre Julles, et c'est pour regenter et enseigner la jeunesse; il ramena auec luy sa femme et deux petits enfans. Il fust aussi le premier auquel on donna gage, assauoir 60 florins et vn muits de froment, selon lequel gage a depuis continué; parauant, on ne leur donnoit aucun gage, sinon tant seulement la maison de l'eschole.

CCXCVII.

Prise de l'année 1557.

La presente année a esté fort-plantureuse et fertile, tant en blé que en vin, de sorte que le froment, qui parauant se vendoit trois florins, appres la prise s'est vendu vn florin. Le char de vin, qui se vendoit huit escus, apres la prise, trois escus.

Le dernier jour de Decembre, selon coustume, ont esté esleus Gouuerneurs assauoir : Pierre Bochardet et Claude Malherbe.

S'ensuit pour l'an 1558.

CCXCVIII.

Pour l'an 1558.

De la closture du cemetière d'Orbe.

En l'an 1557 et 1558, ont esté derochéez vne partie des murailles du curtil des sœurs de Saincte-Claire de la ditte ville, aussi vne grande partie de l'eglise de Sainct-Germain, perrochiale du dit Orbe; et, des pierres, l'on a fait les murs fermant entierement le cemetiere du dit Sainct-Germain. Ce cemetiere a esté tout fermé et clos de toutes parts, reserué que l'on a fait vne grande porte fermant à la clef.

CCXCIX.

D'une histoire jouée à Ligneroles.

Le Dimenche apres la Sainct-Jehan, fust jouée vne farce, autrement ditte histoire, appellée *la Prophetie de Jeremie* et *la destruction de Jerusalem*, et fust jouée magnifiquement, auec grande assemblée de peuple. La ditte histoire tendant la pluspart en derision des Prestres et de toutes gens ecclesiastiques.

CCC.

De la mort de maistre Robert Louat, predicant.

Le mardy apres Noël, est mort à Orbe le Predicant nommé *Robert Louat*, natif de France, parauant chanoine d'Assedeyne, pres de Troyes en Champagne, et en son lieu a esté mis par les Seigneurs maistre *Jehan Gondoz*.

CCCI.

De la mort de messire Girard de Pierrefleur.

Le 28 Januier, mourut à Polligny, Conté de Bourgogne, messire *Girard de Pierrefleur*, fils de *Pierre*, luy estant chanoine et maistre aux enfans de chœur du dit Polligny.

CCCII.

De Gondoz, predicant.

Au lieu de maistre *Robert*, Predicant d'Orbe, fust estably *Jehan Gondoz*. Et luy fust admis pour Diacre maistre *Jaques Blecheret*.

CCCIII.

De la prise de l'an 1558.

Le blé se vendist ordinairement en la ditte année 12 ou 13 sols. Et le vin quatre escus le char.

Le dernier jour de Decembre, selon coutume, ont esté esleus Gouuerneurs assauoir : Pierre Turtaz et Claude Matthey.

S'ensuit pour l'an 1559.

CCCIV.

Pour l'an 1559.

Derochement et ruine de l'eglise de Sainct-Germain, eglise perrochiale d'Orbe.

La pluspart du Conseil de la ville d'Orbe estant en ceste deliberation de ruiner, abastre et mettre à fleur de terre l'eglise de Sainct-Germain, qui estoit grande et spacieuse. Pour cela faire, iceluy beau et magnifique ouurage fust crié à voix de crie et puis donné à vn masson nommé *Jaques Vallon* et à *François Barrillet*, tous deux habitans d'Orbe, pour le prix de quatorze escus. Et se deuoit ainsi faire, assauoir qu'ils deuoyent oster et descouurir le toit et mettre la tuyle de part ; item le marrain tout de part ; les clouds et la ferrure tout de part ; et puis abattre les murs jusques à fleur de terre. Sur ce, le mardy dernier jour de Januier, les dits ouuriers voulant mettre leur charge en execution, ainsi comme ils vouloyent commencer, toute la rameure tomba en vn coup par terre, dont se fist vn grand dommage, à cause que la tuile fust toute brisée et rompuë. Au milieu de la rameure, se trouua vn grand corbeau mort, que la ditte rameure auoit tué en se laissant tomber. Le dommage qui se fist pour la ville, tant en la tuyle qu'au marinage, qui fust brisé et rompu, fust estimé à pres de cent escus.

CCCV.

Dissention à Lausanne contre les predicans.

En ce temps, a esté grande dissention entre ceux de Lausanne et leurs Predicans, et maximement contre *Pierre Viret* et ses consorts ; le different fust jusques à se vouloir battre. La cause du different estoit que les Predicans ne vouloyent donner la Cene le jour de Noël comme estoit de coustume, dont ils furent en grand tumulte. Pour ce different appointer, furent commis ambassadeurs des Seigneurs de Berne pour aller au dit Lausanne le tout pacifier, lesquels, apres auoir entendu les differens d'un costé et d'autre, le dit *Pierre Viret* et ses consorts furent bannis de Lausanne, ensemble des terres des seigneurs de Berne. Les dits predicans se retirerent à Geneue et, sur ce, est à scauoir que les françois estans à Lausanne, où il y en auoit grand nombre, les vns se retirerent à Geneue, les autres s'en retournerent en leur pays.

CCCVI.

Du feu qui brusla Arney.

Le Vendredy second jour de Juin, par infortune, le feu se prinst à Arney, qui y brusla cinq maisons. Et, le dit jour, au soir, tomba autant de gresle qu'homme viuant visse jamais tomber ; ce neantmoins, elle ne fist pas grand dommage, mais l'eau qui tomba auec la gresle en fist grandement.

CCCVII.

D'un prix d'arquebuse tiré à Berne.

Le premier Dimenche de May, fust tiré vn prix d'arquebuse à Berne, auquel furent enuoyez les compagnons de toutes les Chastelanies du Pays-de-Vaud. De la ville d'Orbe en fust enuoyez six, et, quand ils furent à Berne, ils se trouuerent 500 hommes tirans. Les dits paysans furent à Berne sans y faire aucun profit, fors qu'il leur fallust donner à chascun, pour la mise, deux testons et vn batz, et si ne virent jamais le prix, mais s'en vindrent tous les dits paysans sans rien faire.

CCCVIII.

Du predicant d'Orbe Jehan Gondoz.

Le dit maistre *Jehan Gondoz*, apres auoir demeuré à Orbe vsant d'office de Predicant enuiron quatre mois, s'en partist d'icelle et s'en alla demeurer à Gumoëns, et c'est pour prescher au dit

Gumoëns et Eschallens, ausquels lieux ils n'auoyent eu auparauant aucun predicant Lutherien, dont iceluy Gondoz fust le premier, car pour lors l'on y chantoit la messe. Iceluy Gondoz estoit remply de bonne grace en predication, mais d'autre costé estoit bien superbe. Il s'en partit d'Orbe pour deux raisons, comme l'on a peu presumer. La premiere est qu'il taschoit de faire son profit, comme homme auaricieux qu'il estoit, esperant mieux faire son profit au dit lieu de Gumoëns et Eschallens qu'il ne faisoit au dit Orbe. Item, il voyait que son Diacre, nommé Jaques Blecheret, de Lausanne, estoit preferé en honneur à luy, et ce estoit à cause de sa science, car il estoit docteur en medecine. Le dit Blecheret auoit peu demeuré à Orbe, assauoir enuiron deux mois, dans lesquels deux mois il luy mourut premierement vne fille et puis apres sa femme, laquelle estoit partie de Berne, de la noble maison *de Diesbach*. Comme l'on peut presumer, elle mourut en partie de regret à cause de l'office que son mary auoit pris, considerant qu'il auoit bien moyen de viure sans estre Diacre, et aussi certes il n'entendoit guerres, ou bien peu, en l'office de predication. Au lieu du dit Gondoz, fust mist au dit Orbe vn françois nommé *Reynet Perottel*, lequel parauant auoit esté cordelier; contre lequel, le jour de sa possession, *Pierre Turtaz* et *Claude Matthey* comme Gouuerneurs s'opposerent et dirent qu'ils yroyent à Berne pour auoir autre Predicant; ce qu'ils firent, et nonobstant ils perdirent leur temps.

CCCIX.

Des ambassadeurs du duc de Sauoie enuoyez à Berne et à Fribourg.

Au mois d'Aoust et de Septembre, ont esté à Berne, à Fribourg et en Valley les Ambassadeurs du Duc de Sauoye, demandans reconfirmation des alliances, ensemble les pays qu'ils tiennent. Aussi en ont aduerty tous les Cantons, pour lequel affaire a esté tenue vne journée de *marche* pour pacifier tous les dits differents, assauoir en la ville de Neufchastel, à laquelle se deuoyent trouuer Ambassadeurs de tous les Cantons, laquelle ditte journée s'est tenue au mois de Januier.

CCCX.

Glaris reduit pour la pluspart en la Loy Lutherienne.

En ce temps, s'est esleué grand trouble et dissention entre ceux de Glaris, à cause de la Religion Lutherienne qu'ils vouloyent prendre; car les

Chrestiens tenans la Loy ancienne auoyent leur refuge aux Cantons que nous disons les Lender, et ceux de Glaris estoyent au nombre des dits Cantons Lender; mesmes estoyent auec eux en la guerre contre Zurich, de laquelle auons cy-deuant parlé en l'an 1531, au chapistre parlant de la guerre des Lender. Les autres tenans le party de la Religion Lutherienne auoyent leur refuge aux Cantons Lutheriens; et par ainsi tous les Cantons s'en vouloyent mesler, dont il y eust grosse dissention entre eux. Finalement, fallust que les Predicans laissassent et abandonnassent le dit Glaris et les laissassent à repos sans faire autre innouation.

CCCXI.

Prise de l'année 1559.

En ce temps, le blé se vendoit à Orbe 24 sols la coppe, la pinte de vin 17 deniers.

Le dernier de Decembre, selon la coustume du dit Orbe, furent esleus Gouuerneurs Anthoine Griuat et Claude Darbonnier.

S'ensuit pour l'an 1560.

CCCXII.

Pour l'an 1560.

Preparations pour la guerre entre le Duc de Sauoye et les Cantons.

Au mois de feburier, pour cause et crainte de la guerre, assauoir que le Duc de Sauoye instoit les Seigneurs de Berne, Fribourg et Vallay à luy deuoir rendre son Pays-de-Vaud, pour lequel different se sont tenues plusieurs journéez d'amitié, tant à Bade que ailleurs. Et, pource qu'on ne pouuoit bonnement scauoir l'issue des dittes journéez, les dits seigneurs de Berne, assauoir deux du Petit et deux du Grand-Conseil, furent commis et ordonnez pour aller par tout leur dit Pays-de-Vaud, de Ballifuage à autre, faisans congregations de tous leurs subjets, vn chascun riere son Ballifuage ; et, eux estans assemblez, les dits Seigneurs leur exposoyent le bruit qui estoit touchant la reduction du dit pays. Mais, « ce nonobstant, disoyent-ils, nous vous prions
» auoir tous bon cœur et n'auoir esperance d'auoir
» jamais autre Prince que nous, et, ceux qui pen-
» seront autrement, les seigneurs les chastieront. »
Et cela se faisoit par mode de remonstrance, de re-

confirmation de serment et fidelité. Item, firent et ordonnerent que tous et vn chascun estant commis en office de guerre, assauoir des esleus qui estoyent pour aller à la guerre dont il est assez fait mention cy dessus plus amplement, se dussent tenir prêts et faire reuisitation nouuelle pour scauoir si iceux estoyent tousjours capables; si moins, en reprendre d'autres. Item, ont fait ordonnance que, dans 14 jours apres leur partement, l'argent des compagnons fust prest, assauoir quatre escus par mois et par homme, et iceux debours aux Seigneurs Ballifs, dont à ce ne furent deffaillans les dits paysans, car, partout et de toutes leurs forces, mettoyent peine à trouuer le dit argent et le livrer aux Baillifs.

CCCXIII.

De la mort de Pierre Warney.

Le 23e jour de feburier, est mort à Morges *Pierre Warney,* natif de la ville d'Orbe, homme sage et de grand esprit en cas de commission, lequel auoit grand credit tant enuers les seigneurs qu'aussi enuers les Ballifs et enuers toutes gens de bien; il fust fort plaind et regretté.

CCCXIV.

De la mort de Louys Barbaz.

Le second jour de Mars, mourust à Orbe *Louys Barbaz,* duquel par cy-deuant a esté parlé sur le fait de la Lutherie, car il s'estoit bien aydé à les aduancer. Le dit Louys Barbaz auoit eu beaucoup de biens et, par deux ou trois fois, il a esté remonté, mais finalement il a tout despendu, de sorte qu'il n'auoit plus guerre ou quasi rien, fors qu'il laissa deux fils et deux filles. Il y a vne chose digne d'estre recitée de luy, c'est que, voulant derocher vne croix de pierre estant sur le cemetiere de Sainct-Germain, vne pierre partant de la ditte croix luy alla ferir sur l'œil, de sorte qu'il en vinst tout borgne, dont plusieurs ne furent marris; et, nonobstant qu'il fust borgne et qu'il eust son payement de la peine qu'il prenoit si grandement contre Dieu, si ne laissa-t-il pour ce de perseuerer en la Lutherie jusques à la fin, qu'il mourust ainsi.

CCCXV.

De la maison de ville d'Orbe jadis conuent de Saincte-Claire.

Nonobstant qu'en la ville d'Orbe l'on disoit beaucoup de propos des sœurs et que le tout tourneroit bien tost, si ne laissoyent pour ce de maisonner de la sorte que s'ensuit, assauoir que, au lieu où estoit le cloistre des Cordeliers, l'on y fist vne fort grande et large caue et, au-dessus de ditte caue voutée, l'on y fist un poile et, sus le poile, on y fist vne chambre et, sus la ditte chambre, la ramure et couuerture, ensemble les deux trauaisons des deux chambres dessus et de celle du poile, qui est en trauaison françoise, faite à petit tralet. Le chappuis qui fist le dit ouurage auoit nom maistre Jehan Borsey, et le masson qui a fait les murs et la caue auoit nom Jaques Vallon et François Barrillet.

CCCXVI.

De la mort de Germain Pelie.

Le 9e jour de May, mourut à Orbe *Germain* fils de *Claude Pelie,* et mourut, comme l'on peut presumer, de poison, lequel il auoit apporté de la guerre.

CCCXVII.

Des Ambassadeurs du Duc de Sauoye.

Au commencement de May, sont passez par ce Pays-de-Vaud les Ambassadeurs du Duc de Sauoye, assauoir le Seigneur *de la Croix,* le Seigneur *de Montagny* et le Seigneur *de Cheuron,* lesquels alloyent aux journéez à Bade, où les Cantons Suisses estoyent.

CCCXVIII.

Possession prinse de la Chastelanie d'Orbe par Estienne Prelat.

Le Mardy 14 de May, le Seigneur Ballif d'Orbe deposa et mist hors de la charge de Chastelain *François Warney* et en son lieu fust mist et posé *Estienne Prelat*. Le dit Warney auoit tenu le siege de Chastelain 25 ans et six mois en bonne equité et justice, desirant administrer à vn chascun droit; et ne scay qu'il y eust en luy chose qui ne fust à louër, fors que, pendant le temps que au dit Orbe l'on auoit la messe et le presche, tousjours faisoit semblant d'aller par devotion à la messe et vser de toutes ceremonies comme les autres catholiques. Ce neantmoins, tant disoit-il de propos que en fin l'on le soupçonnoit, et bien le monstra; car, tout incontinent que le *plus* fust fait en la ditte ville, iceluy Warney se demonstra entierement Lutherien. Il fust deposé de son office à cause de son ancienneté et viellesse.

CCCXIX.

Bruit de guerre.

Le 22 de May, vinst le Ballif à Orbe publier vn mandement au Conseil touchant la guerre comme s'ensuit :

« L'Aduoyer, Petit et Grand Conseil de la ville
» de Fribourg, nostre salut !
« Chers et feaux, pource que certainement auons
» esté aduertis que aux frontieres des Ligues s'as-
» semble grand nombre de gens d'armes auec
» preparatif de guerre, duquel bonnement l'on ne
» peut scauoir contre qui telle preparatiue se peut
» faire ; à celle fin que ne soyons surpris par
» inanimaduertance des choses presentes, ains
» qu'on puisse preuenir et remedier à tous acci-
» dens fortuits, nous sommes occasionnez, par bon
» respect, de faire election et leuer de nos subjets
» soubs la conduite de nostre banniere, tant seule-
» ment pour la deffence de nos pays et terres, et
» non pas à l'intention de vouloir intenter et en-
» treprendre chose quelconque sur autruy, que pre-
» mierement ne nous en soit donnée l'occasion. Sur
» ce vous auons imposé cent hommes, lesquels, in-

» continent apres auoir veu et reçeu la presente,
» vous eslirez et ordonnerez tellement qu'ils soyent
» pourueus d'argent et de victuailles necessaires
» pour quatre mois ou plus, sans que par eux soit
» faite charge aucune. Mesmement que la quarte
» partie des soldats soyent adextres et promps à
» l'arquebuse, munis de toutes apartenances d'i-
» celle, et les autres la plus grande partie accous-
» trez d'armes et autres bastons suffisans et con-
» uenables à leurs estats, ains que en puissions
» auoir contentement, en attendant l'heure et le
» jour que les manderons pour venir et comparoir
» en nostre ville accompagner nostre ditte banniere.
» A quoy satisfaisans, vous ferez vostre deuoir et
» en receurons plaisir et contentement tel que eui-
» terez nostre indignation et chastiment que auons
» singulierement resolu de donner à tous contre-
» disans, opposans et contreuenans à cestuy nostre
» mandement exprès, en corps et en biens, comme
» à rebelles et inobediens, suyuant quoy vn chas-
» cun se scache conduire, et à tant : A Dieu ! Da-
» tum le 16 de May 1560. »

CCCXX.

Diligence faite sur l'exploit du dit mandement.

Le Mardy suyuant, qui fust le 11 May, pour satisfaire au dit mandement, fust fait par les Seigneurs du Conseil le nombre de quarante hommes, et le reste, qui était de soixante hommes, restoit à la charge de ceux d'Eschallens et de la terre. Le Mercredy suyuant, fust tenu le Conseil pour faire ject et impost à vn chascun, selon sa puissance, pour fournir aux susdits quarante hommes esleus. Et fallust donner à vn chascun des dits quarante hommes quatre escus, sans autre fourniture, qui estoit le tout à la charge de la ville, suyuant la teneur du mandement.

CCCXXI.

Autre mandement des Seigneurs de Berne.

Incontinent, vinst vn autre mandement enuoyé au Gouuerneur et Conseil tant d'Orbe que d'Eschallens, lequel disoit et commandoit à deuoir faire election de cent et cinquante hommes, dont, à l'occasion de ce, ceux du dit Orbe, incontinent apres la receuë du dit mandement, firent election de soixante hommes. Et, pour les predits mandemens, tant de Berne que de Fribourg, que iceux esleus deussent estre munis et fournis d'argent et munition, de sorte que leurs seigneuries n'en deussent auoir aucun empeschement; considerant, que la charge de soldoyer tant de gens, comme de cent personnes, estoit insupportable, iceux tant d'Orbe que d'Echallens proposerent enuoyer à Berne et à Fribourg, pour leur faire remonstrance de la ditte charge. Voyant ce, le Ballif prist la charge à luy et se transporta pour la pacification de ces affaires à Fribourg, lesquels Seigneurs dirent que ainsi ne l'entendoyent pas et qu'ils en escriroyent aux Seigneurs de Berne, leurs combourgeois.

CCCXXII.

De la mort de noble et puissant Seigneur N. de Watteuille, aduoyer de la ville de Berne.

Le Dimenche 26ᵉ jour de May, est mort à Berne noble et puissant N. de Watteuille, seigneur de Collombier, Aduoyer de Berne. Le dit Seigneur auoit plusieurs enfans, tant fils que filles, dont entre autres y en auoit vn nommé *Guérard*, le plus vieux, qui fust nourry au service de l'empereur Charles Quint, lequel empereur luy fist plusieurs beaux dons, comme : la Seigneurie de Husie en Bourgogne, et autres dons, tant sur les salines que autre part.

CCCXXIII.

De la mort du Seigneur Euesque de Lausanne.

En ce temps, est mort aupres de Nice (Annecy) en Sauoye reuerend Pere en Dieu le Seigneur Euesque de Lausanne, appellé *Sebastian de Montfaucon*. Le dit Seigneur estoit grand de corps et de vertus, et estoit beau Prelat et bien sceant en son office. A la prinse que les Seigneurs de Berne firent du Pays-de-Vaud sur le Duc de Sauoye, iceux Bernois prindrent aussi la seigneurie du dit Seigneur de Lausanne et la retindrent pour eux, ni jamais depuis il ne fust au dit Lausanne.

CCCXXIV.

Signe apparu sur le lac de Lausanne.

Le 12e jour de Juin apres minuit, fust veu chose admirable sur le lac de Lausanne, car il fust veu partir du ciel comme la grosseur d'une grosse maison, tout ardant en feu, donnant grande clarté sur le lac, de sorte que les gens nageans sur le dit lac pensoyent proprement auoir la fin du monde et brusler. Finalement, apres auoir duré quelque temps, cela se perdit et s'esteignit en vn lieu pres du village appellé *Villette* dans le dit lac.

CCCXXV.

Petitions que la ville d'Orbe faisoit à Messieurs pour sçauoir ce en quoy ils estoyent redeuables au Curé.

Le 12e jour d'Aoust, le Ballif d'Orbe nommé *Anzoz Heydoz*, de Fribourg, rendit ses contes à Berne, ausquels contes furent commis et enuoyez de la part de la ville d'Orbe deux commis, assauoir

Pierre Bochardet et *Blaise Champion* ; et ce estoit pour prier les Seigneurs de les vouloir faire francs de ce en quoy ils estoyent redeuables enuers leur Curé, alleguans pour leurs raisons certains articles en quoy iceluy Curé estoit aussi redeuable enuers la Ville. Dauantage, faisoyent declaration et mettoyent en memoire comment par le passé, aux precedens contes, cela auoit desja esté passé par-deuant leur grace, laquelle auoit ordonné et donné charge à deux commissaires de dresser et liquider les affaires par bonne deliberation et par leur rapport aux presens contes ; priants les dits Seigneurs vouloir ouyr la ditte liquidation par les dits commissaires qui estoyent là presens, lesquels commissaires, qui se nommoyent *Pierre Warney*, d'Orbe, et *Panchaud*, d'Echallens, se presenterent deuant la grace des dits Seigneurs presentans vn papier escrit, suyuant le contenu de leur charge, disant ainsi :

DÉCLARATION DES DITES CHARGES.

« 1. Les habitans et bourgeois de la ville d'Orbe
» tenant charrue payeront au Curé d'Orbe vne coppe
» de froment de leur mesure.
» 2. Qui possedera riere Orbe, en terres et vi-
» gnes, assauoir quatre poses de vignes ou qui au-
» ront la valleur, payeront au Curé vn bichet de
» froment.

» 3. Ceux qui tiendront charruë payeront au
» Curé par an trois couruéez, en trois saisons,
» comme il est accoustumé.

» 4. Ceux qui auront des nascens payeront au
» dit Curé la diesme, assauoir : d'un poulain quatre
» deniers, d'un veau vn denier et d'autres nascens
» jusques à l'autre année suyuante. »

LE CURÉ ESTOIT TENU

« 1. Tous les jours celebrer ou faire celebrer en
» l'eglise de nostre Dame d'Orbe, à l'heure accous-
» tumée, la messe perrochiale.

» 2. Item, le dit Curé estoit tenu de tenir à ses
» missions, jour et nuit deuant l'armoire où estoit
» reposé le *corpus Christi* et sainctes reliques, vne
» lampe ardente.

» 3. Item, le dit Curé, par luy ou par autre
» idoine, estoit tenu celebrer ou faire celebrer,
» tous jours en l'autel Sainct-Germain, vne messe;
» et deuant le dit autel, pendant le dit office, faire
» tenir vne lampe ardente; et toutes les nuits, à
» l'heure de *complies,* ès dittes eglises nostre Dame
» et Sainct-Germain, faire sonner les *ave Maria,*
» comme a esté accoustumé.

» 4. Item, estoit tenu, tous les Lundys, à heure
» accoustumée en l'eglise de Sainct-Germain, à
» haute voix celebrer par le cemetiere et faire la
» procession.

» 5. Item, estoit tenu fournir les cordes des clo-
» ches ès deux eglises dessus dittes.

» 6. Item, en l'eglise de nostre Dame, les Di-
» menches et festes, fournir et entretenir le lumi-
» naire suffisant, et principalement, quand on leuoit
» *le corps de Dieu,* auoir deux torches alluméez.

» 7. Item, que le cierge benit, le jour des di-
» menches et festes en l'honneur de Dieu et de nostre
» Dame, soit allumé comme de coutume.

» 8. Item, qu'il fust tenu tenir honnestement les
» dittes eglises. »

TAUX ET ESTIME FAITE PAR LES COMMISSAIRES D'ORBE ET D'ESCHALLENS SUYVANT LA CHARGE A EUX DONNÉE PAR LES SEIGNEURS DES DEUX VILLES.

Premièrement, ont pris information combien de focages y auoit en la ditte ville, ensemble des charruës, par lesquelles ont trouué qu'allors n'y auoit que soixante focages ayans le pouuoir pour satisfaire le dit bichet jouxte la forme de l'article 2 et six, tant en terres que demy-charruës, deuans la coppe de moisson et couruéez de charruë. Par ainsi, presentement sont redeuables en froment, mesure d'Orbe, 3 muyds, qu'ils ont estimés en forme d'esgance, à raison de 8 sols la coppe, 24 florins.

En couruéez annuellement, à raison de trois par charruë, 28 couruéez, qu'ont esté estiméez par an 3 florins.

Le diesme des nascens, selon l'information prise, par an 1 florin. Somme, le tout réduit en argent : 28 florins.

Touchant ce que le Curé estoit tenu et que la ville demandoit estre rabattu, est qu'il estoit tenu : premierement faire aux seigneurs du Conseil, Chastelain, officiers et commandeurs, tous les ans vn banquet qu'auons estimé, à raison de seize personnes, à trois sols par personne, 3 florins.

Pour les cordes des cloches et tenir net le temple, auons estimé 5 florins.

Pour faire sonner le sermon et autres heures accoustuméez, 18 coppes de froment, reduites en argent, 12 florins. Somme : 20 florins.

Somme sommaire de ce qui est deu à nos tres-redoutez seigneurs : 28 florins.

Somme sommaire de ce que la ville demande : 20 florins.

Par ainsi, restera encor deuant la ditte ville à nos tres-redoutez Seigneurs : 8 florins.

L'accroissement ou diminution des focages et charruës saufs et reseruez.

Touchant les autres articles que le Curé estoit tenu, et que demande la ditte ville semblablement estre mis en liquidation, comme : de faire celebrer tous les jours la messe perrochiale en l'eglise de nostre Dame. Item de tenir jour et nuit vne lampe ardente deuant l'armoire où repose *corpus Christi* et sainctes reliques. Item, de faire celebrer tous les jours en l'autel Sainct-Germain vne messe, et pendant l'office tenir vne lampe ardente toutes les nuits, à heure de *complies*, faire sonner ès dittes eglises l'*ave Maria*. Item, tous les Lundys par le cemetiere faire la procession. Item, de fournir le luminaire suffisant les Dimenches et festes, principalement en leuant le *corps de Dieu* tenir deux torches alluméez. Item, de tenir le cierge benit le jour des Dimenches et festes allumé. De tout ce n'en auons fait aucune estime ni liquidation, d'autant qu'en lieu de cela nos tres redoutez-seigneurs pouruoyent et soldoyent les ministres et Diacres. Et, sur le tout, le bon vouloir et benigne grace de nos dits Seigneurs reseruéez.

La ditte ville d'Orbe estant ainsi reduite à la Loy Lutherienne, comme est dit dessus, les Seigneurs de Berne et de Fribourg firent incontinent à faire les recognoissances du bien de l'Eglise en leur faueur et profit, et les commirent à *Pierre Warney* et à *Panchaud* d'Eschallens, ausquels commissaires les dits seigneurs auoyent donné plenière puissance de faire liquidation des articles precedens ; lesquels la firent de la sorte que dessus est dit, laquelle fust par eux presentée au Conseil, aus contes, comme est dit dessus. Lesquels seigneurs, apres auoir veu le dit calcul, n'en firent aucun conte, mais firent rapport que, si la ville vouloit estre exempte des dits articles et charge, il falloit qu'elle l'acchetast et qu'elle donnast deux cents florins, dix escus au Seigneur Ballif et six escus au Commissaire. Et encor dauantage, que les Seigneurs Commis enuoyez aus dits contes à Berne, pour la part des Seigneurs de Fribourg, ne voulurent accorder la chose qu'elle ne fust passée encor en Conseil à Fribourg. Pour laquelle chose parfaire les Commis, qui parauant auoyent esté enuoyez à Berne, qui estoyent *Pierre Bochardet* et *Blayse Champion*, lesquels ne peurent passer auec les Seigneurs de Fribourg ce qui auoit esté commencé, mais s'en tornerent sans rien faire. Depuis, les dits d'Orbe ont esté par plusieurs fois tant à Berne que à Fribourg esperans tousjours de cela passer, de sorte que les dits seigneurs estans faschez leur firent responce de non y torner plus.

CCCXXVI.

D'un mandat commandant à ceux d'Orbe d'aller aux monstres à Eschallens.

Le Dimenche 22 Septembre, fust publié au Conseil d'Orbe vn mandement du Seigneur Ballif, lequel contenoit comme il auoit receu mandement de Berne luy faisant scauoir la venuë du Ballif qui deuoit venir prendre possession au lieu d'Eschallens le Dimenche 13e jour d'Octobre, mandant sur ce au dit Seigneur Ballif de faire commandement à tous les subjets riere sa charge, de comparoir au dit Eschallens en equipages d'armes pour faire monstre par-deuant les seigneurs faisans compagnie au Seigneur Ballif, suyuant lequel mandement iceluy seigneur commanda à ceux d'Orbe de comparoir au dit Eschallens, en equipage d'armes, au jour predit. Pour se garder de telle subjection furent ordonnez d'aller à Berne noble *Guillaume de Pierrefleur* et *Pierre Turte*, lesquels après leur retour firent rapport que, apres que les Seigneurs eurent entendu leurs raisons, iceux les laisserent et les firent exempts d'aller à Eschallens, à condition que toutes et quantes fois qu'il plairoit au Seigneur Ballif leur faire commandement de faire montre, fust à sa venuë ou autrement, qu'ils le feroyent.

CCCXXVII.

Possession prise du Ballif de Romamostier.

Le dernier jour de Septembre, fust deposé d'estre Ballif de Romamostier noble Benedict de Diesbach, et en son lieu fust mis N...... fils donné de Watteuille, de Berne. Iceux de Romamostier et la terre furent au-deuant en armes et banniere, et pouuoyent estre enuiron 500 hommes. Le dit Ballif auoit bien amené auec luy de Berne enuiron 30 cheuaux.

CCCXXVIII.

Possession prise du Ballif d'Orbe et d'Echallens.

Le Dimenche 13e jour d'Octobre, fust deposé d'estre Ballif d'Orbe et aussi de la Chastelanie d'Eschallens noble *Anze Heydoz*, de Fribourg; et en son lieu fust mis vn nommé *Zeeder*, de Berne. A sa venuë, iceux d'Eschallens et la terre luy furent au rencontre, en armes auec banniere; et pouuoyent estre enuiron 500 hommes bien en ordre. Le dit Seigneur Ballif pouuoit mener auec luy de Berne enuiron seize cheuaux. Le Dimenche premier jour de Decembre, le susnommé Zeeder fist son entrée en la ville d'Orbe et prist possession du Ballifuage du dit Orbe; iceux d'Orbe luy furent au rencontre en armes auec l'enseigne; et la portoit Estienne fils de feu Jehan Matthey. Le dit rencontre fust fait au contentement du dit Ballif, qui pouuoit auoir en sa compagnie enuiron dix cheuaux qu'il auoit amenez auec luy.

CCCXXIX.

Des nopces d'Anthoine Peliez.

Le Dimenche 27 d'Octobre, ont esté faites les nopces à Orbe d'*Anthoine Peliez,* alias dit *Vauchi,* d'une part, et *Pernon,* fille d'Anthoine *du Crest,* d'Yverdon.

CCCXXX.

Different entre les Cantons pour Claris.

Au commencement de Nouembre, fust dressée et tenuë vne journée à Bade, ville deputée et ordonnée par les Cantons, sur le different que les Cantons *Lender* auoyent contre celuy de Claris; lequel Claris est au nombre des Cantons Lender, et parauant auoit esté adjoint auec eux en la guerre qu'iceux Lender eurent contre ceux de Zurich, en laquelle ils eurent la victoire, par deux fois, comme est plus amplement declairé cy-dessus au chapistre parlant de la guerre des Lender contre ceux de Zurich en l'an 1531. Le dit Claris s'étoit associé auec les Lender et auoyent tous promis et juré, par ensemble, de perpetuellement tenir et obseruer selon le mode et stile des ancestres et predecesseurs, sur peine d'estre repris et punis griefuement. Iceux de Claris, nonobstant le dit serment, mirent vn predicant Lutherien, dont à l'occasion de ce se dresserent quelques journéez où ils furent appointez par les Cantons, à condition que l'on auroit la messe et le Predicant; lequel appointement ainsi fait se tinst stable jusques en la presente année que ceux de Claris abolirent la messe, derochans autels et mettant tout par terre, à la façon et maniere Lutherienne. Ceux de Lucerne et autres Cantons Lender voyans le predit appointement par ceux de Claris estre rompu, prindrent les armes pour mener la guerre et les punir. A cette occasion se murent grands differens entre tous les Cantons suisses, car les vns tenoyent le party des dits Lender, auec l'ayde du Pape qui leur bailloit dix-mille hommes et plusieurs autres aydes qu'ils auoyent. Outre plus, iceux de Claris auoyent pour leur ayde ceux de Zurich, de Berne, de Basle et autres. Toutesfois, auant que proceder plus outre, fust tenuë vne journée à Bade en laquelle le different fust appointé et remis le totage ainsi que parauant auoit esté, assauoir refaire les autels, rappeller les Prestres et gens d'Eglise qni auoyent esté dechassez et chanter messe; et fust permis y prescher et pouuoyent aller vn chascun où bon luy sembloit, auec toute liberté.

CCCXXXI.

De plusieurs journéez tenuës pour le Duc de Sauoye.

En la presente année, se sont tenuës plusieurs journéez à Bade entre le Duc de Sauoye et les Seigneurs de Berne ausquels il demandoit reconfirmation d'alliance, à la forme que son pere et ses predecesseurs l'auoyent eue par ensemble, demandoit aussi son Pays-de-Vaud.

CCCXXXII.

Impost fait par les Seigneurs de Berne sur le Pays-de-Vaud.

A l'occasion des dits differens entre le Duc de Sauoye et les Seigneurs de Berne, ceux-ci craingnans la fin des dittes journéez, ont ordonné de faire par le Pays-de-Vaud monstres de guerre, ensemble election de gens pour estre prets à departir au plaisir des dits Seigneurs de Berne. Pour l'entretenement d'iceux gens d'armes, furent mis imposts par tout le pays pour auoir argent et le deliurer promptement aux Seigneurs Ballifs pour le distribuer aux soldats, à l'heure qu'ils seroyent appellez pour partir. Et ce estoit pour vn mois, et de cecy est desja assez parlé cy-deuant et pourtant n'est besoin d'en parler dauantage.

CCCXXXIII.

Troubles.

En la presente année, la Chrestienté, quasi partout, a esté grandement troublée à l'occasion des *erreurs* Lutheriennes qui estoyent espanchéez quasi par toute la Chrestienté, De sorte que l'on tenoit en beaucoup de lieux garnison aux eglises, et maximement en France. Les françois qui s'estoyent retirez, tant à Lausanne que à Geneue, pour raison de la ditte Lutherie, entendans estre venuë l'heure pour retourner en France, vendirent leurs biens meubles à dittes villes pour s'en torner en leur pays, esperans estre venus à leurs desirs, assauoir au destrossement et pillement des eglises. Mais leur entreprise fust descouuerte, dont il en mourust beaucoup, surtout au bois d'Amboise, auquel lieu leur assemblée se faisoit; ils furent quasi tous morts et destruits.

CCCXXXIV.

Prise de l'année 1560.

En la presente année 1560, le bled a esté fort cher au commencement, car la coppe de froment, mesure d'Orbe, s'est vénduë 24 sols et la pinte de vin deux sols.

Le dernier Decembre, ont esté esleus Gouuerneurs, selon la coustume de la ville, noble Guillaume de Pierrefleur et Pierre de la Combe.

S'ensuit pour l'an 1561.

CCCXXXV.

Pour l'an 1561.

Signes espouuantables veus au ciel.

En ce mois de Januier, ont esté veus signes au ciel espouuantables, assauoir contre le païs des Cantons Lender et autres lieux ; comme grande clarté de feu en pleine minuit, gens armez à cheual et à pied cembattans les vns contre les autres. A esté aussi fait grand tremblement de terre, et mesme à

Yuerdon, qui tous sont signes qui ne portent aucun bon presage. Je prie Celuy qui tout a fait et qui scait tout qu'il luy plaise nous prendre à misericorde et nous pardonner nos pechez.

CCCXXXVI.

Du Predicant d'Orbe nommé René Perrotet.

En ce temps, ceux d'Orbe auoyent vn Predicant nommé maistre *René Perrotel,* jadis Cordelier, qui n'estoit ni luy ni sa femme au gré de la ville ; et tous les jours desiroyent en auoir vn autre, et en firent poursuyte et plainte enuers le Seigneur Ballif. Le dit predicant estant aduerty de la poursuyte que la ville faisoit contre luy, son beau fils nommé *Gondoz,* predicant de Gumoëns et luy, vont sur ce, conclurre d'aller à Berne pour obuier à cela et auoir remede opportun. Finalement fust par eux conclu et ordonné que le dit Gondoz iroit à Berne, ce qu'il fist, et, à son retour, apporta vn mandement contenant ce qui s'ensuit :

« Aux honorables et feaux Chastelain et Conseil-
» lers de la ville d'Orbe, l'Aduoyer et Conseil de
» Berne, nostre salut !

« Honorables, discrets, chers et feaux, ayans
» esté aduertis que portez quelque malueillance à

» maistre *René Perrotel* vostre ministre, non pour
» aucune chose digne de reprehention quant à sa
» vie et doctrine, ains seulement, comme auons
» entendu, que c'est pource qu'il a esté par nous
» esleu, et l'auons enuoyé, sans vostre sceu et
» consentement, et que aymeriez mieux auoir pour
» ministre *Nicolas d'Auserre,* jadis ministre de Wil-
» lerens. Nous en auons eu tres grand regret,
» comme de chose fort estrange et contrariante au
» droit de patronat à nous en cest endroit apparte-
» nant, à cause de nostre prioré de Payerne. En
» consideration de quoy et que, pour raison de
» vostre debuoir, ne vous est licite ni bien sceant
» de resister à nostre droit patronal, sans au moins
» monstrer cause ou raison legitime de vostre op-
» position, ou des droits faisans à l'opposite des
» nostres. Auons bien voulu, très-acertes, vous
» admonester et exhorter qu'ayiez à vous deporter
» de telle moleste et impertinente façon de faire,
» et tenir nostre election pour bonne et legitime,
» sans aucunement fascher ou rejetter vostre dit
» minisre, ains le laisser en paix et repos; ou bien,
» en cas de refus, vous transporter par-deuant nous
» pour dire causes et raisons de vostre dit refus et
» nous faire paroir des droits et tiltres par les-
» quels vous pretendez annicheler et rejetter nostre
» droit patrimonial; autrement serons contrains
» d'aduiser aux remedes à ce requis et necessaires.

» Sur ce, vous vous scaurez conduire. Donné le
» 27 de Januier l'an 1561. »

Sur lequel mandement fust ordonné d'aller à Berne pour faire les excuses. Et furent commis pour y aller noble Guillaume de Pierrefleur et Blaise Champion lesquels, à leur arriuée, firent rapport que les Seigneurs de Berne se tenoyent pour contents et auoyent pour aggreable l'excuse par les dits commis faite, comme plus à plein est contenu au mandement enuoyé aux Seigneurs du Conseil.

CCCXXXVII.

Journée tenuë à Neufchastel entre le Duc de Sauoye et les Seigneurs de Berne.

Le 8 de Feburier, se commença vne journée à Neufchastel entre les ambassadeurs du seigneur Duc de Sauoye, d'une part, et les ambassadeurs des seigneurs de Berne. Et ce estoit sus esperance d'auoir moyen de r'auoir le pays que les dits Seigneurs de Berne tenoyent. Les dits ambassadeurs sesjournerent à Neufchastel enuiron trois sepmaines. Et, pource qu'ils ne peurent s'accorder, la ditte journée fust remise au mois de May, en la ville de Basle, par-deuant tous les Cantons. Enuiron la my May, la ditte journée de Basle s'est tenuë, en laquelle il y eust plusieurs Ambassades à la faueur du dit Duc de Sauoye, comme de l'Empereur, du Roy de France, du Roy d'Espagne, du Pape et de plusieurs autres Princes, ensemble aussi de tous les Cantons, et ce estoit tousjours pour pacifier le dit different. Et comme à la ditte journée ils ne peurent auoir appointement, elle fust remise au mois d'Aoust prochain. La sepmaine apres la Sainct-Barthelemy, la ditte journée s'est tenuë au lieu de Basle, en laquelle le dit Prince Duc de Sauoye estoit tousjours persistant à vouloir r'auoir son pays. Pour pacifier le dit different, les Seigneurs Ambassadeurs de tous les Cantons firent vne prononciation, portant qu'une partie du pays que les Seigneurs de Berne tenoyent luy seroit renduë, assauoir les Ballifuages de Gex, de Ternier et de Thonon; le reste de tout le dit pays demeuroit et appartenoit perpetuellement aus dits Seigneurs de Berne. A laquelle ordonnance et prononciation les Ambassadeurs de Sauoye n'ont voulu acquiescer, mais s'en sont tournez sans rien faire, disans qu'ils auroyent le tout du dit pays ou rien.

CCCXXXVIII.

De la gabiole faite à Orbe.

Le 18 de Mars, a esté mise et posée la *gabiole,* laquelle est deuant la maison de Tissot, laquelle fust faite pour y mettre les larrons prenans cloison, fruits et saccageans les curtils, et autres biens. Et iceux estans dedans la ditte gabiole à la veue d'un chascun, les enfans et autres estans autour la deuoyent virer et torner faisans grandes riséez et mocqueries de ceux qui estoyent dedans. Le premier qui y fust mis fust vn appellé Pierre Griuat, alias dit Caca, pource qu'il auoit tondu et pris des perches à des saules qui n'estoyent pas siennes.

CCCXXXIX.

De la mort de Jehan Bally, d'Orbe.

Le 27 de Mars, mourut à Orbe *Jehan Callin,* autrement dit *Bally,* drappier et bourgeois d'Orbe, homme riche ayant vn fils et vne fille. La fille fust mariée à Yuerdon, le fils eust nom Claude et fust marié à vne damoiselle de Geneue nommée Louyse Conseil. Or, apres que le dit Claude fust marié, ne voulust suyure les traces de son pere, assauoir labourer à la maison au mestier de draperie ; mais voulust faire autrement, assauoir estre maquignon de cheuaux, vendeur de bled et charroton ; et partout estoit tousjours perdant. Finalement, gouverna si bien, auec ce qu'il estoit gourmand et dissolutant en vin qu'en viandes, voulant tousjours estre aus tauernes, qu'ils perdirent tous leurs biens et furent contrains sortir hors de leur maison, le tout vendu et perdu par la justice, dont fust pitié pour le pere, la mere, sa femme et les petits enfans. Le dit Claude alla mourir à Lyon de peste, sa femme s'en alla à Cleruaux, en Bourgogne, où elle tinst eschole de filles ; et partout fust la bien venue.

CCCXL.

De la mort de Anthoine Secrestain.

Le Vendredy 26e jour 2e May, mourust à Orbe *Anthoine Secrestain,* jadis Chastelain d'Orbe, duquel, au commencement de ce liure, est assez amplement parlé. Le Dimenche suyuant, mourust vn commissaire fils de Pierre Turtaz. Aussi est mort à Granson messire Blaise Griuat, natif et fils de George Griuat, prieur du dit Granson.

CCCXLI.

De la maison de la ville en laquelle estoit autresfois le conuent de Saincte-Claire et à present on y tient tauerne.

Le premier hoste qui vinst demeurer en ditte maison fust vn homme appellé Jaques Brocart et sa femme auoit nom Marguerite d'Egy. Le jeudy 18e jour du dit mois de Septembre, fust mise et posée la grand' porte en la ditte maison, laquelle est de noyer et cousta enuers le menuisier qui la fist, tant du bois que de la façon, six escus. Le jour feste Sainct-Maurice, a esté pendue l'enseigne de la tauerne en ditte maison qui estoyent deux poissons nommez saulmons.

CCCXLII.

De la prise de noble Claude de Villard.

Le samedy 18e jour d'Octobre, fust pris et mené en prison à Orbe noble Claude de Villard et Maire Gillard, alias Rebatte, et la cause de leur prise fust pource que les Seigneurs de Fribourg, ausquels estoit l'alternatiue de dominer, auoyent entendu qu'ils estoyent gens soupçonnez de mal viure et d'estre vaudois et heretiques. A icelle raison et par commandement des Seigneurs, ils furent prins et estans ainsi detenus on fist examen encontre d'eux, lequel, pource qu'il ne se trouua indices suffisans, ils furent relaschez et mis en liberté le neuf de nouembre.

FIN.

NOTES

Page 9. — François de Pontverre, seigneur de Ternier, que ses connaissances militaires avaient fait être capitaine de l'association ou confrérie des gentilshommes de la Cuiller, dirigea avec succès la guerre de partisans entreprise contre les citoyens de Genève. Malgré cet état d'hostilité, il avait été tacitement convenu que, des deux côtés, on jouirait d'un libre passage les uns sur les terres des autres ; c'est pourquoi les confrères de la Cuiller traversaient assez souvent la ville de Genève. En 1528, Pontverre se rendant à une assemblée de l'association convoquée à Nyon, adressa au portier de St-Gervais des propos insultants et contre l'honneur genevois. A son retour, accompagné de trois chevaliers, Pontverre entreprit de traverser secrètement Genève, mais il fut reconnu aussitôt, et le peuple, irrité des bravades continuelles de ce personnage, se fit justice, sans prendre le temps de recourir à l'intervention quelque peu lente des tribunaux.

Les gentilshommes de la Cuiller se montrèrent fort irrités de cette mort, particulièrement le prieur de Bellevaux et le baron de La Sarraz (Michel Mangeroz), d'un courage très équivoque, et, suivant l'historien Spon, habitué à faire plus de bruit que de mal ; ce prieur commendataire de l'abbaye de Bellevaux était François de Beaufort, qui plus tard se fit appeler Monsieur de Rolle, parce qu'il acheta la terre de ce nom. Berne et Fribourg reçurent une réclamation du duc de Savoie ; mais Genève, par la bouche de ses députés, Robert Vandel et Jean Lullin, parvint à se justifier. L'accommodement prononcé par les deux villes alliées n'empêcha point la confrérie de continuer à inquiéter Genève par ses brigandages, en dévalisant les marchands et en interceptant les communications. Un aussi déplorable état des choses fut néanmoins suspendu par la petite armée de 700 hommes, Bernois et Fribourgeois, qui vint, en 1530, secourir Genève et brûla chemin faisant le château de Rolle avec la plupart des donjons et autres repaires des membres de la noble confrérie, laissés sans défense. Car, à l'approche des Suisses, ces hobereaux, suivis de leurs bandes mercenaires, s'étaient promptement réfugiés dans le Chablais et en Bourgogne. (Voyez Spon, *Hist. de Genève*, in-4º. I. p. 205.)

Un membre de la même famille de Pontverre a prétendu, dans le XVIIIe siècle, continuer contre Genève une guerre moins barbare, en faisant de la polémique religieuse. Benoît de Pontverre, mort en 1733, après avoir été curé de Confignon pendant quarante ans, écrivit contre le protestantisme et réussit, dit-on, à gagner plusieurs prosélytes, entr'autres le célèbre Jean-Jacques Rousseau. (Voyez Grillet, *Dict.* II. p. 205.)

Page 10. — Michel Mangeroz ou Mangerod, seigneur de Myon en Bourgogne, mentionné dans la note précédente, issu d'une famille originaire de Salins, avait été page de Claude d'Arberg, seigneur de Valangin et de Beauffremont. Il possédait la baronnie de La Sarraz du chef de sa mère, Antoinette de La Sarraz, sœur de Bartholomé, sire de La Sarraz, mort sans postérité légitime. Une transaction ménagée (1512) entre les prétendants à l'héritage de ce dernier accorda la terre de La Sarraz, d'abord viagèrement, à la douairière Huguette de Saint-Trivier, puis à Michel Mangeroz, sous réserve d'une indemnité et de la réversibilité en faveur des deux frères Jacques et François de Gingins et de leurs descendants, auxquels cette baronnie parvint en effet, trente ans plus tard, à la mort de Michel Mangeroz, qui ne laissa pas d'enfants de ses deux mariages.

Lors de la dernière invasion bernoise dans le Pays-de-Vaud, en 1536, le baron de La Sarraz, suivi de deux gentilshommes vaudois, François de Saint-Saphorin, seigneur du dit lieu, et Claude de Dortans, seigneur de l'Isle, secondés par Henri de Treytorrens, gouverneur de la ville pour le duc de Savoie, entreprit de défendre Yverdon avec une troupe de 300 hommes. Après une faible résistance, la ville se rendit à discrétion (25 février 1536). Mais, cette fois encore, les Bernois ne parvinrent pas à s'emparer de Michel Mangeroz, qui, pendant les négociations et favorisé par la nuit, avait réussi à se réfugier à Saint-Claude, en Franche-Comté, où il termina, en 1541, sa carrière agitée. Claudine de Gilliers, sa veuve, avait imploré la clémence des Bernois, qui lui accordèrent la jouissance des propriétés de son époux, moyennant une forte rançon; elle devint ensuite la femme de François de Gingins, seigneur de Divonne et du Chatelard, qui transmit à sa famille la baronnie La Sarraz. (Voyez M. de Gingins, *Annales de l'abbaye du lac de Joux*, p. 105.)

C'est par erreur que Verdeil (*Histoire du canton de Vaud*, 2e édit., I. p. 380) parle de « Madame de Sévery, femme de M. Pesme de St-Saphorin, qui commande à Yverdon. » Claudine de Sévery, veuve de Jean de Mont, donzel d'Aubonne et de Payerne, avait épousé, en 1531, François de St-Saphorin, chevalier, seigneur de St-Saphorin sur Morges, qui, dans un acte public du 18 juin 1534, est qualifié « capitaine de la ville d'Yverdon de la part du duc de Savoie. » (Invent. de Loys, n° 2538.) André de Pesme, de Genève, né le 17 octobre 1568, est le premier individu de sa famille qui acquit des droits féodaux à St-Saphorin.

Page 11. — L'héritière de la seigneurie du petit village d'Aruffens, dans le canton de Fribourg, Louise, fille d'Arthaud de Illens, apporta cette terre à son mari, Jacques Mestral, donzel de Mont, signalé, par l'historien Spon, comme un des membres les plus échauffés de la confrérie de la Cuiller : « un certain M. d'Aruffens tua, dit-il, un jour, dans le » Pays-de-Vaud, le serviteur d'un marchand de Genève. » (Spon, *Hist. de Genève*, in-4°. T. 1. p. 205.)

Page 13. — L'église et le couvent de Sainte-Claire d'Orbe ont été fondés par Jeanne de Montbéliard, femme de Louis de Châlons, prince d'Orange; et par une bulle datée du 17 septembre 1426, le pape Martin V approuva cette fondation. La princesse Philippine de Châlons, sœur de Hugues, sire de Château-Guyon et ci-devant seigneur d'Orbe, avait pris le voile dans ce couvent peu d'années avant que la guerre de Bourgogne éclatât, et elle y mourut en odeur de sainteté, en 1507. Hugues de Châlons étant décédé, le 31 juillet 1490, sans postérité, sa veuve, Louise de Savoie, fit vœu de suivre l'exemple de sa belle-sœur et d'entrer en la religion des filles de Sainte-Claire; elle s'y retira effectivement à l'âge de 30 ans, accompagnée de ses deux filles d'honneur, Charlotte de Saint-Manoir et Catherine du Sau. Louise de Savoie dota, selon l'usage, l'église de Sainte-Claire d'une nouvelle chapelle et fonda une messe quotidienne; elle mourut au couvent des Claristes d'Orbe, le 24 juillet 1503, à l'âge de 41 ans, après avoir donné l'exemple d'une vie toute remplie d'austérité et de piété. Plus tard, cette princesse fut mise au rang des *bienheureuses* par le pape et l'église de Rome. Pendant les premiers troubles de la réformation (en 1531), Philiberte de Luxembourg, princesse d'Orange, fit retirer du couvent de Sainte-Claire d'Orbe et transporter à Nozeroy les restes mortels de Philippine de Châlons et de Louise de Savoie. Le souvenir des vertus modestes de ces deux princesses et la piété exemplaire des religieuses Claristes qui, pour la plupart, appartenaient aux plus notables familles d'Orbe, contribuèrent sans doute à fortifier la résistance que la nouvelle doctrine, prêchée par les réformateurs, rencontra dans cette ville.

Les religieuses de Sainte-Claire d'Orbe abandonnèrent ce couvent, le 20 mars 1555, au nombre de dix-neuf, y compris la mère abbesse, et se retirèrent dans l'asile qui leur avait été ouvert à Evian, où elles se trouvèrent réunies à leurs sœurs du couvent des Claristes de Vevey, qui avait été supprimé déjà en 1536, et partagèrent le même sort. (Voyez M. de Gingins, *Hist. de la ville d'Orbe*, p. 109-111.)

Page 21. — Guillaume Farel, dont le nom est ici écrit Pharel, né au village de Farel ou Fareau, près de Gap, en 1489, appartenait à une famille noble. Ses deux frères, Claude et Gauthier Farel, embrassèrent comme lui la réforme évangélique et, en 1549, se fixèrent dans le Pays-de-Vaud, où ils possédèrent jusqu'en 1576 la coseigneurie de Senarclens. (Voyez une note sur la page 321 de cette Chronique.)

Le plus intrépide de nos réformateurs est trop connu pour que l'on essaie de rappeler ici ses travaux incessants. Il exerçait encore le ministère évangélique lorsqu'il mourut à Neuchâtel, le 13 septembre 1565, à l'âge de 76 ans.

« Farel, écrit M. Mignet, était éminemment propre, par ses défauts comme par ses qualités à la tâche qui lui fut assignée dans le grand travail de la réforme. Il était infatigable de corps, ardent d'esprit, intrépide de cœur et doué d'une volonté indomptable. Sa conviction et sa passion lui donnaient un singulier ascendant. Il fut le plus entraînant des réformés français. Il avait de cette éloquence populaire avec laquelle Luther avait subjugué les masses, et de cette intrépidité héroïque qui fait sortir des grands périls en les bravant; mais il était dépourvu de cette prudence politique qui avait concilié à Luther la faveur des princes d'Allemagne, et à Zwingle l'assistance des magistrats de la Suisse. »

Laissant de côté la théologie spéculative, Farel s'attachait à développer dans ses écrits ses idées favorites : devoirs envers Dieu, ou la foi ; devoirs envers le prochain, ou la charité. Parmi des ouvrages qui, du reste, n'ont pas une grande importance littéraire, nous signalerons son *Traité du purgatoire* (Serrières, près Neuchâtel, 1534, 21 feuillets pet. in-8°, réimprimé en 1543 in-12) et le *Liure des marchans, fort vtile a toutes gens pour cognoistre de quelles marchandises on se doit garder d'estre trompe* (publié aussi à Serrières, 1534, 32 feuillets pet. in-8°). Ces petits volumes, fort rares, surtout de cette édition originale, combattent vivement plusieurs dogmes de l'église romaine.

Page 38. *Note 5.* — Pierre Viret, l'un des plus illustres missionnaires de la réforme religieuse de la Patrie de Vaud, naquit à Orbe, en 1511 ; son père, Guillaume Viret, tondeur de drap, l'envoya à Paris, où des études excellentes le préparèrent à recevoir les lumières de l'Evangile. Agé de vingt ans, Viret était déjà de retour dans sa famille, et Farel, avec lequel il avait contracté, à Paris, une étroite amitié, s'empressa de se l'associer dans les combats incessants qu'il livrait aux superstitions de l'église romaine.

Une biographie complète de ce réformateur, mort à Orthez, en 1571, ne tardera pas à être publiée par M. Hermenjard, qui, depuis plusieurs années, en fait l'objet d'un travail consciencieux.

Il est à remarquer que Pierre Viret n était pas la première personne de son nom qui osa s'écarter des doctrines du clergé officiel. On lit dans une grosse d'Orbe, à la date du 17 juin 1518, que « feu Nicod Viret, de » Valleyres, avait été exécuté jadis, *pour cas d'hérésie*, et que ses biens » d'Orbe avaient été confisqués » (Grosse *Krumenstoll*, fol. 146, aux Arch. cant. M. de Gingins, *Hist. d'Orbe*, note 432.)

Le père Niceron (*Mém.* T. XXXV. p. 111-120) a donné les titres de 29 ouvrages de Pierre Viret; voici ceux que les curieux recherchent tout particulièrement :

1. *Disputations chrestiennes, en manière de devis, divisées par dialogues.* Genève 1544. in-8°. 918 p.
2. *Dialogues du désordre qui est à présent au monde.* Genève 1545. in-8°. 1010 p.
3. *Le Monde à l'empire et le Monde démoniacle.* Genève 1550, in-8°. Réimprimé en 1561, 1579 et 1580.

4. *L'Office des morts fait par dialogues en manière de devis.* Genève 1552. in-8°.
5. *Disputations chrestiennes touchant l'état des trépassés.* Genève 1552. in-8°.
6. *La Physique papale.* Genève 1552. in-8°.
7. *La Nécromancie papale.* Genève 1553. in-8°.
8. *La Métamorphose chrestienne.* Genève 1552. in-8°. Réimprimé en 1561 et 1590.
9. *Les Cauteles et canons de la messe.* Lyon 1563 ou 1564. in-8°. 198 p. Traduit en anglais. Londres 1584. in-8°.
10. *L'Interim fait par dialogues.* Lyon 1565. in-8°. 461 p.

M. Gustave Revilliod, le soigneux éditeur du *Levain du Calvinisme*, de sœur Jeanne de Jussie, et des *Actes et gestes merveilleux de la cité de Genève*, d'Anthoine Fromment, vient d'obtenir la certitude que les *Satyres chrestiennes de la cuisine papale* (Genève 1560. in-8. 132 p.), attribuées jusqu'à ce jour à Pierre Viret, sont sorties de la plume virulente du savant imprimeur Conrad Badius.

Page 49. *Note 7.* — Les *Monuments de l'histoire de Neuchâtel* (p. 34) rapportent un acte donné, vers l'an 1194, par Roger, évêque de Lausanne, qui fait mention déjà à cette époque des *frères convers*, établis à la Lance et dépendants de l'abbaye de Fontaine-André. Ce nom rappelle soit la lance dont le Christ fut percé sur la croix, soit la lance de St-Maurice; et, suivant la tradition, une parcelle de l'une ou de l'autre de ces armes se conservait dans le trésor du monastère.

Située au milieu d'une vaste forêt voisine de Concise et du lac de Neuchâtel, la Lance resta longtemps comme oubliée, enfin elle fut tirée de la dépendance de l'abbaye de Fontaine-André, et, par une donation considérable (en 1320), Othon, sire de Grandson, du consentement de sa femme, Blanche de Savoie, et de son neveu Pierre, seigneur de Belmont, mérita d'être reconnu comme le restaurateur, ou plutôt comme le vrai fondateur de ce couvent, qui dépendait de l'ordre des Chartreux, distingué par la sévérité de son institut.

Si la cupidité stimulait le zèle religieux des seigneurs de Berne pour l'avancement de la réforme dans les terres de leur dépendance, un même mobile faisait déjà oublier aux seigneurs de Fribourg les intérêts des doctrines romaines. Les deux Etats s'entendirent amiablement (1536) pour s'approprier les biens ecclésiastiques à leur convenance. Ils se partagèrent le mobilier et l'argenterie de la chartreuse et vendirent la maison avec ses dépendances à Jacques Tribolet, bourgeois de Berne et bailli de Grandson, pour le prix de 4000 livres. La Lance est aujourd'hui un beau domaine entre les mains d'une famille neuchâteloise. (Voyez : *Titres et droits concernant la chartreuse de la Lance*. Berne 1735, in-4°. *Inventaire des titres de M. le major Tribolet de la Lance*. Berne 1735, in-fol., et *Mémorial de Fribourg*. 1855, in-8°.)

Page 98. — Les motifs de l'extrême sévérité que, dans cette occasion, montra le gouvernement bernois se trouvent expliqués dans une note de Verdeil (*Histoire du canton de Vaud*, 2ᵉ édition, I. p. 340). « Les catholiques vainqueurs à Cappel, en 1531, mirent des rameaux de sapin à leurs capes pour signe de leur victoire. Dès cette époque, les catholiques, lorsqu'ils voulaient insulter les protestants, mettaient de ces rameaux à leurs chapeaux. Aussi tout port de branches de sapin fut-il sévèrement défendu par des traités entre les cantons catholiques et protestants. »

Il paraît néanmoins que l'exhibition de rameaux verts était déjà interdite à Genève avant l'époque de la réforme, puisque, le 4 octobre 1524, le vidomne condamnait quatre barbiers à 60 sols d'amende pour avoir mis des branches de feuilles devant leurs boutiques, le jour de St-Cosme et St-Damien, contre les défenses. (Voyez Grenus, *Fragments historiques tirés des registres du conseil de Genève*, p. 120.)

Page 101. *Note 8.* — Béatrix de Portugal, femme de Charles III, duc de Savoie, et fille d'Emmanuel, roi de Portugal, était, dit Guichenon (*Hist. de Savoie*, p. 657) « une des belles et sages princesses de son temps, mais altière, suivant le vice de sa nation. » Elle fut reçue dans les Etats de son époux avec des honneurs extraordinaires. Les Piémontais lui ayant offert 50,000 florins, le Pays-de-Vaud ne voulut pas rester en arrière; il résolut de faire à la nouvelle duchesse un présent pour la joyeuse entrée en levant sur les contribuables de fortes impositions. Béatrix de Portugal mourut à Nice, en 1538.

Page 119. — Le manuscrit que nous suivons porte le *seigneur de Verrey* (et non *de Perrey*). Il s'agit ici de François de Montbel, seigneur de Dullins et de Vérey, gentilhomme ordinaire de la chambre du roi François Iᵉʳ. Comme la famille des comtes de Montbel et d'Entremonts était originaire de la Savoie, le duc Charles se permit en cette occasion une odieuse vengeance; sous le prétexte abusif que le seigneur de Vérey était son sujet félon et rebelle, il le traita en conséquence. (Voyez Guichenon, *Hist. de Bresse*, III. p. 172. Spon, *Hist. de Genève*, I. p. 268. Grenus, *Fragm. histor.*, p. 220-223.)

Page 120. — Jean, co-seigneur d'Estavayer, résidant à Berne (janvier 1536) en qualité d'ambassadeur du duc de Savoie, était fils de Philippe, co-seigneur d'Estavayer, seigneur de Mézières et de Molondin, et de Charlotte de Luxembourg, fille cadette de Pierre de Luxembourg, comte de St-Paul, et de Marguerite de Savoie, veuve de Jean, marquis de Montferrat, et fille de Louis, duc de Savoie, et d'Anne de Lusignan. (Chérin, Cabinet de l'ordre du Saint-Esprit, à la Bibliothèque impériale.)

Page 122. — Le nom de Vaudois, commun aux habitants de l'ancien Pays de Vaud et aux protestants des Vallées du Piémont, ne saurait remonter à une même origine; les étymologies très distinctes de leurs dénominations anciennes n'ont rien qui rapproche ces deux races. Notre auteur lui-même, issu de l'une de ces races, n'a évidemment pas eu l'intention de désigner ici et dans d'autres passages analogues (pages 128, 174 et 389) quelques individus marquants de l'une ou de l'autre population.

L'esprit exclusif et intolérant de l'Eglise romaine, voulant stigmatiser des sectes dissidentes, réussit à présenter au peuple catholique les hérétiques des Vallées vaudoises du Piémont comme méritant la haine et le mépris de tous les chrétiens. Dès la fin du XIVe siècle, les écrivains ecclésiastiques ont employé les mots *Vaudois, Vaudey*, pour désigner des gens accusés de sorcellerie; on s'en est même servi comme synonymes de crimes beaucoup plus honteux et plus réels que l'exercice de prétendus maléfices.

Devenus pour les peuples un objet de haine et d'horreur, les *Vaudois* du Piémont, de même que tous ceux qui s'écartaient plus ou moins des doctrines professées dans l'Eglise officielle, figurèrent depuis cette époque comme des monstres convaincus d'avance des crimes les plus détestables que les flammes d'un bûcher pouvaient seules effacer. M. Schmidt *(Hist. et doctrine des Cathares ou Albigeois*, T. 2, p. 292) rappelle que les termes de Cathares, de Ketzer en Allemagne et de Bulgares (Bougres) en France ont eu le même sort. Ce détournement du sens primitif du mot nous renvoie à une époque où celui-ci était très connu du peuple, et où la secte qui le portait était généralement haïe et persécutée.

Dans son *Histoire de Fribourg*, M Berthold reconnaît aussi que les doctrines des Albigeois avaient toujours trouvé des adhérents dans l'ancien évêché de Lausanne. Du reste, l'accusation de sorcellerie n'était le plus souvent qu'un prétexte pour perdre ceux dont on avait juré la mort.

Page 126. — *Pauure vire aste*, lit-on dans le manuscrit original de notre Chronique. M. de Gingins (*Annales de l'abbaye du lac de Joux*, p. 104) interprète le mot *aste* par *élevé*. Il nous semble que, dans son langage familier, Pierrefleur veut dire simplement *tourne-broche*, soit *rôtisseur*, et Ruchat qui (dans son *Histoire de la réformation de la Suisse*) s'appuie fréquemment sur notre auteur, interprète aussi ces deux mots *vire aste* par *marmiton*.

A l'occasion de l'évêque de Belley, il doit paraître singulier que notre chroniqueur, copié plus tard par l'historien Ruchat, se soit plu à consigner des bruits malveillants sur un prélat dont le mérite personnel, la position élevée et les richesses excitaient une basse envie. C'était le moment où, ensuite de diverses circonstances, une sorte de rivalité de clocher divisait les populations d'Orbe et de Romainmôtier.

Claude d'Estavayer, fils d'Antoine, co-seigneur d'Estavayer, seigneur de Molondin, de Sévaz et de Villargiroud, voué à l'état ecclésiastique, avait été élevé sous les yeux de son oncle paternel, Jean-Claude d'Estavayer, abbé de Haute-Combe et du Lac de Joux. Cet oncle, mort en 1519 dans cette dernière abbaye, qui depuis deux ans lui appartenait, n'avait sans doute pas besoin d'être contraint par l'indigne captation qu'on lui prête dans notre Chronique, à résigner en faveur de son enfant d'adoption, déjà à cette époque évêque de Belley, les riches bénéfices dont il pouvait disposer. Il serait aussi impossible d'accepter sérieusement comme vrai le fait que les religieux du couvent de Romainmôtier auraient poussé l'irrévérence jusqu'à ensevelir leur prieur, éminent dignitaire de l'église de Rome, avec un jeu de cartes dans son cercueil.

Des actes publiés dans le Cartulaire de Romainmôtier prouvent que Claude d'Estavayer a, dans son administration, beaucoup contribué au développement de l'industrie qui, aujourd'hui encore, enrichit le beau village de Vallorbe.

« Il fut tout à la fois évêque de Belley, prévôt du chapitre de Lausanne, abbé de Haute-Combe et du Lac de Joux et prieur de Romainmôtier. Il assista en qualité d'évêque de Belley aux conciles de Rome tenus au palais de Latran, en 1512 et 1513. Il fut l'un des témoins de la dernière confirmation des franchises octroyées à la Patrie de Vaud par le duc Charles de Savoie, à Romont, le 12 novembre 1513, et dès l'année suivante, ce prince le nomma premier chancelier de l'ordre de l'Annonciade dont il renouvela les statuts à Chambéry, le 11 septembre 1518. »

Ce prélat avait obtenu du pape la survivance de l'abbaye du Lac de Joux dont il prit pacifiquement possession vers le milieu de l'année 1519, après la mort récente de Jean Claude, son oncle; et, à l'exemple des abbés ses prédécesseurs, il prêta (le 10 novembre 1519) reconnaissance au baron de La Sarraz comme avoué et gardien de l'abbaye du Lac de Joux.

« Cependant les revenus de ces bénéfices suffisaient à peine aux dépenses de ce prélat spirituel, magnifique et très habile courtisan. Michel, bâtard de Savoie, prieur commendataire de Romainmôtier, étant mort bientôt après, l'évêque de Belley obtint du pape Léon X l'union de ce prieuré et de la seigneurie qui en dépendait à la mense abbatiale du Lac de Joux, comme le dit expressément l'acte de prise de possession de cette seigneurie, qui eut lieu à Romainmôtier, le 24 novembre 1521, au nom de l'évêque Claude d'Estavayer, commendataire du Lac de Joux, par François de Lutry, chanoine de Lausanne, son vicaire. Dès ce moment, la seigneurie de Romainmôtier se trouva annexée à l'abbaye du Lac de Joux dont l'abbé fut en même temps prieur de Romainmôtier.

Cette union momentanée cessa de fait par le décès de l'évêque de Belley, survenu le 28 décembre 1534, au plus fort des troubles et de la fermentation extraordinaire que la réforme excitait dans la Patrie de Vaud, et lorsque les Bernois exigeaient de l'évêque de Belley satisfaction des mauvais traitements faits (août 1534) à des bourgeois d'Orbe par ses sujets de Romainmôtier. Les chanoines de l'abbaye du Lac de Joux reprirent le droit de nommer leur abbé et élevèrent à cette dignité l'un d'entr'eux, Claude Pollens, surnommé Besson, de Romainmôtier. De leur côté, les moines de Romainmôtier avaient librement élu pour prieur de leur couvent le vicaire Théodule de Ridda, d'origine valaisanne, qui mourut le 3 janvier 1537, au moment où un décret des seigneurs de Berne (du 24 décembre 1536) abolissait toutes les cérémonies du culte catholique romain. (Voyez *Annales de l'abbaye du Lac de Joux*, par M. de Gingins, p. 104-109).

Page 203. — Le doyen Bridel (*Conservateur suisse*, édition originale, T. X. p. 45) raconte le même tragique événement. Il dit tenir cette anecdote de Ruchat qui, de son côté, l'avait tiré du « Manuscrit » Thomasset, page 88, où on peut la voir, si du moins ce manuscrit existe » encore à Orbe. » Cette pagination est très différente de celle du manuscrit unique, découvert, en 1839, dans les Archives cantonales à Lausanne, et que nous avons dû suivre pour une première édition de la Chronique du banneret de Pierrefleur. Dans ce dernier volume, *le cas merveilleux advenu en la terre de Valengin* se lit au fol. 27 recto. Il paraît donc évident que *le gros manuscrit françois communiqué par feu M. le juge Thomasset* à Ruchat (*Hist. de la réformation de la Suisse*, édit. orig. T. I. p. 25) et qui lui fut d'un si grand secours pour raconter l'établissement de la réforme dans le bailliage d'Orbe, était une toute autre copie, ou peut-être même l'œuvre originale de Pierrefleur. Jusqu'à présent il a été impossible de découvrir les traces de cet exemplaire connu sous le nom de *Manuscrit Thomasset*. La famille Thomasset, encore subsistante en Suisse, en Angleterre et en Hollande, n'a pas été favorisée dans les recherches qu'elle-même a entreprises à ce sujet. Espérons que d'autres seront un jour plus heureux et qu'ils publieront une seconde édition vraiment complète et améliorée, au moyen de ce précieux manuscrit, qui échappe à nos investigations.

Page 235. — Le *Conservateur suisse* (édition originale, T. X. p. 48) nous assure que le feu qui, en 1548, consuma dans le village de Rances 44 maisons peuplées de 244 personnes, avait été mis par des incendiaires soudoyés par le fameux Jean-Jacques Medicis (ou plutôt Medichino), châtelain de la forteresse de Muzzo, sur le lac de Come, et plus tard marquis de Marignan, l'un des plus grands généraux de l'empereur Charles-Quint et l'ennemi acharné des Suisses.

Pages 246 et 247. — Les farces, ou plutôt les moralités jouées, en 1549, à Baulmes et à Romainmôtier, par autorisation supérieure, rappellent que, depuis le milieu du XIIe siècle, les représentations dramatiques, sorties des églises et devenues en grande partie laïques, n'ont jamais cessé, sous une forme ou sous une autre, de se produire au milieu de nous. M. Magnin écrit qu'une ordonnance du roi Charles VI, du 4 décembre 1402, « autorisa en France l'établissement du premier théâtre clos et permanent. Jusque là, les représentations des mystères n'avaient été qu'ambulatoires et en quelque sorte foraines. Elles n'étaient données, et pendant plus d'un siècle encore, continuèrent à n'être données dans les provinces que sur des échafauds mobiles, en plein air, et avec l'autorisation, chaque fois renouvelée, de l'autorité locale. »

Page 321. — Dame Rose de Cossonay descendait d'Aimon, bâtard de Cossonay, donzel, fils de Guillaume de Cossonay, prieur de Payerne en 1366. Elle épousa Guillaume de Bionnens (et non de Burnens), co-seigneur de Daillens. Veuve et sans enfants, elle vendit, environ l'an 1549, le château, soit maison-forte, de Senarclens avec les biens qui en dépendaient, et la co-seigneurie du hameau d'Itens aux nobles Claude et Gauthier Farel, frères de Guillaume Farel, le célèbre réformateur de la Suisse romande. (Voir les *Recherches sur les sires de Cossonay*, note 503, p. 153, par M. Louis de Charrière.)

TABLE ALPHABÉTIQUE.

Agasse [Agassiz], Antoine, 16, 33, 46, 267.
Agiez, village, 130.
Aigle, ville, 58.
Aliffand, voy. Aruffens.
Amboise, 380.
Angleterre, 168, 239.
Anglisberg, voy. Englisberg.
Annecy, ville, 113, 259, 307, 367.
Aoste, ville, 147.
Arbonnier (d'), voy. Darbonnier.
Argillie (d'), 343.
Arney, village, 352.
Arney (d'), no. Claude, 170, 171, 275, 329, 330; François, 98, 170, 268; Guillaume, 30, 31, 170, 171; Hugonin ou Gonin, 23, 56, 133, 135, 217; Elisabeth Reiff, femme de no. Hugonin, 23, 133; Madeleine, 134; Marie de Gleresse, femme de no. Claude, 171, 248, 309; Philiberte, 202; Rose, fille de no. Guillaume et femme de no. Jean de Illens, 94.
Aruffens, Aliffand (le seigneur d'), [Jaques Mestral], 11, 146.
Aubonne, ville, 167.
Aubonne, (no. Bernard d'), 245.
Ausere (maistre Nicolas d'), 383.

Auspourg, [Augsburger], de Berne, 217.
Avenches, ville, 41, 262, 263.

Bachouz, (un jeune fils appelé) 208.
Bade, ville d'Argovie, 361, 377, 379.
Balbus (maistre Jehan), 293.
Bally (Jehan Callin, autrement), 386.
Balme (François de La), 256.
Barbaz, Louis, 328, 343, 359, Louise, fille de Marc, femme de Germain Millet, 245; maistre Marc, 195, 210, 224, 225, 263, 279.
Barberat (Pierre), 196.
Bardel (Claude), 327.
Barillet (François), 350, 360.
Basle, ville, 384.
Baudichon (le capitaine), 116.
Baulme (de), voy. Verdonnet.
Baulmes, village, 72, 157, 217, 246, 263, 288.
Bauois, village, 49, 331.
Beaulme, voy. Baulmes.
Begnins, Binet, village, 11.
Belley, ville, 125.
Belmont, village, 223.
Berchier (le seigneur de), [Claude de Dortans] 117.

Berger (Benoît), 254; Michel, 266.
Bernard (Jaques), 109.
Berne, ville et Etat, 140, 144, 160, 161, 172, 174, 246, 262, 272, 294, 297, 303, 305, 311, 324, 329, 333, 336, 340, 344, 353, 354, 355, 357, 365, 366, 368, 376, 379, 384.
Besançon, ville, 257.
Besson (Anne), 329, Mairoz, 37.
Bessonys [Besson], Claude, 193
Bettens, village, 135.
Bex, village, 58.
Binet, voy. Begnins.
Bionnens (no. Guillaume de), 321.
Bize (Nicolas), 13.
Blanche-Rose, 166.
Blecheret (maistre Jaques), 349, 354.
Blonay (les deux seigneurs de), 264.
Bochardet [Bouchardet alias Rogepied], Pierre. 104, 188, 222, 224, 244, 281, 328, 347, 369, 374.
Boemberg, Bohemberg, voy. Bubenberg.
Boflens [Bofflens], village, 289.
Bolliat, Hugonin, 268; Hugues, 125, 177, 217, et Claire Masset, sa femme, 226.
Bonjour, voy. Caillachon.
Bonneville (la), ville, 58.
Bonvillard, village, 87.
Borgeoty (messire Pierre), 212.
Borsey (Jehan), 360.
Boulans [Boleyn] (Anne de), 168.
Bourg en Bresse, ville, 112.
Bourgeois, Claude, 281; François, 281; Françoise, veuve de Claude Bourgeois, alias Camu, 225; messire Germain, 68; honoré Mairoz, 300; Pierre, 190, 267.
Bourgogne (Charles duc de), 3.
Bouey (messire Pierre), 52, 88.
Bresset (Claude), 306, 307.
Brocard, Brocart (Jaques), 178, 388.
Brunet (Barbille, fille de feu Pierre), 264.
Brussy (Pierre), 228.

Bruxelles, ville, 248.
Bubenberg (messire Andrean de Bohenberg, ou plutôt Adrien de), 127, 157.
Burnens, voy. Bionnens.

Cadet (Anne Ducie, femme de Pierre), 265.
Caillachon, alias Bonjour (Claude), 235.
Caille, voy. Callie.
Calley (Claude), 63.
Calleys, voy. Griuat.
Callie [Caille] et son fils Matthieu, 249.
Callin, voy. Bally
Caluin (maistre Jehan), 38.
Camu, voy. Bourgeois.
Caneucy (messire Claude), 223; Jehan, 179, 205, 223.
Cappel, 69.
Caraudi, hérétique, alias vaudois, 174.
Carendorf, 96.
Caroli, 109.
Cerjat, Sergeast, no. Jaques, seigneur de Denezy, châtelain de Cossonay, 208, 291; Jacques, 223; Marguerite, sœur du seigneur de Denezy, veuve de François Jacotet, d'Yverdon, et femme de Jaques Chastelet, alias Langin, 282.
Challet (Anthoine), 33.
Châlons, Hugues, seigneur d'Orbe, 3; Philibert, prince d'Orange, 7, 60.
Chambéry, ville, 57, 62, 100, 146, 259.
Chamblon, village, 234.
Champion (honorable Blaise), 177, 205, 225, 233, 270, 284, 328, 344, 369, 374, 384.
Champvent, village, 248, 267.
Chastelard (François de Gingins, baron du), 117, 158, 203.
Chastelet, alias Langin (Jaques), mari de Marguerite Cerjat, 282.
Chavornay village, 49, 197.
Chedel, alias Valoton, 204; François et sa belle-mère, 271.

— 406 —

Chevallier, Chevalley (Jaques), 190.
Cheurery (Blaise), 76, 125, 177.
Cheuron [Chivron] (le seigneur de), 361.
Cheyre (Nicolas de la Molière, seigneur de), 264.
Chillon, château et bailliage, 153, 161.
Chollet (Antoine), 178.
Claris, voy. Glaris.
Cleez [Clées] (les), bourg, 41, 59, 90, 127, 248.
Cleyrie [Cléry], (Catherine, fille de no. Johan de), 135.
Cluse (le pertuys de la), 145, 147.
Cojoney (Henry de), seigneur de St-Martin, 10, 11.
Collonoys, capitaine italien, 145.
Colombier (Philibert de), 10.
Combault (Matthia, femme de Claude), 206.
Comba (de), Combaz, de La Combe et Combe (Pierre), 200, 233, 263, 284, 328, 339, 381.
Conseil (Louyse), de Genève, 387.
Coppet, ville, 10, 146.
Coppet, ou de Coppet (messire Michel), curé de Montagny, 393.
Corcelles, près Payerne, village, 207.
Corde [Cordey], (Jehan) et sa femme, 37, 44, 46.
Cossonay, ville, 90, 104, 127, 147, 167, 249.
Cossonay (dame Rose de), veuve de Guillaume de Bionnens, 324.
Costable, Costabloz; no. Hugues, 237; Jean, 33, 327; Jeanne, 225.
Crest (Pernon, fille d'Ant. du), 377.
Croix (de la), voy. La Croix.
Cugnod (Louyse), 196; Pierre, 181.
Cugy, village, 94.
Cugy (Benoit de Glanne, seigneur de), 242, 247.
Cuoynchis, Cuynchiz, voy. Quenzis.
Curand, Curaut, prédicant, 184.

Daillens (de), voy. Denyset.
D'Anthan, alias Geogi (Amey, fils de Guillaume), 320.
Darbignon [d'Arbignon], 154.

Darbonnier [et d'Arbonnier], Charlotte, fille de feu George, femme d'hon. Blaise Champion, 225; hon. Claude, 56, 79, 219, 284, 289, 356.
Denyset (no. Michel), autrement de Daillens, 158.
Derbener (no. Jehan), 217.
Derlens de Cugy, voy. de Illens.
Diesbach (de); no. Christophe, 280; une demoiselle, 237, 254; no. Jost, 11, 76, 127, 205, 217, 227, 297; no. Nicolas, 257.
Duby (Conrad), 199, 210, 228.
Ducie (Anne, femme de Pierre Cadet), 265; Pierre, 213.

Echallens, Eschallens, bourg, 3, 17, 76, 144, 145, 231, 232, 273, 284, 286, 254, 365, 374.
Egy (d'), voy. Giez.
Englisberg (d'), 99.
Erlach, (d'). Le seigneur, général de l'armée bernoise, 144; no. Albert, 249, 322; no. Peter, 228.
Eschallens, voy. Echallens.
Escueil (Michel l'), 176.
Estauayer, ville, 59, 155, 236, 256, 291, 318, 325, 334.
Estauayer (Philippe, seigneur d'), ambassadeur à Berne, 120; Claude, évêque de Belley, 125.
Euian, ville, 155, 166, 175, 258, 319, 331.

Farel (Guillaume), 21, 32, 34, 35, 36, 44, 47, 54, 67, 104, 109, 133, 159, 184, 214; ses frères Claude et Gauthier, seigneurs de Senarclens, 322. Fathery, 90.
Fauey (Jehan, fils de feu Antoine), 208.
Faure. Françoise, fille de François Faure, de Genève, relicte de maistre Jehan Mathey, 216; Jehan, d'Echallens, 95; Jehan, de Genève, 135.
Fellin [Ferlin], (no. Claude), de Jougne, 176.
Ferrare (le duc de), 248.
Fessy (messire Henry), 300.

Fessys (François), 337.
Floret (messire Blaise), 52, 56, 89, 195, 226.
Fontaine, Fontanne, village, 49.
Fontanel, ambassadeur du duc de Savoie, 142.
Fontanne, voy. Fontaine.
Fortune, prédicant, 121.
François Ier, roi de France, 129, 146.
Freneto (frère Jehan de), 278, 295, 307, 328.
Frenezy (Jaques), 254.
Freytag, Joost, 137.
Fribourg, ville et Etat, 133, 156, 159, 172, 246, 262, 272, 276, 287, 291, 294, 297, 300, 303, 320, 324, 327, 331, 333, 338, 340, 344, 355, 357, 363, 368.
Frisching (Anze, soit Jean), 168.
Fritaz, voy. Freytag.
Froment (Antoine), 104.

Galliard, alias Mangon, 341.
Gap, ville, 322.
Garin (Junette, veuve de Jehan Grebet et femme de Guillaume), 290.
Gaspard (maistre), prédicant à Grandson, 335.
Gauthey, alias Masson (Bernardine, fille de discret Pierre), 244, 278; Claude, 337.
Genève, ville et Etat; 2, 8, 37, 69, 104, 108, 112, 117, 141, 145, 183, 197, 236, 246, 336, 352, 387.
Genève (Aimé de), sieur de Lullin, 117, 127.
Gentols, voy. Jouxtens, Joustans.
Geoffrey, voy. Joffrey.
Gex, ville, 111, 118, 146, 161.
Giez (Marguerite de), 178, 388.
Gillard, alias Rebatte (Maire), 389.
Gingins, village, 116.
Gingins (François de), 203.
Glanne (de), Anne, fille de Benoit, seigneur de Cugy, femme de no. Guillaume de Pierrefleur et mère de Claudine de Pierrefleur, 227; Claude, seigneur de Villardin, 144.

Glaris, Claris, ville et Etat, 355, 356, 377.
Gleresse (de); no. François, 98; Marguerite, fille de no. Claude, seigneur de Rueyre, mariée avec le seigneur de Cheyre, elle épousa ensuite no. François Mayor de Lutry; Marie, fille de no. Pierre, femme de no. Claude d'Arney, 171, 248, 309, 329; no. Pierre, 23, 33, 63, 72, 76, 158.
Glérollaz, Glérolle, château, 154.
Gondoz, cordelier, 47; maistre Jehan, 348, 349, 353, 354, 382.
Graffenried (Peter de), 136, 217, 228, 249.
Grafferrier, voy. Graffenried.
Grandson, Granson, ville, 3, 37, 42, 47, 66, 85, 123, 172, 257, 281, 309, 332, 333, 334, 335, 336, 340, 345.
Graz (Claude), 218.
Grebet, Greybet (Junette, vefve de Jehan) et femme de Guillaume Garin, 290.
Gribet, alias Josset (Claude), 77.
Griuat, Anthoine, 89, 94, 121, 195, 241, 251, 326, 356; Bertold, 337; Blaise, fils d'Anthoine, 339; Blaise, fils de feu George, 257, 333, 388; Claude, fils de feu George, dit Caley, 268, 295, 337; George, 63, 67, 75, 130, 186, 219; George, fils de Claude, alias Calleys, 40, 44, 262; Jaques, fils de feu George, 264; Jehan, fils d'Anthoine, 264; Jehan, fils de Claude, dit Caley, 280; Jehan, fils de George, 232, 241, 342; Pierre, dit Caca, 386. Pierre, fils d'Anthoine, 121.
Gruyère (de), Jean III, comte, 194; Bastianne, sœur du comte Michel; abbesse du couvent d'Estavayer, 256; Michel, comte, 156, 241.
Guat (Pernette, fille de no. André), 95.
Guibert (Claude), 170.
Gumoëns, village, 353.
Guyot, Guiot (messire Claude), 136, 210; Jaques, 56, 268.

Hautecombe, abbaye, 125.
Heydt (Anze, Anzoz, Jean, fils de feu Walter de Lanter, dit), 338, 376.
Holard, voy. Hollard.
Hollard, Christophe, 15, 37, 43, 44, 50, 51, 52, 54, 56, 58, 59, 72, 74, 79, 88, 121, 326, 337; la mère de Cristophe, 16, 44; Jehan, 15, 57, 121.
Huguet (des), 328.
Husson (sœur Anne), abbesse de Ste-Claire d'Orbe, 278.
Huyfflans, voy. Wufflens.

Illens, Islens (de). Esmaz, fille de no. Jehan, épouse de Bernard Legier, 264 ; no. Jehan, mari de Rose d'Arney, 94, 170.
Isle (l'), village, 131 ; [Claude de Dortans], seigneur de l'Isle, 151.
Islebe (Jehan), 185.
Isleben, ville, 230.

Jacau (Bastian), 39, 40.
Jenet (Michel), 220.
Joffrey, Geoffrey, (les deux filles de no. Jehan), 264.
Jordan, voy. Tavel.
Jordanne (François), 263.
Josset (Willelme), 177.
Josset, voy. Gribet.
Jouxtens, Joustans et son frère Gentols, 123.
Joux (no. Nicolas de), 252.
Juliani (frère Nicolas), 13, 17, 23 à 32, 36, 59.
Julles (maistre), 346.

Koch (Ulrich), Luriscot, 261.

La Balme, voy. Balme.
La Croix (le seigneur de), 361.
La Guiat (Barbara, fille de feu Antoine), 264.
Lance (la chartreuse de La), 49, 172.
Langin, voy. Chastelet.
Larguey (Claude), 77.
Lausanne, ville, 2, 69, 90, 95, 102, 107, 108, 110, 120, 154, 155,
162, 166, 174, 184, 200, 246, 263, 269, 311, 351, 352, 354, 367, 368.
Legier (Bernard), mari d'Esmaz, [Emma] de Illens, 264.
Leydé, Leyden (Jehan Bockel, dit de), 96, 127.
Lignerolles, village, 238, 248, 348.
List (le seigneur), de Fribourg, 296, 340, 344.
Louat (Robert), prédicant à Orbe, 311, 348, 349.
Lucens, village, 154.
Lucerne, ville, 69, 378.
Lullins (Aimé de Genève, seigneur de), gouverneur du Pays de Vaud, 117, 127, 261.
Luriscot, voy. Koch.
Lustry, voy. Lutry.
Luther (Martin), 139, 230, 265.
Lutry, Lustry (no. François Mayor de), 223, 264.
Lyon, ville, 38.

Malherbe. Claude, père de Pierre et Jehan, 137, 138 ; Claude, fils de Jehan, 216, 270, 328 ; Claude, tuteur des enfants de feu Pierre, 237, 347 ; François, 196, 225 ; Jehan, 79 ; Jehan, fils de feu Claude, 220 ; Pierre, 226 ; Pierre, fils de Claude, mari, 1° de Françoise Griset ; 2° de Anthoyne, fille de Jean Claude Thomasset, 138.
Mandrot (Amey), 218.
Mangon, voy. Galliard.
Marchand (Benoite, fille de Jehan), 289.
Marcel (Willelme et Cretin), 173.
Mariembourg, ville, 292.
Marmerez (Glaudaz), 254.
Marot (Clément), 199.
Martines (Charlotte, fille de no. Amey), femme d'Etienne Matthey, 215.
Masset (Clare), femme de Hugues Bolliat, 226.
Masson, voy. Gauthey.
Massondy (Jehan), 268.
Matthey, Matthias. Claude, 45, 56,

79, 210, 211, 328, 350, 354; Estienne, fils de feu Jehan, 376; la dame Françoise, relicte de maistre Jehan, 307, 308, 320 ; maistre Jehan, 104, 179, 214, 225, 321, 326, 328; Jehan, dit le Prince, 251 ; Pierre, 337, 339.
Matthias, voy. Matthey.
Mayor de Lustry (no. François), 223, 264.
Meillard, de Moudon, 123.
Mercier (Rodolphe), 283.
Mestral de Bière (mes. Jaques), 167.
Metz, ville, 111.
Millet, Germain, mari de Louise Barbaz, 140, 245 ; Guillaume, 179.
Montagny, village, 148, 267, 293, 294.
Montagny (le seigneur de), ambassadeur du duc de Savoie, 361.
Montagny (monsieur de), voy. Arney.
Montfalcon (Sébastien de), évesque de Lausanne, 367.
Montfort, Monfort (le seigneur de), 117, 158.
Moralité jouée à Romainmotier, 247.
Morandin (dom Jehan), 221.
Morat, ville, 3.
Morges, ville, 11, 90, 107, 145, 161.
Morrens, près Payerne, 207.
Morus (Thomas), 168.
Moudon, ville, 120, 122, 127, 144, 145, 161, 269, 291.
Munod (no. Claude), 227 ; Estiennaz, 181.
Munster, ville, 96, 127.

Nassau (Guillaume, comte de), 8.
Neuchâtel, Neufchastel, ville, 69, 116, 355, 384.
Nice, Nicy, Nyce, voy. Annecy.
Nice, Nisse, Nyce, ville et port de mer, 119, 147.
Nicollet (Anthoine), 173.
Nismes, ville, 38.
Nozeroy, ville, 31, 46, 60.
Nyon, ville, 9, 116, 161.

Oliuey [Olivier], (François), 95.
Oppens (messire Pierre d'), 295, 323.
Orange (princes d'), voy. Châlons.
Orange (la princesse d'), 31.
Orbe, ville, 2, 13, 17, 18, 43, 63, 79, 81, 98, 124, 131, 144, 148, 169, 173, 177, 183, 188, 189, 190, 195, 196, 197, 198, 212, 219, 220, 221, 226, 230, 231, 256, 292, 268, 269, 275, 278, 280, 283, 284, 287, 288, 290, 294, 297, 300, 301, 303, 304, 305, 306, 309, 318, 320, 323, 324, 326, 328, 329, 331, 332, 334, 336, 337, 338, 340, 341, 343, 344, 346, 347, 350, 353, 356, 360, 362, 363, 368, 369, 374, 386.
Orsens (le seigneur d'), tué à Fribourg, 233.
Osiander (André), 265.
Ouchy, Rive du lac Léman, 334.
Oulens, près Echallens, village, 272, 273, 284.

Padoue, ville, 240.
Panchaud, 369, 373.
Pansaud (Guillaume et François, fils de Pierre), 73.
Pau, ville, 39.
Pauillard (honorable), 89 ; no. Christophe, 92.
Payerne, ville, 11, 90, 91, 140, 242.
Peclet (Jehan), 230.
Pelie, Pelicz, alias dit Vauchy. Anthoine, 377 ; Germain, fils de Claude.
Penacquaz, 96.
Peney, près Genève, château, 114, 141, 146.
Peney-Vuitebœuf, village, 152.
Penthereaz, village, 252.
Perottel, Perrotel (Reynet, Regne, ou René), 354.
Perrey (le seigneur de), voy. Vérey.
Perrin (Amy), de Genève, 336 ; Jaques, serrurier, 274.
Perrochet, ambassadeur du duc de Savoie, 142.

Perusset (Marie), femme de Jehan Verdonnet, 288.
Péry (Nicolas), 337.
Petite (Anthoine(, 279.
Petit-Pied (Pierre), dit le Prince, 218.
Pharel, voy. Farel.
Philippe (Jehan), 198.
Pierre (la belle maison de La), 146.
Pierre (de), no. Louis, de Giez, 171 ; Pierre, alias Trambin, 173 ;
Pierrefleur (de) ; sœur Andreaz, 269; sœur Claudine, fille de no. Guillaume et de Anne de Glanne de Cugy, 277 ; messire Girard, fils de Pierre, chanoine à Poligny, 349 ; Guillaume, gouverneur d'Orbe, 234, 253, 285, 289, 303, 306, 307, 375, 381, 384 ; le Banderet, ou Grand-Banderet d'Orbe, 50, 61, 316 ; Pierre, jeune fils, âgé de 10 ans (en 1534), 121 ; Pierre, mari de no. Claudine Ferlin, il mourut le 24 juillet 1556, âgé de 37 ans et sans enfants, 342 ; Pierre, 21, 68, 72 ; Pierre, fils de... 216 ; Pierre, gouverneur d'Orbe, fils de no. Odet, 227.
Pierrière (le château de La), 113.
Piguisat (Pierre), 94.
Pilluuit (Catherine, fille de Berthold), 320.
Poitiers, ville, 320.
Poligny, ville, 62, 323.
Portugal (le roi de), 146.
Portugal (Béatrix de), duchesse de Savoie, 101.
Prangins, château, 146.
Praroman (de)..... seigneur de Chapelle, tué en 1534, Secbald, Zebourg, 228, 291.
Prel, voy. Prez.
Prelat (Estienne), 214, 216, 344, 362.
Prevost (messire Hugues), 195.
Prez (de), Claude, chanoine, fils de no. Barthélemy, seigneur de Corselle et Corsy, 103.
Prince (Pierre Petit-Pied, dit le), 218 ; Jehan Matthey ou Matthias, alias dit Le Prince, 225, 251.
Pugin (Claude), 90 ; Françoise, 17, 221.
Pussod (Jehan), 89.

Quenzis (Jehan, Hans), 228, 297, 324.
Quicquand. Bernard, 132 ; Jehan, 218.

Rabani (frère), 86.
Rances, village, 41, 148, 218, 235.
Rauy (Esmaz), de Lausanne, femme de no. Guillaume d'Arney, 171.
Rebatte, voy. Gillard.
Reuilliod (messire Pierre), 274.
Reyf, Reif (Elisabeth), femme de no.
Rugonin, ou Gonin d'Arney, 23, 133 ; Hanns, Anze, Anzoz, Jean, 134, 297, 324 ; François, 39.
Richard (Michel), de Lausanne, 308.
Rida, Ryda (de), Jaquemaz, femme de Claude Griuat, puis de Jaques Guyot, 268 ; Théodore, 128, 129,
Riez (le seigneur de), capitaine de Chillon, 153.
Ripaille, monastère, 136.
Rive du lac de Lausanne, voy. Ouchy.
Rochey, à Lausanne, 282.
Rogepied, voy. Bouchardet.
Rolle, ville, 11, 119, 146.
Romain (Marc), 17, 18, 37.
Romainmôtier, monastère et village, 124, 125, 128, 157, 247, 280.
Romanel sur Morges, village, 180.
Romont, ville, 155, 236.
Rongueux (Marc Le), 67.
Rosey (le), château, 146.
Rue, ville, 155, 236.
Rumilly, ville, 119.

Saget, messire Claude, 261, 285 ; Germain, 343.
Saint-Bernard, hôpital, 266.
Saint-Cristophe, village, 217.
Saint-Jullien, ville, 140.
Saint-Martin (monsieur de), voy. Arney.

— 411 —

Saint-Maurice, près Grandson, village, 272, 332.
Saint-Phorins, voy. Saint-Saphorin.
Saint-Saphorin (le capitaine de), 151.
Sainte-Croix, village, 283.
Salla nova, château, 147.
Sarra (La), ville, 130, 147.
Sarra (Michel Mangerod, baron de La), 10, 117, 118, 148, 151, 202.
Savoye, le duc Charles III, 90, 91. 106, 140, 243, 355, 357, 379, 384; la duchesse Béatrix, 101.
Secretain, Secrestain [Secretan], Anthoine, 37, 46, 52, 79, 132, 137, 290, 344, 387.
Senarclens, village, 321.
Senarclens (le seigneur de), 11, 322.
Sergeast, Sergeat, voy. Cerjat.
Sinarclens, voy. Senarclens.
Sion, ville, 155, 319, 320.
Sleidan (Jehan Philipson, dit), historien, 339.
Soleure, ville, 136.
Spiera (François), 240.
Strasbourg, ville, 228, 261, 339.

Tauel, Anthoine, 52, 54, 56, 176; François et Anthoine, fils d'Anthoine, 176.
Tauel (messire Nicolas Jordan, alias), 260.
Ternier (le ballifuage de), 161.
Thomasset; no. Amey, 130; Anthoine, 226; Anthoine, fils de Claude, 131; Anthoyne, fille de feu Jehan Claude, fut la 2ᵉ femme de Pierre Malherbe, 138; Claude, fils de no. Amey, 130, Claude, fils de Claude, châtelain de l'Isle et de La Sarra, 131; François, fils de Claude, 131; Nicolas, fils de Claude, châtelain de Romainmôtier, 130.
Thonon, ville, 107, 136, 146, 161.
Tiller (le seigneur), 340, 344.
Tissot, cordelier, 47, 386.
Tosset (Jehan), 283.
Tournay, ville, 228.

Trambin, voy. Pierre.
Trente, ville, 230.
Tribolet, Jacob, ou Jacques, bailli de Grandson, 49, 150, 172; le banderet, 296, 297, 340, 344.
Tristam (maistre), prédicant, à Grandson, 255.
Turin, ville, 146.
Turtaz, Turtat, Turte. Elisabeth, fille de Pierre, 184; un commissaire, fils de Pierre, 388; Hugues, 54; Pierre, 76, 79, 140, 222, 244, 281, 284, 306, 328, 350, 354, 375.

Valengin, ville, 203.
Valeyres, près Montagny, village, 267.
Vallay, Etat, 357.
Vallon (Jaques), 350, 360.
Valoton, alias Chédel, 204.
Venoge (Reynaud de), 178.
Verdonnet, alias de Baulme (Jehan), 178; Marie Perusset, femme de Jehan, 288.
Vérey (François de Montbel, seigneur de), 119.
Verlicht, voy. Werli.
Vermod (Ottonin), 343, 344.
Vevey, ville, 153, 223, 258.
Veylard, voy. Viellard.
Viellard, Veylard (le seigneur), Fribourg, 340, 344.
Vileta (Hugoninus de), 251.
Villard (no. Claude de), 389.
Villarzel (le seigneur de), 195.
Ville-neufve (la), Villeneuve, ville, 153.
Villette, village, 368.
Villette (Magdelaine), 223.
Vincestre [Winchester], Estienne, evesque de), 239.
Violet (Pierrequin), 59, 326, 337.
Viret, Anthoine, 38, 39; Guillaume, 37, 44; Jean, 38, 39; Pierre, 37, 38, 39, 40, 47, 74, 79, 81, 88, 91, 104, 109, 159, 184, 238, 284, 351, 352.
Viry (le seigneur de), 113.
Vis, voy. Wys.

Warney, Varney, Wuarney, Vuerney, [Warnery]; honorable et discret François. 21, 33, 72, 130, 137, 181, 200, 210, 323, 363; Pierre, et sa fiancée [Catherine Jordan], venue de Morges, 132; messire Pierre, ecclésiastique, 260, 341, 358, 369, 373.
Watteuille (de). Jaques 48, 67; Jehan, seigneur de Collombier, avoyer de Berne; Jehan, donné de Watteuille, bailli de Romainmôtier, 375.
Werli (messire Peter Verlicht, ou plutôt), de Fribourg, chanoine de Genève, 102.
Wistebœuf, voy. Wuitebœuf.
Wittemberg, ville, 230.
Wufflens-le-Château, village, 10.
Wufflens-le-Château, Huyfilans (le seigneur de), 62.

Wuillerens (le seigneur de), 180.
Wuittebœuf, village, 268.
Wys, Vis (Jacob), 322.

Yverdon, ville, 2, 90, 122, 148 à 152, 159, 161, 173, 177, 248, 262, 270, 304, 322, 382, 386.
Yverdon (Jehan d'), riche paysan, 267.

Zebedée (André), 186, 201, 209, 210, 238.
Zebourg, voy. Praroman.
Zeeder, voy. Zehender.
Zehender, Zeeder, Zeindre (Jean), bailli d'Echallens, 272, 376.
Zeindre, voy. Zehender.
Zombach, Zumbach (George), dit Hubelmann, 151, 177, 205.
Zurich, ville et Etat, 69, 356.
Zwingli (Ulrich), 69.

www.ingramcontent.com/pod-product-compliance
Lightning Source LLC
Chambersburg PA
CBHW050909230426
43666CB00010B/2090